우리나라 기업의
인적자원관리 정책과
관행에 관한 연구

우리나라 기업의
인적자원관리 정책과
관행에 관한 연구

최 병 우 지음

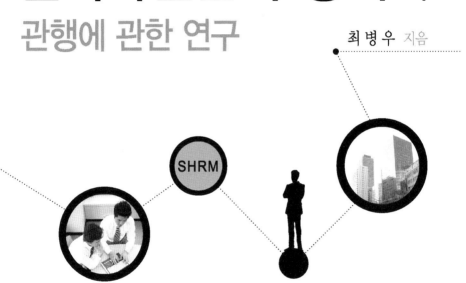

| 전략적 통합 및 권한위임 평가를 중심으로 |

KSI 한국학술정보㈜

차 례

제3장 HRM에서의 전략적 통합과 위임 / 77

제4장 연구의 모형 및 방법 / 129

제5장 연구결과의 분석 / 143

제6장 결 론 / 215

참고 문헌 / 223

부 록 / 247

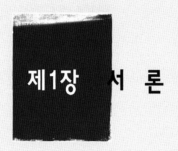

제1장 서 론

제1절 연구의 목적

인사관리(Personnel Management)의 시대로부터 인적자원관리(HRM: Human Resource Management), 그리고 다시 전략적 인적자원관리(SHRM: Strategic Human Resource Management)의 시대를 맞이하면서, 인사기능과 인사부서의 역할도 분명 변화의 단계를 밟고 있다. 이와 같은 변화의 근간에는 보다 유연하고(flexible), 보다 경쟁적인(competitive) 인사활동을 통하여 경영전략과 연계되는 전략적 선택(strategic choice)이 중시되고 있다(최종태, 2000). 인적자원관리라는 원인변수를 통하여 기업성과라는 결과변수를 표출하는 과정에는 실제로 여러 수준의 매개 변인들이 개입된다. 이들 중 인적자원관리활동의 전략적 통합과 위임은 특히 변화와 경쟁이 가속화될수록 더욱 중시되는 핵심요소로 강조되고 있다(Ulrich, 1997; Mintzberg, 1994; Galbraith, 2000). 선진국의 경우에는, 1980년대부터 기업전략과 인적자원관리 전략 간의 통합성과 현장관리자에로의 위임에 대해 강조해오고 있지만, 우리나라의 경우는 1990년대 초반부터 인적자원관리의 전략성에 대해 관심은 보여 왔으나, 이론적 분류 및 체계에 따른 실증적 연구는 거의 없었으며, 대개의 경우 미시적 차원의 분석과 개별 기능에 대한 연구에 머물고 있는 실정이다(박기찬, 2000; 배종석, 1999).

본 연구에서는 전략적 인적자원관리(SHRM)의 핵심인 '전략적 통합'과 '위임'이라는 두 요소를 중심으로, 우리나라 기업의 HRM(또는 SHRM)실태를 귀납적·현상적 방법으로 분석함으로써, 한국적 인사관리의 위상을 파악하고자 하였다. 또한 현행 '전략적 통합수준'과 '현장관리자로의 위임수준' 분석과 함께 향후 이를 예측할 수 있는 조직의 상황요인과 조직정책의 특성에 관하여 살펴보고자 하였다.

제2절 연구의 범위와 방법

인적자원관리에 대한 기존의 연구들은 주로 미시적 차원에서, 수평적이고 기능적인 측면에서 이루어졌으며, 기업차원에서의 현상분석 역시 미흡한 실정이다(Bae & Lawler, 2000). 특히 전략적 인적자원관리에 대한 우리나라 연구는, 1990년대에 들어서야 서서히 이론적인 도약을 시작했다고 볼 수 있다(배종석, 1999). 따라서 본 연구에서는 우선 우리나라 기업조직을 대상으로, 인적자원관리에 대한 현상분석을 기업규모별 및 기술수준별로 분류하여 조직특성별 차이분석을 실시하였다. 또한 SHRM에서 새롭게 이슈화되고 있는 기업경영전략과의 통합수준(연계성)과 현장관리자에로의 위임수준(자율성)이라는 두 가지 요소에 대한 실태분석을 실시하였으며, 마지막으로 이들 분석에서 도출된 전략적 통합수준과 위임수준을 예측할 수 있는 상황요인과 조직정책들의 특성에 관하여 살펴보도록 하였다.

본 연구과제를 수행하기 위하여 우리나라 기업 111개 기업을 대상으로 설문조사를 하였으며, 연구과제의 성격에 따라서 판별분석, 분산분석, 빈도분석, 교차분석, t-test 등을 사용하였으며, SPSS(ver. 11.0)를 활용하였다.

본 연구는 다음과 같이 구성되어 있다.

제1장에서는 본 연구의 목적과 필요성을 제시하고, 연구의 범위와 체계에 대하여 설명하였다.

제2장에서는 본 연구의 연구과제를 도출하기 위하여 관련된 선행연구들에 관하여 살펴보았다. 이론적 배경에서는 인적자원관리의 전개과정과 전략적 관점에 초점을 두고 전략의 개념과 기업전략의 유형 및 SHRM의 연구동향을 정리하였다. 또한 상황론적 관점에서 기업전략과 인사관행(HR Practices) 간의 전략적 통합성을 중심으로, 우리나라 인사관리의 특징과 변천과정 및 향후 발전방향에 대하여 살펴보았다.

제3장에서는 전략적 통합과 경영성과에 대한 선행연구조사와 함께 특히 HRM에 있어서 위임의 중요성 및 성과와의 연계성에 대한 이론적 조사와 함께 두 가지 요소(통합과 위임)의 수준평가에 대한 선행연구에 대해서도 살펴보았다. 마지막으로 본 연구에서 사용할 HRM 관행에 대한 변수와 조직유효성 결정의 상황요인의 변수들에 관하여 살펴보았다.

제4장에서는 본 연구의 개념적 모형과 함께, 연구과제, 연구방법 및 절차를 제시하였다.

제5장에서는 실증분석에 따른 분석결과를 다루었다. 우선 기업의 규모와 기술수준에 따른 HRM 현상분석과 우리나라 기업의 전략적 통합수준 및 위임수준에 대한 평가결과를 제시하고, 다음으로 통합수준과 위임수준을 예측할 수 있는 독립변수로서 상황요인과 조직정책에 대한 분석을 실시하였다.

제6장에서는 분석결과를 요약적으로 논의하고, 이론적·실천적 시사점 및 연구의 한계와 추후과제를 제시하였다.

제2장 이론적 배경

90년대 이후 IMF를 거치면서 우리나라 대부분의 기업들은 인사제도의 구조개혁에 본격적으로 착수하여 종신고용제나 연공중심의 보상체계로부터 업적중심의 보상체계로 이행하고 있다. 하지만 대부분의 기업에서는, 제도개혁의 대상을 최고 경영층(Top Management)이 아닌 중간관리자층에 한정하고 있다. 이는 과거부터 시행돼 온 인사제도 개혁의 목적이 기업성과 향상이 아닌 인건비 조정에 있었기 때문으로 볼 수 있다. 이러한 인사·조직제도 개혁은 제도나 구조 등의 하드웨어적 개혁이라는 한계를 지니고 있다. 따라서 인적자원, 즉 경영관리자층의 의식개혁이나 행동개혁 등의 소프트웨어적인 면에서는 부족한 점이 있는 것이 사실이다.

오늘날 우리나라 기업에게 있어서 가장 부족한 부분은 최고경영자 및 인사담당 책임자가 인사에 대한 전략을 갖고 있지 않다는 것이다. 단지, 기존의 인사제도가 과부하를 일으키고 있고 연공서열의 인사제도로는 인건비만 올릴 뿐이라는 이유로 인사제도를 바꾸는 것이라면 국경 없는 초경쟁시대에 살아남기 어렵다.

제1절 기업의 경쟁요인 변화

1. 미국기업의 인사개혁 배경

오랫동안, 미국의 인사제도는 「직무」 중심이었다. 이는 '사람' 중심이었던 우리나라의 인사제도와는 상반된다. 미국기업은 우선, 기업전략을 실현하기 위해서 최적의 조직이 구성되어 개개의 직무에 필요한 책임과 권한을 명확히 하고 난 후, 마지막으로 각 직무에 최적의 인재를 꼭 맞게 적용시키고 있다. 이러한 방법은, '경쟁력 있는 조직은, 직무를 세분화시킬 수 있을 만큼 세분화시키고, 개개의 직무의 책임과 권한이 명확하며, 또한 전문화되어 있다. 또, 이러한 전문성이 높은 직무가 조직목표 달성을 위해 최적으로 관리될 때, 높은 경영효율이 실현된다.'는 미국의 조직론에 근거하고 있다.

그러나 1980년대에 접어들면서, 미국의 제조업은 품질, 비용, 개발속도 등에서 일본 제조업에 압도당했고, 자국시장마저 많이 잃게 되자, 미국기업은 일본기업을 철저하게 연구하기 시작했고, 일본적 경영(日本的 經營)을 진지하게 배우기 시작했다. 그들은 계열회사를 활용하는 것에서 재고를 보유하지 않는 Just in Time이 생산효율과 고품질·저가격을 실현하고, 개발·생산·판매를 동시에 할 수 있도록 팀을 조직하여 진행하는 동시공학(concurrent engineering)이 개발기간을 단축 가능케 함을 알고, 일본기업이 품질, 비용, 개발속도 면에서 뛰어난 이유가 「팀워크」에 있다고 결론을 내렸다. 바꿔 말하면, 상사에 의한 관리에 비해 팀워크는 동료의식을 높이고, "동료에게 피해를 주고 싶지 않다."라는 자주적인 규율을 촉구하기 위한 본인의 의식을 높이는 결과를 가져온다. 또 팀 전체의 일에 책임을 지기 위해, 동료끼리 정보를 서로 공유하여, 자연스럽게 지속적인 개선이 촉진되는 환경이 탄생하는 것이다.

대량 생산방식의 GM(General Motors)이, 린 생산방식의 도요다(TOYOTA)의 공장을 시찰하기 위해 일본에 왔을 때, GM의 관리자는 제품제조라인의 위에 한 줄의 끈이 매달려 있는 것을 보고, 무엇에 쓰는 것이냐고 공장장에게 물어본 결과, 공장장은 「이것은 제조라인에서 이상을 발견했을 때, 그것을 발견한 사람이 곧바로 제조라인을 멈추게 하기 위하여 있는 것입니다.」라고 대답했다. 이 대답은 GM의 관리자에게 있어서는 이해가 될 수 없을 정도의 놀라움이었다. 왜냐하면, 한 번 제조라인을 멈추게 되면, 상당히 큰 손실을 초래하는 만큼, 미국에서는 제조라인을 멈출 수 있는 권한은 제조 관리자만 갖고 있는 것이 당연한 것이었기 때문이다. 실제로, 도요다 공장에서도 그 누구도 줄을 잡아당겨 제조라인을 멈춘 일이 없었다. 하지만, 이 줄에서 GM이 배운 점은, 일본에서는 제조라인에서 일하고 있는 사람에게까지 신뢰관계가 형성되어 있고, 종업원 한 사람 한 사람의 주인의식이 상당히 높은 직장이 만들어져 있다는 것이었다. 즉 바꿔 말하면, 미국이 일본에게서 배운 것은, 종업원은 단순한 「노동력」이 아닌, 지식(개선)을 창조해 내는 「자산」이라는 사고방식이다. 이것은, 인사영역의 언어로 말하면, 후에 인적자원관리(Human Resource Management)라는 개념이 되어, 지금은 인적자본관리(Human Capital Management)라는 개념으로까지 발전해 있다.

오늘날 전략적 인적자원관리에 대한 관심이 높아진 것은 기업의 경쟁력과 비교우위의 원천으로서 인적자원관리의 중요성이 크게 대두되고 있는 것과 밀접한 관계가 있다. 특히, 전략적 인적자원관리에서 강조하는 전략적 통합과 위임의 개념은 인적자원관리(HRM)의 전개과정과 그 속에서 나타나는 '전략적 관점' 내에서 파악할 수 있으며, 또한 기업의 상위전략으로서의 기업전략(corporate strategy)의 유형과 그러한 유형들과 관련된 연구들의 내용 속에서 이해할 수 있을 것이다.

2. 기업조직의 경쟁요인 변화[1]

오늘날 글로벌화를 촉진하는 요인에 의해 경영환경은 단숨에 국경이 무너지고, 이제까지 국내시장에서는 높은 경쟁력을 유지하고 있던 기업이 세계시장에서도 반드시 높은 성과를 유지할 수 있다는 등식이 성립할 수 없게 되고 말았다. 국경 없는 경쟁의 본격화 전후에 있어 조직의 경쟁력을 좌우하는 요인은 기업규모(Size), 명확한 직무(Role Clarity), 전문성(Specialization), 조직관리(Control)였다.

1) 기업규모(Size)

기업규모가 크면 클수록 규모에 의한 경제성을 활용한 자원조달 비용 절감과 생산성 향상에 의한 효과도 크게 기대할 수 있게 된다. 또 경영자원이 풍부하여 이러한 자원을 최대한으로 활용하는 것에서 시너지 효과를 크게 얻을 수 있는 만큼 시장에 있어서 경쟁우위를 유지하는 것이 가능하고, 고객과 공급업체에 대한 영향력을 유지할 수가 있다.

2) 명확한 직무(Role Clarity)

조직 내의 직무를 가능한 한 세분화하여 조직상의 수직관계(상사와 부하) 혹은 수평관계(부문 간)의 책임범위를 명확히 하는 것에 의해 조직 내에서의 일의 중복과 갈등을 가능한 한 억제하는 것이 가능해

---

1) 본 절은 戰略的コンピテンシーマネジメント(社會經濟生産性本部, 2000)의 1장 일부를 요약정리한 내용임.

지고 경영효율성을 높일 수 있다.

3) 전문성(Specialization)

재무 · 인사 · IT · 재고 · 자재관리 등 직무를 기능별로 세분화하는 것에 의해 개개의 직무에 요구되는 전문성을 높이고 개개의 직무가 보다 높은 부가가치를 창출해 내는 것이 가능해 진다.

4) 조직관리(Control)

전문성이 높은 개개의 직무를 적절하게 관리하고 상호 관련된 직무 간의 조정을 하는 것으로 최적의 제품과 서비스를 효율적으로 제공하는 것이 가능해진다. 특히 규모가 큰 기업에 있어서는 이러한 최적관리를 수행하는 직무가 관리직이며 조직의 목표를 달성하는 데 있어서 관리자는 상당히 중요한 존재이다.

그러나 국경 없는 경쟁 아래서는 국경과 업계라고 하는 기존의 틀을 넘어선 경쟁(競合)기업이 전혀 예기치 못한 상황에서 나타난다. 그러므로 만약 기업규모가 크다 해도 그 조직이 관료적이라면 급격하게 변화하는 시장에서는 적응할 수 없다. 또 너무나 세분화된 직무에서는 조직을 수평적인 팀으로 유연하게 조직하는 것이 곤란하여 역시 시장에 적응할 수 없게 되고 만다. 즉 이제까지 조직의 경쟁력을 좌우하고 있던 요인이 전부 조직의 발목을 잡고 있는 결과가 되어버렸다.

글로벌 시대, 국경 없는 무한경쟁의 경영환경에서 성공한 기업이 공통적으로 갖고 있는 특징은 무엇일까? 초경쟁시대에 조직의 경쟁력을 좌우하는 핵심요인인 속도(Speed), 유연성(Flexibility), 통합(Integration), 혁신성(Innovation)에 대해 살펴보기로 한다.

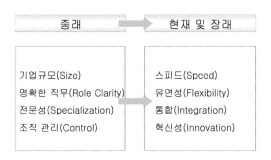

(그림 2-1) 조직 경쟁력 요인의 변화

1) 속도(Speed)

국경 없는 경쟁에서는 고객요구에 대한 대응, 신제품의 개발 사이클, 시장변화에 대응하는 전략전환 등 모든 면에 있어서 스피드가 요구된다. 일반적으로 대기업은 규모에 의한 경제성을 추구하는 나머지 조직 내의 많은 계층이 의사결정 속도를 떨어뜨리고, 부문 간 힘의 관계가 조직의 유연성을 잃게 한다. 더욱이 사원 한 사람 한 사람의 지나친 과신이 시장변화에 대한 신속한 감지를 무디게 하고 만다.

2) 유연성(Flexibility)

국경 없는 경쟁 아래에서는, 고객의 요구가 다양화하고, 시장의 요구가 시시각각으로 변화한다. 따라서 그러한 변화에 빠르게 대응하기 위해서는, 고객과 시장요구에 대응 가능한 조직, 횡단적인 조직을 유연하게 구성해야만 한다. 그러나 역할과 책임범위의 세분화가 지나치면, 자신의 책임범위를 넓히는 것에 대한 저항을 표시하여, 유연한 조직을 구성하는 것이 곤란하게 된다. 즉, 종업원은 어느 한 영역의 전문가가 아니고, 폭 넓은 전문성을 몸에 습득하고 있는 다기능형의 전문가로서 복수의 조직에 적응해야만 한다. 또, 기업의 고용형태에 관해서도 핵심역량 이외의 부분을 아웃소싱하는 것으로, 보다 유연한 시장변화에 대응 가능한 조직형태가 늘고 있다.

인텔(Intel)사의 전 CEO이었던 앤드류 글로브는, 국경 없는 경쟁에 있어서의 경영전략에 대해서 다음과 같이 진술하고 있다. 「경영전략을 책정하는 것은 물론 중요한 것이기는 하지만, 현재의 경영환경에서 그것을 행하는 것은, 확실히 소방서의 사업계획을 세우고 있는 것과 같은 것이다. 즉, 어디에서 화재가 발생할지 예측할 수 없는 환경에서 중요한 것은, 일단 화재가 발생하면, 어느 조직이 어떤 스피드로 대응하고, 소방활동을 수행할까를 계획하여, 실행 가능하게 하는 것에 있다.」 즉, 국경 없는 경쟁하에서의 경영전략에 있어서는, 조직에게 어느 정도의 유연성을 부여하고, 사원 한 사람 한 사람이 어느 정도의 속도로 시장변화에 대응하는가? 라고 하는 조직·인사전략의 중요성이 증대하고 있다.

어느 거대 금융기관의 경영기획담당자가 「당사에서는 중기경영전략을 3년 간격으로 책정하고, 매년 수정을 하고 있지만, 3년 전에 세웠던 중기경영전략이 지금은 사용할 수 있는 것이 못되고, 3년 간격에서는 시장변화에 대응하여 태세를 취할 수 없는 것이 현 실정이다.」라고 전하고 있는 것처럼, 종래의 사업전략은 현장의 제일선에 있는 Manager가 수립하여 실행하는 단계로 변화하고 있다.

3) 통합(Integration)

직무의 전문성을 높이는 것은 필요하다. 그러나 앞으로는 이러한 전문직을 어떻게 협동시키는가가 보다 중요하게 된다. 왜냐하면 시장의 변화에 유연하게 대응 가능한 조직을 구성하기 위해서는 경영자원을 유연하게 짜 맞추는 것이 필요하고, 조직 내에 있어서 부문 간에 힘의 관계 등의 장벽이 낮고, 최적의 상태로 통합되어져 있는가가 중요하기 때문이다. 또, 고객에 대한 부가가치를 높이기 위해서는, 비즈니스 프로세스를 재건축하고, 사외의 공급업자와의 협력관계를 통합시켜갈 필요가 있다.

급속한 기술혁신에 의해, 제품의 사이클 Time이 가속적으로 빨라지고, 특히, 제품개발에 막대한 비용이 소요되는 하이테크산업(정보통신, 제약, 반도체, 전기, 자동차 등)에 있어서는, 경쟁회사까지도 포함한 전략적 제휴가 빈번하게 일어나고 있다. 또, 경영자원을 즉시 조달하고, 상승효과를 최대화할 수 있는 M&A의 건수(件數)는 일본 국내에 있어서도 과거 최고를 기록하고 있다. 그러나 최근의 조사에서 확실히 알 수 있듯이 대부분의 M&A가 실패로 끝나고 있는데, 그 주요 원인은 기업문화와 인사제도의 상이한 점에 의한 것이다. 이러한 제휴, M&A 후의 통합 프로세스에 있어서, 어떻게 신속히 조직과제와 인사과제를 처리하는 것이 가능한가가 M&A의 성패여부를 좌우하는 것이다.

4) 혁신(Innovation)

시장변화가 급격한 환경에 있어서, 높은 경쟁력을 유지하고 있는 기업은 항상 자기 자신으로부터의 개혁을 일으키고 있다. 현재의 제품, 서비스, 비즈니스 프로세스는 하룻밤 사이에 노후되어 버리고 만다는 위기감이 조직 전체에 퍼져 있어, 결코 현 상태에 만족하지 않고 항상 보다 좋은 서비스, 제품, 또는 비즈니스 프로세스를 목표로 하여 지속적인 혁신에 힘을 쏟고 있는 것이다.

관리체계가 너무 강한 조직에게서 혁신은 탄생할 수 없다. 왜냐하면, 혁신이라는 것은 기존의 방법을 파괴하는 것에 있고, 상사의 승낙과 관리를 받는 사이에 혁신은 파묻혀 사라져버리고 말기 때문이다. 더욱이, 실패를 허용하는 기업풍토가 없다면, 창조성이 넘쳐흐르는 혁신적인 사고와 행동은 탄생할 수가 없다. 아무것도 도전하지 않는 것이 가장 무책임한 일로 추궁을 받아 마땅한 일이다. 설령 실패했다고 해도 도전했던 것을 평가해주는 풍토와 구조를 가져야만 하는 것이다. GE의 CEO였던 잭 웰치는, 사원들에게 현재의 비즈니스 모델을 과감히 파괴해 버리는 식의 새로운 비즈니스 모델을 제언하게 하는 "Destroy my business.com"이라고 하는 사이트를 운영한 바 있다. 이것은 「기업이 자기 혁신에 지속적으로 몰두하여, 창조적 파괴를 행하지 않으면, 늦던 빠르던 간에 그 누군가가 우리들의 비즈니스를 파괴하려고 한다.」는 생각에 근거한 것이다.

제2절 인적자원관리의 전개

사람이 중요하다는 이야기를 흔히 듣는다. 하지만 이 이야기는 어제, 오늘 갑자기 들린 이야기가 아니고 어느 시대에나 전해지던 이야기라는 점에서 역설적으로 느끼기도 한다. 그런 점에서 오히려 왜 사람을 중요하게 바라보는 시각의 변화가 나타났는가에 주목할 필요가 있다.

인적자원관리(이하 HRM)는 인사관리(Personnel Management)가 초기에 단순히 사람을 관리하는 개념에서 출발하여 조직적인 프로그램의 개발과 의사결정에 있어서 좀 더 강력하고 적극적인 역할을 담당할 수 있도록 발전하였으며, 이에 따른 전략적 사고와 합리적 행동이 요구되고 있다. 그러나 기업조직의 인사제도는 사람을 위한 인본주의적인 규범으로 활용되기보다는 조직운영을 위해 강요되는 기능주의적인 제약에 지나지 않는 것이 우리의 현실이다(신유근, 1992). 그러므로 규범적(normative)이고 통제적(control)인 활동에 초점을 둔 인사정책에서 인간 개개인의 능력을 전략적으로 육성하고 활용하는 데 초점을 두는 전략적 인적자원관리(Strategic HRM, 이하 SHRM)활동이 요구되는 것이다.

1. 인적자원관리(HRM)란 무엇인가?

오늘날 사람이 중요하다고 생각하고, 인적자원(human resources)이 기업경영에 있어서 매우 중요하다고 인식하게 만든 것은 바로 기업을 둘러싼 환경이 급속히 변화하며 기업경영방식에 변화를 가져오도록 압박하고, 도전하고 있기 때문이다. 그러한 도전에는 기업이 고과 작업시스템을 통하여 경쟁하고, 기업의 이해관계자들의 욕구를 충족시킴으로써 경쟁하며, 그리고 범세계화를 통해 경쟁하도록 하는 내용이 포함되기도 하고(Noe et al., 2000), 사회발전과 욕구수준의 상승, 경영선진화 및 경쟁력 강화의 압력, 기술고도화 · 정보화, 그리고 사회다원화와 이해관계자의 다양화가 거론되기도 한다(이학종, 2000). 바꾸어 말하면 기업이 하루하루 본연의 활동을 전개해 나가는 터전이 되는 기업환경의 기술적 · 사회적 특성과 경쟁기업들의 문제해결을 위한 끊임없는 혁신노력이 기업으로 하여금 기업에 속한 사람들, 즉 종업원을 색다른 시각에서 관심 있게 바라보게끔 만든다는 이야기이다. 이러한 환경의 압박을 극복하기 위해서는 종업원을 단순한 투입요소로 바라보기보다는 자산(asset)의 관점, 투자(investment)의 대상, 그리고 경쟁력의 원천으로 바라보는 시각의 변화가 필요하고 이러한 시각의 변화를 반영하여 종업원을 관리하는 노력이 바로 인적자원관리(human resources management)인 것이다.

이제 기업 그 자체와 기업과 관련을 가지는 주요한 당사자인 개인과 사회의 입장에서 왜 인적자원관리가 중요한가를 살펴보자. 오늘날 개인들은 자기생활의 많은 부분을 일터에서 보내게 된다. 직장은 단순히 경제적 수입을 획득하는 장소일 뿐 아니라, 다양한 사회적 활동, 그리고 궁극적으로 자기실현의 장(場)이 되고 있다. 이런 점에서 기업이 어떻게 인적자원을 관리하는가 하는 것은 기업 자체의 목표달성뿐만 아니라 이에 참가하는 각 종업원들의 개인적인 삶의 질과 인생의 목적에 중요한 영향력을 미치게 된다.

다음으로 기업이나 조직의 입장에서 인적자원은 조직체의 중요한 자산이 됨은 물론 기업성과와 경쟁과 관련한 비교우위에 결정적인 역할을 하는 중요한 전략자원이 된다(Odiorne, 1984). 기업이 어떻게 이 중요한 자원을 잘 계획하고 확보하며, 효율적인 활용과 유지·보상·개발하는가는 기업성과와 기업생존에 직결하는 문제가 된다. 종업원들이 자신이 가진 능력과 열정을 조직 전체의 목표와 통합시키도록 하는 활동은 반드시 필요하지만 실제로는 가장 어려운 활동 중의 하나이다. 오늘날 급변하는 환경에 대응하기 위해 기업은 과거 어느 때보다도 높은 수준의 인간의 두뇌와 기능, 그리고 의욕을 필요로 하고 있다는 점에서 인적자원관리의 중요성은 아무리 강조해도 지나침이 없는 상황이다(최병우, 이건웅, 2005).

인적자원관리는 흔히 人事管理(personnel management)라는 용어와 중복되는 의미로 사용된다. 인적자원관리는 바라보는 시각에 따라 다양하게 정의되고 있다. 예를 들면, "조직의 목표달성을 위한 인적자원의 조달과 유지·개발·활용·보상 등을 여러 가지 환경적 여건과 관련하여 효과적으로 관리하기 위한 계획적이고 조직적인 관리활동의 체계"라는 정의가 있고(황대석, 1986), "조직이 목표를 달성하기 위해서 필요로 하는 인력을 조달하고 유지·개발하며 이를 활용하는 계획적 이고 조직적인 관리활동의 체계"를 의미한다는 정의도 있다(김식현, 1999). 혹은 간단하게 인적자원관리가 "종업원의 행위, 태도, 그리고 성과에 영향을 미치는 정책, 관행, 그리고 시스템"을 의미한다는 견해 나(Noe et al., 2000) "조직목표를 달성하기 위해 인간능력의 효과적이 고 효율적인 활용을 확보하기 위해 조직에서의 공식시스템의 설계를 취급한다"는 시각도 존재한다(Mathis & Jackson, 2000).

한편, 앞의 다양한 정의에서 나타나듯이 인적자원관리는 궁극적으로 조직목표 달성에 필요한 종업원을 선발하고 육성, 그들이 조직을 위해 서 자발적으로 최선을 다해 일하도록 만드는 것이다. 이러한 목표를 달성하기 위해 다양한 인적자원관리활동은 조직이 목표를 달성하는 데 필요한 가치, 능력, 행위를 형성하는 기능을 수행한다.

인적자원관리의 영역은 사람이 조직에 들어오면서부터 퇴직할 때까 지 조직에서 발생하는 사람과 관련된 모든 의사결정과정이다. 전통적 인적자원관리는 인력의 모집, 선발, 평가, 개발, 보상, 유지, 노사관계 와 관련된 제반 의사결정 및 활동에 관심을 기울여 왔는데 최근에는 조직의 전략과 인적자원관리의 통합(integration)이 강조되는 전략적 인 적자원관리에 대한 관심이 높아지고 있다. 다음 (그림 2-2)는 인적자원 관리의 주요한 활동을 정리한 것이다.

| 인적
자원
계획 | 모집 | 선발 | 교육
훈련
개발 | 보상 | 고과
관리 | 노사
관계 | ⇒ | 기업
성과 |

자료: R. A. Noe, J. R. Hollenbeck, B. Gerhart, and P. M. Wright, *Human Resource Management: Gaining a Competitive Advantage*, Boston: Irwin McGraw-Hill, 2000, p.5.

(그림 2-2) 인적자원관리의 주요 활동

2. 인적자원관리에 관한 고찰

1) HRM의 발전단계

배종석(1999)은 인적자원관리(HRM)의 발전단계를 4단계로 구분하고, 전략적 인적자원관리(SHRM)를 마지막 발전단계에 자리매김하였다. 그에 따르면 인사관리(personnel management)의 개별 기능들이 합리화되고 제도화되었으나, 각 기능들이 통합되지 못하고 분리되어 운영되던 두 번째의 인사관리단계에서, 점차 조직 내에서 인적자원에 대한 인식이 확산되면서 그동안 통용되던 인사관리란 명칭이 HRM으로 바뀌고, 효과적인 인적자원의 확보·개발·활용을 위해 개별기능들이 점차 통합되어가게 되는데, 이 단계가 세 번째의 HRM 단계라고 하였다. 한편, 최근 들어 HRM은 그 범위를 수직적 내지 수평적으로 넓혀, 조직의 전략이나 목표와 통합되어 설계하고 운영되는 추세로 바뀌게 되었는데, 전략적 인적자원관리(SHRM)가 바로 이 단계에 속한다. 이러한 인사관리란 측면과 HRM이라는 두 개의 축을 개념적으로 구분해 보면 <표 2-1>과 같다.

〈표 2-1〉 인사관리와 인적자원관리의 비교

관 점 \ 구 분	인사관리(PM)	인적자원관리(HRM)
시간 및 계획전망	단기적(short-term) 반응적(reactive) 일상적(routine) 한계적(marginal)	장기적(long-term) 선제적(proactive) 전략적(strategic) 통합적(integrative)
심리적 계약형태	순종(compliance) 강요	몰입(commitment) 지원
통제 체계적 관점	타율 통제 기능 중심적	자율 통제 성과 중심적
고용 관계적 관점	다원주의 집단적 구성원에 대한 낮은 신뢰	일원주의 개인적 구성원에 대한 높은 신뢰
선호구조/체계	관료적/기계적, 집권적, 공식적으로 정의된 역할강조	유기적, 분권적, 유연한 역할을 강조. 위임적(devolved)
구성원의 역할	특화되고 전문화된 역할 활동 중심적	광범위하고, 현장관리자로서의 통합된 역할 문제 해결지향적
평가기준	비용 최소화 (표준원가회계)	효용 극대화 (인적자원회계)

자료: Beaumont(1993)와 Guest(1987)의 구분을 수정하여 정리.

인사관리에 비해 SHRM이 갖는 특성은 두 가지로 정리할 수 있다. 첫째, SHRM은 인간을 자원으로 본다는 점에서 개발지향적이며, 둘째, 이런 것들은 HRM의 전략적 성격으로 귀결된다는 것이다. 이는 SHRM이 기업의 전략과 정책지향적 의사결정과정에서 인사 스탭의 전략적 역할이 중요해지고(Baron & Kreps, 1999), 환경의 압력이 종업원 역할의 증대를 요구함에 따라, 기업 내 인사기능이 변화하여 적응력과 융통성을 가진 인력을 유지하기 위해 인적자원의 개발이 중요하게 강조된 결과라고 볼 수 있다(Poole, 1990). 이러한 토대를 바탕으로 HRM이 발달하면서 전략경영과정으로 통합되기 시작했다는 것이

다(Wright and McMahan, 1992). 이러한 SHRM에 대한 문헌적 출발
점은, Tichy 등(1981)의 "Human Resources Management: A Strategic
Perspective"로 볼 수 있으며, 20여 년 동안에 걸쳐 SHRM에 대한 많
은 연구들이 있어 왔다(Wright, 1998). 실례로 1996년에는 "Academy
of Management"와 "Industrial Relations"에서 HRM 관행들과 기업
성과에 대한 주제로, 1997년에는 "International Journal of Human
Resource Management"에서 SHRM과 기업성과에 대한 주제로 논문을
발간하여, 기업성과에 있어 HRM의 전략적이고도 중심적인 역할과 가
능성에 대한 관심을 끌어왔다.

〈표 2-2〉AMJ에 의한 시대별 비교[2]

분 야	1958~1959	1968~1969	1978~1979	1988~1989	1993~1994	1997~1999
경 영 사	2	0	0	0	0	1
경영교육	41	13	0	1	0	6
조직행위	7	33	47	28	18	27
경영전략	7	2	3	24	21	6
운영관리	4	0	1	1	0	0
조직이론	29	24	9	14	11	11
H R M	0	6	9	15	10	19
OD/CM	0	3	0	0	2	1

자료: Mowday(1997) 및 박호환, 이영면(1998)에서 부분 인용하여 정리함.

경쟁이 치열해지고 자원 부족이 심화되며 전문적 지식을 갖춘 고학
력의 노동력이 충분히 공급되는 상황인 1980년 이후, 기업은 인적자
원을 보다 효과적으로 활용하려는 노력을 시도하게 되었으며, HR 스
탭이 조직 전체의 의사결정에 참여하는 기회가 많아지면서, 인사 관리

---

2) 우리나라의 경우, <인사조직연구>에 게재된 인사 분야 논문편수는 제6권
   2호까지(총 49편) 중에서 0.12%(6편)에 지나지 않는다(손태원, 1999).

기능은 전략적 역할을 수행하게 되었다. 즉, 인사부서가 인적자원부서로 개칭되었는가 하면, HRM은 조직이 생존하는 데 가장 중요한 기능으로 인정받게 되면서 새로운 발전단계에 들어서게 되었다는 것이다(Nkomo, 1980). 이러한 HRM의 새로운 역할수행과 함께, HR 전문가들은 기업에서 계획을 세우는 준비단계에서부터 중추적 역할을 수행하게 되었으며, 인적자원 분야의 전략적 사고 증진에도 적극적 태도를 갖게 되었다. 이와 같은 경향은 미국학계의 인사조직 연구에서도 잘 나타나고 있다(<표 2-2> 참조). <표 2-2>에서는 심리학을 배경으로 과학적 연구에 집착하던 조직행위론 중심의 연구자들이 HRM 위주의 기업실무에 보다 많은 관심을 갖고 있음을 보여주고 있다.

2) SHRM의 태동

급격한 환경변화 속에서 바람직한 HRM 시스템을 구축하기 위해서는 현재의 HRM시스템 효과를 측정하고, 보다 적극적으로 효과적인 제도를 구축하기 위한 작업이 이루어져야 할 것이 요구된다. 이러한 측면에서 SHRM에 대한 이론적 구축은 적극적이고 활발한 인적자원의 활용에 많은 도움을 줄 수 있을 것이다. SHRM의 이론화를 도모하는 방법은 대체로 두 가지 측면에서 진행되고 있는데, 하나는 SHRM의 이론적 입지를 구축하기 위해 경영 및 조직의 여러 이론을 바탕으로 SHRM의 위상을 정립할 목적으로 이루어진 연구(Tichy, Fombrun, & Devanna, 1984; Daniel, Mitchell, & Zaidi, 1990; Wright & McMahan, 1992; Coff, 1997; Lado & Wilson, 1994)와 SHRM의 연구방법의 체계화를 통해 SHRM 내용의 이론화를 도모하기 위해 이루어진 연구(Snell, Youndt, & Wright, 1996; Lado & Wilson, 1994; Milliman, Glinow, & Nathan, 1991; Arthur, 1994; Delaney &

Huselid, 1996; Schuler & Jackson, 1987)가 그것이다. 전자의 연구들
은 자원기반 이론, 자원의존 이론, 조직 학습론 등 다양한 조직이론들
각각이 SHRM의 이론적 기반을 마련하기 위해 그 근거들을 제시하고
있는 것이며, 후자는 SHRM 자체의 연구방법을 시스템화, 합리화함으
로써 SHRM의 내용을 이론화하려고 하는 것이다.

〈표 2-3〉 SHRM에 대한 정의

학 자	정 의
Dyer(1983)	HRM에 대한 중요한 의사결정, 특히 경영의 중요한 목적과 수단에 관한 의사결정 과정에서 나타나는 패턴
Baird et al.(1983)	조직의 전략목표를 확인하고, 인사관행이나 절차상에서 이를 활용하는 것
Flippo(1984)	조직의 목표가 달성되도록 인적자원의 확보, 개발, 보상, 통합, 유지, 이직 등의 업무적 기능을 계획하고, 조직하고, 지휘하고, 통제하는 것
Beer et al.(1984)	사람에 관한 경영자의 행동을 조장하고, 방향을 유도하기 위한 모든 조직 상황(context)을 개발하는 활동
Miller(1987)	사업의 모든 수준에서 피고용자들의 관리에 관여하고, 경쟁에 따른 이익을 창출하고 유지하는 방향으로 전략을 실행하는 제반 결정 및 조치
Craft(1988)	이용 가능한, 그리고 잠재적으로 이용 가능한 자원 및 인사정책을 기업전략 계획에 적합시키기 위하여 사용하는 일련의 우선순위
Lengnick-Hall & Lengnick-Hall (1988)	조직목표와 인적자원의 확보 및 활용성이라는 두 가지 측면을 갖는 하나의 통합구성체
Schuler & Walker(1990)	사람과 관련된 기업의 문제를 해결하기 위하여 인적자원 경영자와 라인 경영자가 함께 참여하는 과정과 활동의 적합화
Wright & McMahan(1992)	조직이 그 목적을 달성할 수 있도록 계획된 인적자원의 배치와 활동에 관한 패턴

학 자	정 의
Schuler(1992)	HR경영이 전략 및 전략적 요구와 완전히 통합됨은 물론 HR 정책이 다양한 정책과 상이한 계층에 걸쳐 조화를 이루고 있다는 점을 확실히 하기 위해 이루어지는 일련의 과정 및 제반 활동
De Cenzo & Robbins(1996)	조직의 인간적 차원의 문제로서, 종업원의 확보, 유지, 동기부여, 교육훈련과 같은 활동으로 구성되며, 외적환경의 영향과 노사관리, 정부와의 관련성 및 글로벌화 등과의 관련성에서 형성

이처럼 많은 학자들이 SHRM에 대한 연구를 통하여, 그들마다 상이한 SHRM에 대한 정의를 내리고 있다. <표 2-3>에 나타나 있는 것처럼 SHRM의 정의 및 구성에 대하여 학자들마다 주장이 다소 달리 나타나고 있다. 즉, SHRM의 반응적 역할이 강조되는가 하면(Craft, 1988; Miller, 1987), HRM과 기업전략을 호혜적 혹은 완전히 통합된 관계로 인식하기도 했다. 대부분의 학자들은 Wright와 McMahan(1992)이 내린 '조직으로 하여금 그 목적달성을 가능케 하도록 의도된 계획적 인적자원 활용(deployment)과 활동(activities)의 유형(pattern)'이라는 정의에 동감하고 있다. 이는 수직적으로 HRM practices를 조직의 전략 경영과정에 연결시키고, 수평적으로는 계획적 행동유형을 통해, 여러 HRM practices에 관한 조정과 통합활동을 강조하는 것이다. 즉, 기업전략과 하위 HRM 전략과의 연계를 통한 통합성의 수준이 높아야 하며, 그런 전제하에서 HR 하위시스템 간의 적합성이 요구된다는 것이다. 특히 Guest(1989)는 전략적 인적자원관리란 첫째, HRM이 전략계획에 완전히 통합되어야 하고, 둘째 인적자원정책들이 정책 분야 및 계층 간에 긴밀하게 연관을 가져야 하며, 셋째 현장관리자[3])들이 자기들

---

3) 현장관리자는 생산현장에서 사원들에 대해 관리업무를 수행하는 사람이다. 자신이 속한 조직에서 부하사원들을 통해 작업을 효과적으로 수행할 수

의 일상업무로 인적자원 실무를 받아들이면서 사용해야 한다고 하였다. Delery와 Doty(1996)는 HRM과 계획된 유형들의 개념에 관심을 두고 엄밀한 분석을 통하여 수직적, 그리고 수평적인 적합성의 표현을 하면서, HR 관행들 사이의 관계에 대한 서로 다른 4가지 유형 즉, 추가적(additive relationship), 상호 작용적(interactive relationship), 대용적(substitutes relationship), 그리고 상승적 관계(synergistic relationship)를 제시하면서 앞으로의 HRM 연구의 방향을 강조하였다. 즉, 분석수준, 개념 구성에 대한 명확한 정의, 측정이슈, 그리고 종속변수의 선택을 강조함으로써, HRM의 관점이 결국 '전략적'이어야 한다는 점을 확인한 것이다.

3) SHRM 태동의 배경

실제 경영 관행의 역사적인 변화의 배경에는 새로운 관행(practices)을 필요로 하는 산업계의 현실적인 요청이 있고 또 그와 같이 새로운 관행의 도입을 촉구하는 이론적인 발달이 크게 관여하고 있다. 그래서 HRM 및 SHRM의 도입을 촉구한 미국 산업계의 사정이 되는 실제적인 배경과 HRM 및 SHRM의 관행을 이끄는 이론적인 배경을 간단히 살펴보자[4].

1960년대 후반 이후, 미국 산업 전반의 퇴조 속에서 국제적인 경쟁력의 회복·유지·향상을 노리고 진행해온 QWL 운동, 일본적 경영붐(the After Japan movement), 초우량 기업붐(In search of Excellence

---

있도록 하는 역할을 맡고 있는 자이다. 현장관리자는 생산증대, 품질향상 그리고 비용절감 등의 성과를 달성해야 하며 이러한 성과를 달성하기 위해서 현장관리자는 여러 조건을 갖추어야 하며, 아울러 이를 현장에서 활용해야 한다(Sokolik, 1970; Beach, 1975).

4) 岩出 博(2002)의 「戰略的人的資源管理論の 實相」의 본문 일부를 요약 정리함.

Movement)과 같은 경영혁신운동이 있다.

QWL 운동은 직접적으로 노동생산성의 향상을 지향하고 행동과학을 이론적인 근거로 진행해왔다. 직무확대 · 직무충실 · 자율적 작업 팀 등 근로자의 책임범위의 확대와 직장 관련 결정에의 참여, 자주성의 확보를 통해 직무의 재편을 지향한 정책의 개별적인 도입으로 추진되어 왔다. 그리고 이러한 정책은 HRM을 구성하는 주요한 관리기술로 정착해가게 된다.

한편 일본적 경영 붐은 일본 기업의 경쟁력의 비밀을 찾는다는 의식 아래 전개된다. 전통적으로 구미의 기업경영에는 보이지 않는 특이한 HR 관행(HR Practices)이면서도, 종업원의 기업에 대한 높은 몰입도(commitment)가 보이는 협력적인 노사관계하에 전개되는 인재의 교묘한 활용방식에 관심이 미친다. 인적자원의 장기적이면서 다기능적인 육성과 활용, 직장문제의 자주적인 해결을 꾀하는 직장 소집단활동(QC 서클) 등, 행동과학 나아가 조직행동론의 관점에서 높이 평가된 정책을 포함하여, QWL 운동과 호응하여 상승적인 파급효과를 산업계에 미쳤다. 그리고 이러한 정책 내용은 장기적 고용관계를 유지하고 종업원의 조직 몰입도와 다기능적인 활용을 제안하는 SHRM론에 있어서 무시할 수 없는 모델로서의 의미를 갖게 된다.

또한 초우량기업 붐은 전통적으로 구미 기업이 가장 중시하는 주식시장에서 기업 평가의 기준이 되는 주주자본이익률 등의 기업 재무적인 지표에 의거하여 선별한 '우량기업'의 자세를 배워야 하는 경영혁신의 모델로 한다. 경영전략 본연의 자세를 포함하여 종업원 중시의 경영이념, 종업원의 직무 수행상의 의사결정에 대한 참여를 중시하는 HR 관행과 조직관리의 자세, 나아가 HR 부문의 전략적인 역할 등 기업경영의 새로운 관점이 제시되었다. 실제 미국 기업의 톱 매니지먼트가 HRM에 관심을 나타내기 시작한 것은 일본 기업의 약진과 선진적 기업 사례의 존재가 계기가 되었다고 할 수 있다(Miles and Snow, 1984).

이들 일련의 운동의 활성화는 미국산업의 경쟁력 회복과 같은 초미의 경영과제 해결에 대한 대응이라 할 수 있다. 그리고 이 세 가지 운동은 '종업원은 중요한 조직자원이며, 적절하게 관리되면 그들은 주요한 경쟁우위의 원천이 된다'(Ferris et al., 1995)와 같은 공통의 메시지를 산업계에 주게 된다.

그러나 동시에 경쟁력 회복이라는 초미의 문제해결 요청 외에 이들 운동이 시사하는 '적절한 관리'의 도입을 촉구하는 기초적인 미국 경제의 구조적인 변화를 지적할 필요도 있을 것이다. 그것은 산업구조의 전환으로서의 서비스 경제화이며, 기술 구조적으로는 정보사회화의 발전이다.5)

서비스 경제사회에서 경쟁시장의 특징은 제품과 서비스의 수명이 극히 짧아지고, 소비자의 니즈에 따라 새로운 제품과 서비스의 끊임없는 공급이 요구되고 있다. 이러한 제품과 서비스의 개발·제공을 컴퓨터 기타 정보 네트워크의 활용을 통해 행하는 것도 요구되고 있다. 시장변화에 즉시 응하는 '유연성'을 유지하는 동시에 독자성·독창성·차별성·풍부한 제품과 서비스를 신속하게 개발하여 제공하는 '스피드' 같은 내용을 키워드로 하는 기업 간 경쟁이 필연화된다.

이와 같은 시장 특성을 지닌 기업환경 속에서 기업이 살아남을 수 있는 관건이 되는 것이 인재이며 구체적으로는 '지식근로자'(knowledge

---

5) Parks(1995)는 경영혁신 운동이 제창하는 새로운 관리방식의 도입을 촉구하는 배경으로, ① 국제적인 기업 경쟁력의 격화에 따른 노동생산성 향상의 요구가 강화된 점, ② ME기술의 발달에 의해 대량 생산방식의 우위성이 위협당하고, 유연한 생산방식의 도입이 촉구된 점, ③ 노동시장에서 노동조합 운동의 쇠퇴와 고학력의 화이트칼라 근로자가 급증한 점과 같은 세 가지를 지적하고 있다.

worker)라 할 수 있다. 그러므로 HRM의 과제로 이러한 지식근로자의 확보 · 육성 · 능력개발, 나아가 동기부여로서의 커미트먼트 중시의 새로운 노동 재편이 부상하게 된다. 실제 Lawler(1992, 1994)는 국제적인 경쟁격화에 직면하고 있는 기업일수록 상품수명이 단기화되어 있는 제품을 생산하고 있는 기업일수록, 그리고 주로 일이 창조적인 기업과 급격한 환경변화에 직면해 있는 기업일수록 종업원 참여정책 도입비율이 높다고 한다. 또 Osterman(1994) 역시 694곳의 사업소 조사에서 국제적인 경쟁시장하에 있으며 고도의 기능을 필요로 하는 기술을 채용하고 비용절감보다도 제품의 다양성과 품질을 중시하는 전략을 채용하고 있는 기업일수록 SHRM론6)으로 주장된 '고성과를 올리는 근로관행'(high-performance work practices: HPWP)을 도입하는 경향이 있다고 분석하고 있다.

이러한 지적은 경제구조의 역행할 수 없는 기초적인 변화라는 현실을 다시 보게 하고 그런 까닭에 새로운 경영관행에 대한 이행을 당연한 것으로 간주하는 인식을 기초에 두고 있다. 시대적인 기업환경 변화에 따라 필연적인 환경적응 행동으로 HRM 관행의 변경을 이해하고 있는 것이다.

---

6) SHRM론의 대표적인 학자의 한 사람으로, 경쟁우위 원천의 기초는 시대와 더불어 변화한다고 이해하고 있는 Pfeffer(1994 a)는 제품 · 생산기술, 시장보호 · 규제, 자금조달의 용이성, 규모의 경제성과 같이 지금까지 기업의 경쟁우위의 원천이 되어 왔던 요소는 바야흐로 그 중요도를 상실하고 있으며, 오늘에 있어서 기업의 경쟁우위의 원천은 모방 곤란한 '인재관리 방식'에 있다고 보고 종업원 참여 내지 종업원 커미트먼트 주도의 HRM을 제창하고 있다.

3. SHRM의 패러다임[7)]

HRM에서 SHRM으로의 이론적인 전개에 공헌한 요소로 크게 오픈 시스템 사고를 지닌 역량이론과 기업의 경쟁우위의 달성을 지향하는 경쟁전략론으로 볼 수 있다. 이러한 이념을 기초로 하면서 전개된 SHRM에 보이는 패러다임의 특징을 HRM과 비교하며 살펴보자(岩出, 2002).

1) SHRM의 이념

HRM에 있어서 HR 이념은 인적자본이론과 행동과학의 이론에 의거하여 종업원을 '가치 있는 미개발 경제자원'이라 하여 기업에 경제적인 부가가치를 창출하는 경제자원으로 보는 것이다. 이에 대해 SHRM에서는 이 HR이념을 포함하면서 새로 '전략적 자원'(strategic resources)으로 종업원을 받아들이게 되었다고 할 수 있을 것이다.

RBV는 경쟁우위의 원천이 되는 요건에서 HR을 가치를 낳는 경영자원으로 인식하는 동시에 능력적 자질이라는 점에서 기업 특수적인 자원이며, 경쟁기업이 모방하는 것이 곤란한 지속적 경쟁우위의 원천이 된다는 것을 명확히 하고 있다. 여기서 'HR은 지속적 경쟁우위의 원천'이라는 SHRM론에서 전제적인 가설이 형성되어 간다.

또한 HR을 취급하는 HRM을 경영과정에서 주요 직능으로 자리매김하고, 인사업무를 담당하는 '관리적 스탭'(administrative staff)에서 경영의 의사결정에 관한 '전략적 스탭'(strategic staff)으로, HR 부문의 새로운 직능적 역할을 강조한 HRM에 있어서의 주장도 RBV의 논리

---

7) 岩出 博(2002)의 「戰略的人的資源管理論の 實相」의 본문 일부를 요약 정리함.

로 보강되어갔다. 경쟁우위의 원천이 되는 HR을 취급하는 관리적 노하우로서의 HRM은 눈에 보이지 않는 조직자원이며, 그 역사적 산물성(産物性)·인과적 애매성·사회적 복잡성 같은 점에서 모방하기에 곤란하고 비용이 드는 까닭에 지속적인 경쟁우위의 원천이 된다. 여기서 'HRM은 지속적인 경쟁우위의 원천'이라 하는 SHRM론의 또 하나의 전제적 가설이 형성되어 가는 것이다.[8]

　지금 전통적인 PM에서 HRM, 그리고 SHRM에의 변화를 관련이론의 발달과 더불어 근로자관·인사관리관의 변화로 본 것이<표 2-4)이다.

〈표 2-4〉 PM·HRM·SHRM이 이론적 특성

PM	1960년대 이후의 이론	HRM · SHRM
· 비용, 노동력으로서의 생산요소	인적자본이론	· 가치 있는 경제자원 · 교육훈련·능력개발의 의의를 중시
· 근로자의 노동력 측면에 무게를 둔 정책	행동과학 조직행동론	· 가치 있는 미개발의 경제자원(인적자산) · 근로자의 근로의사(勤勞意思) 측면에 중점을 둔 정책
· 클로즈드 시스템으로서의 인사관리 · 안정된 환경을 전제로 한 제도론 · 개별제도의 세련화를 지향한 제도론 · 보편타당한 제도론	시스템 이론 (상황적합 이론)	· 오픈 시스템으로서의 인사관리 · 환경변화를 조합한 제도론 · 여러 제도의 상호관련성을 조합한 제도론 · 맥락(context)을 조합한 제도론

8) Huselid et al.(1994)은 전략적인 역할을 완수하는 HR 부문과 기업성과의 관계를 검증하고 있으며, 또한 Welbourne and Cyr(1999)은 CEO에 직접 보고의무를 갖는 상급 HR 관리자의 채용과 기업성과와의 관계를 신규 주식공개기업(IPOs)을 대상으로 하여 검증하고 있다.

38

PM	1960년대 이후의 이론	HRM · SHRM
· 인사 방침에 의거한 제도론 · 업무운영적 역할 · 시장에서 조달 가능한 대체성 있는 노동력 상품	경쟁전략론 (RBV)	· 경쟁전략에 정합한 제도론 · 전략적 역할 · 지속적 경쟁우위의 원천이 되는 HR · 지속적인 경쟁우위의 원천이 되는HRM

(주) PM, HRM, SHRM의 각각이 반드시 상기의 요소를 모두 가졌다고 할 수 없다. 총체적으로 병립된 것이다.

2) SHRM의 패러다임

SHRM의 패러다임의 설명에 앞서 먼저 HRM의 기본적인 논리를 요약하고자 한다. HRM은 산업구조 · 기술혁신 · 노동시장 · 고용법 규제와 같은 내용을 HRM에 직접 영향을 미친 외부환경으로 이해하고, 환경에 대응하기 위해 책정된 HR 방침에 의거하여 그 제도적인 대응을 꾀하게 된다.[9] 그리고 HRM의 성공을 노동생산성과 사기 향상, 이직자수 · 무단결근 · 지각 · 재해율의 감소와 같은 HRM의 직접적인 결과가 된 'HR 성과'로 평가하고, 높은 기업성과 달성을 좋은 HR 성과 달성의 연장선상에 암암리에 상정하고 있다. 그런 까닭에 HRM은 직능수준에 분석 시각을 두고, 개별 HR 정책과 그 HR 성과와의 관계에 관심을 가지는 미시적 접근이라 할 수 있다.

그러나 이러한 HRM 패러다임도 1980년에 커다란 변화를 보이기 시작한다. Delery and Doty(1996)는 HRM론의 대전환은 1980년대 중엽

---

9) HRM 연구에 있어서 오픈 시스템 사고의 도입에 의해 생겨난 새로운 변화는 환경적인 맥락으로써의 HRM을 동태적으로 논의하는 관점이 생겨난 것이다. 이때 환경이란 HRM에 직접 영향을 준 경제적 · 사회적 · 문화적, 나아가 법적인 환경이 조정(措出)되어 있다. 상세한 것은 岩出(1989)에 있어서 '제9장 시스템론적 노무관리론 생성의 가능성'을 참조하기 바란다.

에 생겨났다고 하고 그때까지의 미시적 분석적인 연구가 거시적 내지 전략적 수준으로 초점을 옮기기 시작, HRM의 조직성과에 미치는 의의에 커다란 관심을 나타냈다고 한다. 또한 Wright and McMahan(1992)은 미국에서 최근 10년 정도 사이에 전략적 경영에 대한 관심이 높아지고, 그 결과 전략적 경영과정에 있어서 조직직능의 역할에 대한 관심이 생겨났다. 그리고 HRM도 SHRM으로 전략적 경영과정에 대한 통합이라는 형태로 토론되게 되었다고 한다.

지금 몇 가지 SHRM 논문에서 보이는 SHRM의 정의 내지 특성을 열거하면 다음과 같다.

① SHRM은 거시적 시각, 요컨대 거시적 수준의 이론과 개념을 응용한 것이다. 각 정책의 개인 수준에 초점을 맞추는 전통적인 접근과 달리, HR 활동의 특정 '편성' 내지 '시스템'의 조직수준에서의 성과에 초점을 맞추는 것이다(Arthur, 1994).

② SHRM 연구는 HRM의 개념화에 있어서 전체론적인 이해를 필요로 한다. 직무에서 '상황으로서의 조직'(organization as situation)에 대한 분석대상의 중범위화이다(Jackson and Schuler, 1995).

③ HRM의 기업성과에 대한 영향을 검증하는 SHRM론은 지금까지의 HRM 개개의 직능을 대신하여 '전체적으로 HRM 시스템'(the entire HRM system)을 분석수준으로 하고 있다(Becker and Huselid, 1998).

④ SHRM은 전통적인 거시적 영역분석에 대한 거시적 접근으로서, 경영전략 영역과 HR 영역의 통합(integration)으로 태어났다. 또한 SHRM은 HRM 연구자에 의한 HRM을 '조직 내지 기업 수준의 이해'의 영역으로 재배치하는 시도이기도 하다(McMahan et al., 1999).

⑤ SHRM은 개개의 정책평가라는 전통적인 접근이 아니라, HRM의 상호관련적인 편성과 HRM과 조직적·경쟁적인 맥락과의 관계에 관심을 기울이고 있다. 개별 직능의 정책 평가라는 전통적인 방법은 조직성과의 문제를 처리하기에 너무 협소하다(Chadwick and Cappelli, 1999).

⑥ SHRM은 분석수준을 조직 전체 내지 준 조직수준에 둔다(Brewster, 1998).

⑦ SHRM이란 HR 전략의 '조직의 유효성'(organizational effectiveness)에 대한 공헌을 생각하는 것이다(Dyer and Shafer, 1999).

⑧ SHRM은 경쟁우위의 획득수단으로 HR과 경영전략의 적합에 초점을 맞추어 HR이 기업성과에 행하는 역할을 검증하는 노력의 영역이다(Wright and Sherman, 1999).

⑨ SHRM이란 기업경영과의 좀 더 긴밀한 적합이라는 점에서 특징지어지는 고용제도에 관한 하나의 견해이다(Hendry and Pettigrew, 1990).

위와 같은 내용을 통해서 볼 때, 말하자면 SHRM이란 시스템 이론과 경영전략론의 융합에서 생겨난 HRM에 대한 거시적인 접근이다. 또한 '환경 – 전략 – 조직구조 – 조직과정 – 성과'와 같은 상황적합적 조직·관리론의 패러다임에 의거하여 HRM의 조직성과에 대한 공헌성을 전체 조직수준에서 토론해갈 수 있다. 그래서 이러한 코멘트를 참고하면서 SHRM론이 갖는 논리를 정리하면 다음과 같을 것이다.

① 기업을 전체 시스템(a whole system)으로 이해하고 HRM을 그 시스템을 구성하는 부분 시스템(sub-system)으로 인정한다.

② 부분 시스템으로 HRM은 개개의 HR 정책과 같은 구성요소

(modules)로 구성되어 있다고 이해한다.

③ 기업의 외부환경으로 경쟁시장을 설정하고 환경 적응을 위한 기업의 대응을 경쟁전략의 결정·실행으로 이해한다. 그때 환경적응이란 경쟁시장에서 우위에 선다는 점, 즉 살아남는 것을 의미한다.

④ HRM에는 기업의 부분 시스템으로 기업성과에 대한 공헌성을 묻지 않을 수 없다. 따라서 HRM의 최종적인 유효성 평가의 기준도 전략 평가와 같은 수준에 있는 수익성을 중심으로 한 재무성과가 된다. 노동 생산성의 향상, 이직률과 결근율의 저하와 같은 HRM의 직접적 성과가 되는 HR 성과는 기업성과에 대한 매개적 역할(mediators)로 되어 간다.

⑤ 따라서 SHRM의 기본적인 문제의식은 전체 조직수준에서 전략의 실행에 투자하는 최선의 'HRM의 편성'(a system of HR practices)을 생각하는 것에 있다. 즉 HRM의 모듈이 되는 개개의 HR 정책 자체에 관심을 기울이는 것이 아니라 개개 HR 정책의 조합이 되는 시스템으로서의 'HRM 제도'의 구축을 추구하는 제도론이 되어 나타난다.

이상 HRM과 대비하면서 SHRM의 논리를 지적해왔는데, 이것을 '환경 – 전략 – 조직구조 – 조직과정 – 성과'의 관계에 의거하여 HRM과 SHRM의 패러다임의 차이를 그림으로 나타내면 (그림 2-3)과 같다.

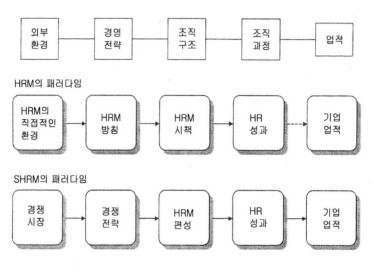

(그림 2-3) HRM · SHRM의 패러다임

3) SHRM의 유형분류

다수의 SHRM이론은 몇 가지 명시적, 비명시적인 전제를 공유하고
있다. 그 전제란 경쟁시장을 기업환경으로 받아들여서,

① HR 내지 HRM을 기업경쟁을 극복하여 지속적인 경쟁우위의 원
   천, 즉 전략적 자원으로 인정하는 것,
② 경영전략과 HRM의 적합을 통해 HRM이 창출하는 조직성과에
   대한 공헌도에 관심을 기울이는 것.
③ HRM의 분석수준을 개별 HR 정책이 아니라, HR 정책의 복합적
   인 편성으로서의 시스템에 두고서 특정 HRM 제도를 추구하고
   있다는 것이다.

기업의 경쟁시장에서의 환경적응을 의미하는 지속적 경쟁우위 달성을 궁극의 목적으로 하고, 거시적인 조직수준에서 HRM의 조직유효성 향상에 투자하는 HRM 편성의 제안이 SHRM론의 기본적인 임무가 된다. 그래서 여기서는 오늘날 상당히 보급되어 있는 SHRM론의 세 가지 유형분류를 간단히 소개하고자 한다.

SHRM론의 본격적인 전개는 1980년대 중반 이후인데, 오늘날 그 전개방식은 다양하다. HRM의 응용과학적인 성격 때문에 HRM 연구 자는 스스로 HRM의 이론적인 기초를 굳히기 위해 다양한 조직이론을 응용하는 경향이 있다고 할 수 있다.[10]

Wright and McMahan(1992)은 SHRM을 'HRM의 역할ㆍ직능에 대한 거시조직적 어프로치'로 간주하면서, 지금까지의 SHRM론에 보이는 이론적 프레임 워크의 총체적인 전체상을 (그림 2-4)와 같이 나타내고 있다. 그리고 경영전략ㆍHRMㆍHR 자본 스톡의 관계에 초점을 맞춘 '기업의 자원 베이스관점 모델'(the resource-based view of the firm), 경영전략ㆍHRMㆍHR 행동의 관계에 관심을 기울인 '행동적 관점 모델'(the behavioral perspective), 경영전략ㆍHRMㆍHR 자본 스톡ㆍHR 행동의 관계에서 착안해가는 '사이버네틱 모델'(cybernetic system model), '대리/거래 비용이론 모델'(agency/transaction cost theory approach)의 네 가지를 HRM의 전략적인 개념 모델로 설명하고 있다. 한편 자원의존ㆍ파워 이론(resource dependence and power theories) 은, 법규제ㆍ노동조합운동ㆍ자원의 통제ㆍ기업의 사회적 책임과 같은 권력적/정치적 영향력이 원인이 되어 도입된 HR 정책을 설명하는데, 제도이론(institutional theory)은 예를 들면 부적절한 성과평가와 같은

---

10) 일반론으로 SHRM론은 학제적인 색채를 지니며 HRM론, 전략론, 조직경 제학, 기업재무론 등이 관여한다(Becker and Huselid, 1998). 따라서 SHRM 연구자는 다양한 학문에서 자유로이 모델과 이론을 사용하는 경향이 있다(Dyer and Shafer, 1999).

정책이 존재하는 것은 합리적인 의사결정이 아니라 조직적인 타성에 의한 것이다라는 설명을 한다.

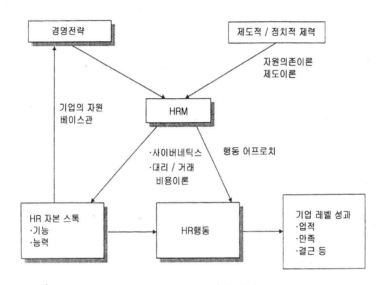

(자료) Wright and McMahan(1992)에서 작성.

(그림 2-4) SHRM의 이론적인 개념 모델

그러나 이 모델분류는 HRM 접근상의 토대가 되는 기초이론에 대응하는 것이며, SHRM론의 유형분류로는 명백하게 한 가지 빠져 있다. 그에 대해 SHRM의 실천 모델이라는 관점에서의 SHRM론의 유형분류가 있다.

영국에서는 미국의 SHRM론을 크게 양분하여 이해하는 경향이 있다. 기업에 대한 종업원 커민트먼트의 확보를 지향하는 '커미트먼트 모델'(commitment model)과 경영전략과 HRM과의 고도의 적합을 강조하는 '적합 모델'(matching model)의 두 가지이다(Hendry and Pettigrew, 1990; Boxall, 1996; Guest, 1997; Brewster, 1998; Purcell, 1999a).

한편 미국에서는 경영전략, HRM, 기업성과와 같은 세 변수 간의 관계

이해의 방식에서 세 가지 유형분류를 행하는 경우가 많다(Delery and Doty, 1996; McMahan et al., 1999; Chadwick and Cappelli, 1999).

첫 번째, HRM과 기업성과의 관계상 경영전략을 포함한 모든 상황·조직에 보편적으로 타당한 '최선의 HR 정책'이 있다는 입장에 서서 '베스트 플랙티스 어프로치'(best practices approach) 내지는 '보편적인 어프로치'(universalistic approach)이다. 1960년대 후반 이후 QWL 운동의 전통을 계승한 형태로 전개되고 있다. 두 번째, 기업성과의 향상에서 HRM이 유효하기 위해서는 HRM이 조직의 다른 국면과 일관되어야 한다는 '외부/수직적 적합'(external/vertical fit)의 관점에서 경영전략과 HRM의 적합을 중시하는 '컨틴전시 어프로치'(contingency approach)이다. 전략적 경영론의 문제의식을 농후하게 반영하고, 경영전략의 특성에 따른 HRM 편성을 추구하는 것이다. 마지막 세 번째는, 경영전략과 HRM의 적합과 같은 의미에서 컨틴전시 어프로치의 문제의식을 답습하면서, 동시에 HR 정책 간의 상승적인 상호작용과 같은 시스템적 시너지 작용을 중시한 '내부/수평적 적합'(internal/horizontal fit)을 지닌 HR 정책의 '최선의 조합/편성'(best bundle/configuration)을 추구하는 '컨피그레이셔널 어프로치'(configurational approach)이다. 전략적 경영론과 시스템 이론의 기초에 입각하여 기업의 실태 조사(경험적 검증)를 중심으로 전개되고 있는 것이다.

(그림 2-5)는 McMahan et al.(1999)의 주장에 따른 경영전략·HRM·기업성과의 관계를 나타낸 이 세 가지 어프로치의 기본적인 골격을 나타낸 것이다. 본래 이러한 SHRM론의 유형분류에 관해 반드시 합의가 형성되어 있다고 할 수 없는 상황에 있는 것도 사실이다.[11]

---

11) 미국에서 SHRM론의 유형분류에서 가장 커다란 논점은, '베스트 플랙티스 어프로치'와 '높은 성과를 올리는 HRM 관행의 편성'(HPWP)을 추구하는 '컨피그레이셔널 어프로치'를 같은 뿌리로 간주하느냐 아니냐 하는 점에 있다. 왜냐하면 전자가 제안하는 HR 정책의 내용과 후자가 제안하

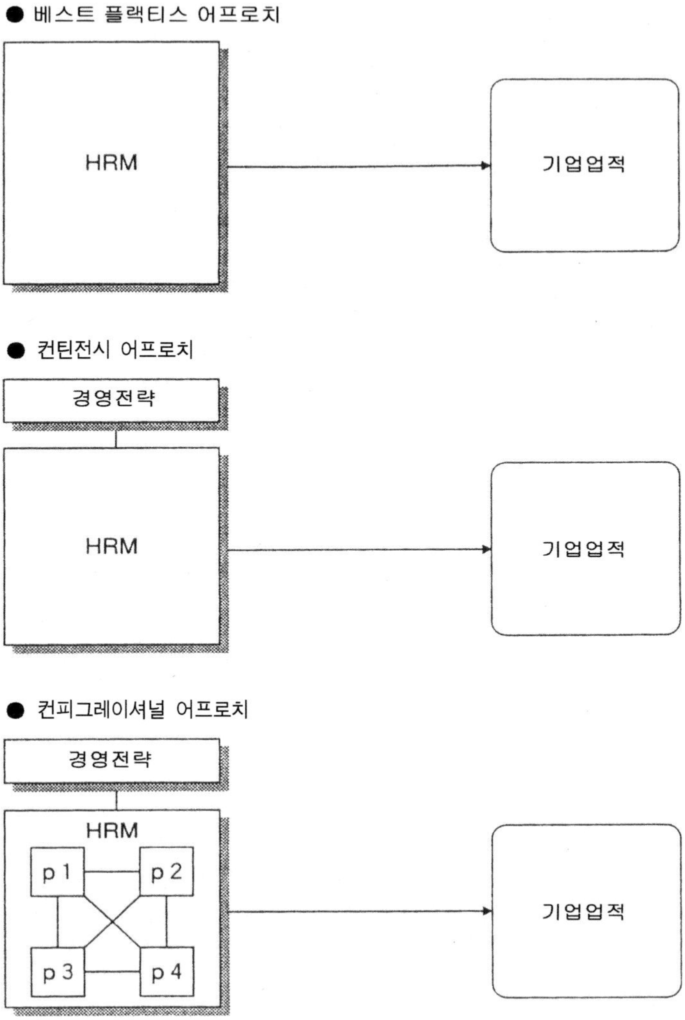

46

● 베스트 플랙티스 어프로치

| HRM | → | 기업업적 |

● 컨틴전시 어프로치

경영전략

| HRM | → | 기업업적 |

● 컨피그레이셔널 어프로치

경영전략

HRM

p 1   p 2
p 3   p 4

→ 기업업적

(그림 2-5) SHRM의 유형분류

___

는 HPWP로서의 HR 정책의 내용이 많은 경우 중복되기 때문이다. 그러므로 예를 들어 Youndt et al.(1996)은 상기 두 가지 접근을 크게 '베스트 플랙티스 어프로치'로 정리하고, '컨피그레이셔널 어프로치'는 최근의 발전 형태로 설명하고 있다.

제3절 HRM에서의 전략적 관점

인사관리의 전개발전과정에서 SHRM이 갖는 위상이 무엇인지를 검토하려면, 우선 '전략적(strategic)'이라는 의미를 파악하여야 하며, 그러기 위해서는 여러 학자들이 논의해 온 '전략(strategy)'에 대한 개념부터 살펴볼 필요가 있다. 본 절에서는 우선 전략의 개념과 SHRM의 개념파악을 위한 기업전략의 의미와 유형, 그리고 SHRM에서의 전략적 관점에 대해서 고찰해 본다.

1. 전략의 개념

기업경영에 있어서 전략의 중요성이 부각되고 있는 배경에는, 기업경영이 내부적 문제해결을 통한 목적달성이 일정한 한계를 보이게 되었다는 점, 그리고 환경의 중요성이 점차 강하게 인식되었다는 점이다. 전략은 이와 같은 두 가지 요소를 충족시키기 위한 필연적 방법으로 대두되었다고 볼 수 있다. 이러한 전략의 개념이 경영학의 중심영역으로 부상하기 시작한 것은, Chandler(1962)가 미국 대기업의 역사적 사례분석을 통해 "전략이 구조를 결정한다(Structure follows strategy)"라는 명제를 제시하면서 구조적 상황이론에서 제시하고 있는 환경, 규모, 기술 등의 매개변수로서 전략의 변수를 강조하면서부터이다. 이는 조직구조의 결정론적인 형성에 있어서 의도되고 계획된 전략의 개념이 접목되었다는 면에서 중요한 의미를 지니고 있다. 이러한 연구의 흐름은, Ansoff(1965)의 기업성장이론, Andrew(1971)의 전략결정요인에 대한 연구 및 산업조직론과 자원기반이론(resource-based theory)에 바탕을 둔 연구들을 거쳐, 최근 지식(knowledge)을 현실경영에 적용시키는 방향에 이르기까지 이르고 있다. 이처럼 기업과 관련한 전략의 개념은 다양하게 정의할 수 있는데, 그중에서 Chandler(1977)는 '기업의 기본적 장기 목표와 목적을 설정하여, 이들 목표달성에 이르는 행동 경로를 정하고, 동시에 목표달성을 위한 모든 자원(resource)의 배분 행위'를 전략이라고 정의하고 있다.

전략에 대한 제반개념은 <표 2-5>에 요약되어 있다. 이러한 정의에서는 전략과 기업목표 간의 관계를 강조하기도 하고, 환경으로부터의 기회와 기업의 강점 간의 적합성(fit)[12]에 초점을 두기도 한다. 이를 종합해 정의해 보면, 전략이란 '지속적인 경쟁우위를 통한 기업목적을 달성하기 위하여 통합된 실천활동들의 집합'으로 정의 내릴 수 있다. 이는 또한 조직과 환경과의 외부적 측면과 기업 내부적인 측면에서의 전략이 모두 포함된 것으로 해석될 수 있다. 따라서 HRM에 있어서 전략의 개념도 외부환경에 대한 인식과 기업 내부적인 상황적 요인에 대한 고려가 당연히 전제되어야 할 것이다.

기업전략(corporate strategy) 역시, 기업 내부적 측면인 ① 기업목표의 설정을 포함한 계획 ② 자원의 배분 그리고 외부 환경적 측면인 ③ 환경과의 적응 및 대응이라는 상호작용 등 세 가지 개념을 포함하고 있다고 볼 수 있다. 즉, 기업전략은 기업발전의 방향을 설정하고, 기업의 노력을 특정 영역에 집중시킴으로써 불필요한 활동을 배제시키는 활동으로써, 기업전략도 일관된 의사결정에 따라 실행되어야 한다는 것이다. 여기에서 기업전략에 영향을 미치는 변수들이 과연 무엇인지 하는 중요한 과제가 주어진다. 이는 기업조직의 유효성을 결정하는 데 중요한 영향을 미치기 때문이다. 이에 대한 자세한 설명은 제3장에서 살펴보도록 한다.

---

12) "fit"와 유사한 개념으로 matching, coherence, congruence 등의 개념이 있으나, 원하는 결과가 성과를 제고하는 데 있다면 "fit"는 적절한 표현이지만, 원하는 결과가 혁신이나 유연성에 있다면"fit"는 부적절한 표현이다(Evans, 1986). 적합성의 영역(domain of fit)에 대한 분류는 Venktranman & Camilius(1984)를 참조.

〈표 2-5〉 전략(strategy)에 대한 정의

Drucker(1954)	전략은 현 상황을 분석하고, 필요하면 변경시키는 것으로써 그 기업자원의 현 상태와 앞으로의 바람직한 상태를 파악하는 것
Chandler(1962)	기업의 장기적 목표와 목적의 설정, 목표달성을 위한 행동경로의 선택 및 제반자원의 배분
Andrews(1971)	기업의 사명, 목적, 목표의 설정, 목표를 달성하기 위한 주요방침, 계획에 관한 의사결정 패턴(우리는 현재 무슨 사업을 하고 있고, 앞으로는 무슨 사업을 할 것인가? 우리는 어떠한 형태의 회사가 될 것인가? 우리 기업의 이해관계자들에 대한 경제적/비경제적 기여는 무엇인가?
Ansoff(1965)	기업이 자신의 현재적 및 잠재적 능력의 제약하에 현재의 위치에서 목표에 명시된 미래의 위치로 전환하기 위해 고안된 수단(조직의 과거 및 미래의 본질적 성격을 정의해 주는 제품/시장 및 조직 활동 사이에 일관된 공통주제(Common Theme/Thread)
Hofer & Schendel(1978)	조직이 목표를 달성하는 방법을 나타내주는 현재 및 계획된 자원배치 및 환경과의 상호작용 패턴.
Minztberg(1979)	조직과 환경 사이에 중계역할을 하는 것으로서, 환경에 대처하기 위한 조직 의사결정의 일관된 패턴
Porter(1980)	기업별로 다른 일련의 활동들을 이용하여 유일무이하고 가치 있는 포지션을 창출하는 것
Ohmae(1983)	어떻게 하면 경쟁자에 비해서 경쟁우위를 가질 것인가 하는 문제
Hambrick(1983)	환경에 대처하고 조직 내부의 활동이나 정책방향을 제시해 주는 일련의 의사결정 유형
Prahalad & Hamel(1990)	핵심역량 및 전략적 사고를 혁신할 수 있는 전략 프로세스의 확장(stretch)
Barney(1996)	기업이 성과를 개선하거나 개선할 수 있도록 해 주는 자원할당의 패턴이고, 우수한 전략이란 강점을 이용하고 약점을 회피하는 동시에 위협을 중화하고 기회를 활용하는 것이다.

자료: 문헌을 참고하여 요약정리.

한편, 전략은 범위, 목적, 기능에 따라 다양하게 분류될 수 있지만, 본 연구와 관련된, 조직수준에 따른 분류는 다음과 같다(박기찬, 2000).

① 기업전략(corporate strategy)은 최고경영자 수준에서 기업의 목적과 목표의 설정, 사업의 선택 및 이를 위한 자원의 획득, 배분, 이용에 관한 전략이다.

② 사업전략(business strategy)은 사업부 수준에서 사업영역의 정의, 목표의 설정, 경쟁우위의 성취방안에 관한 전략으로 기업전략의 하위전략이다.

③ 기능별 전략(functional strategy)은 기능부문 수준에서의 목표 설정, 경쟁력 제고 방안에 관한 전략이다. 인적자원전략, 마케팅전략 등이 있으며, 사업전략의 하위전략이다(Wheelen & Hunger, 1983).

이와 같은 분석수준(Schendel & Hofer, 1979)상의 분류 중, 기능별 전략은 전통적인 기능별 관리의 개념과 일맥상통하여 전략적 경영의 범주에 포함시키는 데 있어 다소 무리가 있음도 사실이나(신유근, 1999), 본 연구는 이러한 구분에 따른 전략의 전개에 초점을 둔 것이 아니라, 상위수준의 기업전략과 기능별전략의 일종인 HRM 전략과의 통합수준에 대하여 살펴보는 것이므로, 전략적 경영이론에서 분석대상의 엄밀성에 대한 정확성은 그다지 중요하지 않다 할 것이다.

2. 기업전략의 유형

SHRM을 보다 명확히 파악하기 위해서는 먼저 기업전략론에 대해 이해할 필요가 있다. 이는 기업전략론으로부터 강한 영향을 받고 있으므로, 분리해서 논의하는 것 자체가 SHRM에 대한 정확한 이해를 할 수 없기 때문이다. 기업전략의 개념을 이해하고 판단하기 위하여 수많은 전략유형론이 제시되었다. 예를 들어, Schuler와 Jackson(1987), Balkin과 Gomez-Majia(1990), Gerstein과 Reisman(1983)은 역동적 성장(dynamic

growth), 이익 창출(profit extraction), 유지(maintenance) 등으로 전략유
형을 분류하였으며, Wissema, Van Der Pol, 그리고 Messer(1980)는 폭
발(explosion), 팽창(expansion), 지속적 성장(continuous growth), 쇠퇴
(slip), 합병(consolidation), 축소(contraction) 등 6가지 단계로 이를 설
명하고 있다. 또한 신유근(1992)은 장기적 성장추구 목적과 관련하여 관
련성장과 비관련성장을 한 축으로 하고, 이를 이루기 위한 수단인 정부
의존 전략과 기업주도 전략을 다른 축으로 하여, 전략을 4가지 경영전략
즉 외형 확장적 성장전략, 제한적 전문화전략, 방어적 다각화전략, 실리
지향적 성장전략 등으로 나누어 연구하기도 했다.

〈표 2-6〉 Porter의 기업전략 유형에 따른 인적자원관리(HRM)

기업전략 / 인사관리정책	비용우위	품질향상	혁신(기술우위)
경영참여	낮 음	높 음	높 음
직무분석	명백한 직무분석	명백한 직무분석	암묵적 직무분석
종업원 모집	대부분 내부	약간의 외부	외 부
경력경로	좁 음	좁 음	넓 음
인사고과기준	결과중시	대부분 결과중시	과정과 결과중시
목 표	단기적 목표	대부분 단기적 목표	장기적 목표
집단성과기준	대부분 개인적 목표	동일집단목표	동일집단목표
고용보장	최 소	약 간	약 간
성과급	거의없음	약간 유인급	많은 유인급
급 여	위계적 임금	균등임금	균등임금
훈 련	적은 훈련	포괄적 훈련	포괄적 훈련
노사관계	전통적	협동적	협동적

자료: Schuler(1989).

과거 25년 동안 많은 학자들이 제안한 전략의 유형(Buzzell, Gale, &

Sulton, 1975; Cook, 1975; Galbraith & Schendel, 1983; Herbert & Deresky, 1987) 가운데, Miles와 Snow(1978)의 유형론과 Porter(1985) 의 유형론이 가장 많은 관심을 받아 왔다. 이 두 유형론은 단순한 체계를 갖고 있으며, 직관적으로 동감을 갖게 하며 충분한 설명력을 갖고 있는 장점이 있다.

   Miles와 Snow(1978)는 전략유형을 제품 및 시장개발을 기준으로 조직의 반응방법에 따라, 공격형(Prospector), 분석형(Analyzer), 방어형(Defender), 낙오형(Reactor)의 4가지 전략유형으로 구분하였고, Porter(1985)는 경쟁적 비교우위를 달성하기 위해서 기업이 선택할 수 있는 전략으로 비용우위(cost), 품질향상(quality enhancement) 및 혁신(innovation)의 전략으로 분류하였다. 이 두 유형론은 같은 현상을 분류했지만, 분류의 기준이 상이하였기 때문에 그 내용도 상이하다(Segev, 1989). 몇몇 학자들은 광범위한 영역의 기업행위를 설명할 목적으로, 이 두 가지 유형론의 통합을 시도하기도 했으나(Govindrajan, 1986; Hambrick, 1983), Hambrick(1983)은 이 두 유형론은 통합할 수 없으며, 통합하면 오히려 기업에서 사용할 전략 선택을 더 어렵게 만든다고 주장하였다. 공격유형이 품질향상과 유사하고, 방어유형은 비용우위 전략과 유사하다는 주장이 있으나, 유사하다는 증거를 실증적으로 제시하지는 못했다.

   Porter(1985)의 전략유형론은 <표 2-6>에 있는 것처럼, 세 가지 본원적 전략과 표에는 나타나 있지 않은 어정쩡한 전략(stuck in-the-middle)으로 구분된 것이다. 그러나 Porter의 모델도 다음과 같은 세 가지 측면에서 문제점을 내포하고 있다. 첫째로, 상대적으로 포함하고 있는 중점 범위가 협소하고, 기업의 경쟁적 활동만을 설명하고 있으며, 둘째로, 다양한 전략유형하에서 요구되는 특정 경영기술과 활동을 설명하지 못하고 있다. 마지막으로, 이러한 전략의 포괄적 분류가 HRM의 논리와 같은 맥락에서 이루어진 것이 아니며, 실증분석의 대상이 되는 현장조직의

상황특유성을 반영하지 못한 단순화된 전략유형을 제시하고 있다는 것
이다. 한편, Schuler(1989)는 이러한 본원적 경쟁전략 유형이 종업원의
요구역할행위를 매개로 인적자원관리 유형을 결정한다는 규범적 성격의
논리체계를 보여주었다.

　반면에, Miles와 Snow(1978)의 전략유형론은 다양한 상황에 적용될
수 있고, 이론적, 실증적으로도 충분히 검정되었다(Shortell & Zqjac,
1990). 또한, Shortell과 Zajac(1990)이 Miles와 Snow(1978)의 유형
론에 대한 유효성과 신뢰성을 검정한 후 학자들이 조직전략을 연구
할 때 확신을 가지고 이 유형론을 사용할 수 있다고 결론을 내렸다
(Shortell & Zqjac, 1990). Miles와 Snow(1978)가 제시한 네 가지 전
략유형의 특성(낙오형은 제외)에 대하여 요약하면 <표 2-7>과 같다.
지난 20년 동안 Miles와 Snow(1978)의 전략유형론의 유효성을 검정
하기 위하여 많은 학자들(Hambrick, 1981a, 1981b, 1982; Conant,
Mokwa, & Varadrajan, 1990; Thomas, Litschert, & Ramaswamy,
1991; Chaganti & Sambharya, 1987; Slocum, Cron, Hansen, &
Rawlings, 1985; Zahra, 1987)이 엄청난 노력을 집중하였다. 그들이
관심을 가졌던 분야는 주로 기업경영 차원, 엔지니어링 차원, 행정·
관리적 차원에서, 채택하는 전략유형에 따라 분명한 차이가 있는지 혹
은 없는지에 관한 명제들이었다.

〈표 2-7〉 Miles & Snow의 기업전략에 따른 인적자원관리

기업전략 / HR체계	방어형	공격형	분석형
대표적인 회사	링컨 전기사	HP	모토롤라
기본전략	인적자원 유지	인적자원 획득	인적자원 할당
기본역할	유 지	창업가적	조 정
모집, 선발, 배치	강조: 내부성장 충원: 제한적 선발: 소극적 방법	강조: 외부유입 충원: 포괄적 선발: 적극적 방법	내부충원과 외부충원 (make and buy)
인력배치계획과 훈련, 개발	공식적, 다양한 기술개발과 교육훈련 교육훈련 투자확대	비공식적, 제한적 기술확인과 외부영입 제한적 교육훈련	공식적, 다양한 기술개발과 교육훈련 확대 제한적 외부영입
인사고과	과정위주 훈련수요확인 개인적, 집단적 평가 전후의 비교	결과위주 인력수요확인 기업단위평가 동료간 비교	대개 결과위주훈련/ 인력수요확인 개인적, 집단적 평가 중간형
보 상	직무, 연공에 의한 보상 내부의 공정성 강조 높은 기본급 비중	성과위주의 보상 외부 경쟁력 강조 높은 인센티브 비중	내적 일관성 및 외부경쟁력의 혼합

3. HRM의 전략적 성격

HRM의 전략적 성격은 크게 세 가지 의미로 구분된다(양혁승, 2001). 첫 번째 의미는 HRM이 조직수준의 경영성과에 영향을 미친다(Chadwick & Cappelli, 1999)는 것이고, 두 번째 의미는 HRM과 조직의 전략이 통합될 때, 즉, HRM이 조직의 전략과 외적 적합성(external fit)[13]을 확보할 때, 조직의 경영성과가 배가된다는 의미이

---

13) 엄밀하게 말하면, HRM과 조직환경과의 상호작용을 외적적합성이라는 개념으로 설명하고, 조직이 취하는 전략과 HRM 전략과의 상호관계를 수직적

고, 마지막으로는 인적자원이 지속적 경쟁우위의 원천인 전략적 자산 (strategic assets)이 될 수 있다는 의미다. 이러한 세 가지의 의미를 면밀히 고찰해 볼 필요가 있다. 우선 그동안의 실증연구의 결과(Terpstra & Rozell, 1993; Russell, Terborg, & Powers, 1985; Arthur, 1994; Huselid, 1995; Ichniowski, Shaw, & Prenusshi, 1997; Milgrom & Roberts, 1995; Becker & Gerhart, 1996; Wright, McMahan, & McWilliams, 1994)를 종합해 볼 때, HRM이 조직의 경영성과에 중대한 영향을 미친다는 결론을 내릴 수 있다(Becker & Gerhart, 1996). 그러나 여기에는 적정한 분석수준(level of analysis)의 선택문제와 경영성과에 대한 보다 적절한 측정(measurement)의 문제는 여전히 남아 있다. 두 번째의 의미를 살펴보면, 전략적 통합의 명제는 상황이론 (contingency theory)14)에 근거한 것인데, 이에 대한 연구결과들은 일관된 결과가 나오지 않고 있다. 전략적 통합이 조직의 경영성과에 유의한 영향을 미친다는 연구결과가 있는가 하면(Delery & Doty, 1996; Youndt, Snell, Dean, & Lepak, 1996), 전략적 통합성의 영향력이 유의하게 나오지 않는다는 실증연구도 존재한다(Huselid, 1995; Bae & Lawler, 2000). 이는 실증분석의 대상이 되는 조직의 상황특유성이 반영되지 않고, 단순한 전략유형의 제시에서 비롯되었다는 주장이 있으며, 그 대안으로 Chadwick과 Cappelli(1999)는 포괄적 전략분류를 사

적합성 개념으로 볼 수 있다. 이때 수직적 적합성과의 동질적인 개념으로서의 수평적 적합성을 말할 수 있다. 본 연구에서는 외적 적합성을 수직적 적합성을 의미하는 개념으로 보면서 이를 전략적 통합(strategic integration) 개념으로 재정의하여 사용한다.

14) 상황이론에서 상황요인(환경, 기술, 규모 등)은 일반적으로 맥락(context)이라고 표현된다. 또한 상황요인은 넓은 의미로 환경이라고 통칭되는데, 이것은 조직의 외부환경뿐만 아니라 기술이나 과업특성과 같은 내부환경도 포함한 포괄적인 의미로 사용된 경우이다(Pennings, 1992). 본 연구에서도 이런 포괄적 의미를 나타낸다.

용하여 전략적 통합도를 판단하기보다는, 기업의 독특한 특성을 충분히 이해한 바탕 위에서, 그 기업의 특성에 알맞은 HRM 시스템 유형을 추론한 뒤, 이를 바탕으로 전략적 통합도의 효과를 검증하도록 권고하고 있다. 세 번째 의미는, 경쟁환경의 본질이 지속적으로 변화하고 있으며, 이러한 경쟁환경의 변화가 경쟁우위의 기반을 변화시키고 있다는 것이다. 하나의 기업을 독창적으로 규정하고 시장에서의 경쟁우위를 확보하게 하는 역량들은 경영학분야에서 오랫동안 강조해 왔던 요소일 뿐만 아니라, 전략수립 및 투자 선별기준으로 다루어 온 것들이다. 그러한 역량들을 구축하기 위해서 기업들은 설비, 기능, 인적자원, 그리고 프로세스들의 신중히 선별된 조합들을 재구성하려는 노력들을 수행해 왔지만, 그중에서도 인적자원은 항상 가장 중요한 플랫폼으로서의 역할을 수행해 왔으며, 대부분의 경우 경쟁우위의 가장 중요한 원천이 될 수 있다(Becker, Huselid, & Ulrich, 2001; Noe et al., 2000; Cascio, 1998; Ulrich, 1997; Pfeffer, 1994; Porter, 1985)는 것을 말하며, 이는 HRM에 대한 근본적인 재검토와 변신을 요구하고 있는 것을 말한다.

특히 두 번째 의미인 전략적 통합이란, 핵심적으로 경영정책 및 전략적 경영과의 연계 및 통합을 말하며, 기업전략에 인적자원활동과 정책을 통합하는 것으로 보고 있다(Poole, 1990). 이러한 SHRM은 그간의 HRM과 사업정책 또는 전략문헌에 기초한 것으로써, 바로 HRM에 전략의 개념을 투입하는 것을 말한다. 즉, 외부환경요소를 분석하여 기업 내부여건의 강점 및 약점을 파악하여, 시장에서의 경쟁적 우위를 점하는 과정에서, 인적자원의 기능적 역할을 적응시키고, 보조하는 역할을 하는 활동이라는 것이다. 이러한 HRM의 전략적 성격은, 두 가지 방법으로 살펴볼 수 있는데, 하나는 기업전략에 적합한 인사관리를 탐색하여 실행하는 방법이고, 다른 하나는 기업전략의 성공을 제약하는 요소로서 인사관리를 두고 경영전략의 형성에 기존 인적자원의 분석결과를 투입하는 것이다. 즉 기업전략과 인적자원의 관리의 통합(integration)을 바라보는 방법은 상향적일 수도 있으며, 하향적일 수도 있다는 것이다(Guest, 1990). 다시 말해 인적자원전략과 기업전략과의 통합성 관계에서 어떤 것이 독립변수의 지위를 가지고 있는가하는 문제이다(김학수, 1998). 상향적인 방법은 HRM 활동 자체의 전략화라 할 수 있으며, 기업전략에 따라 인적자원에 대한 전략이 기술적으로 결정된다기보다는, 하위수준의 전략으로서의 인적자원전략에 경영전략이 결합되어 있다는 점을 강조한다. 즉, 주어진 기업전략의 유형에 따라 적절한 인사관리 실무를 탐색하는 것이 아니라, 인사관리 실무 각각과 관련하여 기업전략의 연관성에 따른 결정이 이루어진다는 것이다. 한편, 하향적 방법은 규범적 성격을 가지는 것으로, 경영전략의 성공을 위한 적절한 수단이 존재하고, 그것을 갖추어야만 효과적일 수 있다는 명제 형식을 취하며, 전체전략에 통합된 부분으로써 인적자원을 포함하는 체계를 개발한다는 형식을 취한다(김학수, 1998). 특히, Baird와 Meshoulam(1988)은 상향적 방향으로서의 전략적 통합성을 높이기 위해 HRM의 전략성이 필요하다고 논의하였으며, HRM 발달의 다섯 가지 단계(도입, 기능적 성장, 통제된 성장, 기능적 통합 및 전략적 통합)와 HRM의 여섯 가지 전략적 부분(관리자의 인식, 기능의 관리, 프로그램의 포트폴리오, 인사기능, 정보기술, 및 환경에 대한 인식)을 제시하면서 이들로부터 전략적 통합도를 관리하는 모형을 발전시키기도 하였다.

본 연구에서는 이러한 전략적 통합성에 대한 상·하의 방향성 구분은 하지 않았다. 왜냐하면 방향성이 중요한 것이 아니라 상호통합성의 수준에 연구초점을 두었기 때문이다. 물론 우리나라 기업의 관행과 문화적 습성을 고려해 볼 때, 대체로 하향적 방법의 성향이 강할 것으로 상정해 볼 수는 있을 것이다.

4. 경영전략과의 통합모형

경영전략과 HRM의 통합관계는 (그림 2-6)에서 보는 바와 같이 관리적 통합, 일방적 통합, 쌍방적 통합, 완전통합의 네 가지 형태로 구분된다(Golden & Ramanujan, 1985). 관리적 통합관계는 경영전략과 HRM 간에 체계적으로 계획된 상호 연계관계가 없이, 경영전략의 수행방식에 따라 독립적으로 인적자원이 관리되는 행정적 연결관계(administrative linkage)를 의미한다. 일방적 통합관계는 경영전략 수행과정에서 경영전략이 HRM에 체계적으로 반영되는 일방적 통합관계(one-way integration)를 말하고, 쌍방적 통합관계는 경영전략 수행과정에서 기업전략과 HRM이 서로 적응·조정하면서 전략목적을 달성해 나가는 쌍방적 통합관계(two-way integration)를 뜻한다. 마지막으로 완전통합관계는 경영전략 수행과정에서 경영전략과 HRM이 전략형성에서 전략수행에 이르기까지 전체 전략경영과정에 걸쳐서 완전히 통합된(total integration) 관계를 말한다.

이들 네 가지 유형은 SHRM의 정도를 나타내며, 물론 완전 통합관계에 가까울수록 SHRM이 보다 효율적으로 전개될 수 있는 요건이 조성되어 있음을 의미한다. 또한, 전략결정과 전략수행과정에서 현장관리자의 참여정도도 완전 통합유형에 가까울수록 높아지며, 따라서 현장관리자가 조직성과에 기여하는 정도도 더욱 커진다고 볼 수 있다.

우리나라 기업의 경우, 구조조정과 경영혁신 등과 같은 변신전략이 HRM에 반영되지 않고 있는 것은 경영전략과 HRM 간에 독립적 관계수준이 주를 이루고 있는 것으로 해석되며, 따라서 SHRM 역시 실천되지 않고 있음을 의미하는 것이다(배종석, 1999; 이학종, 2000).

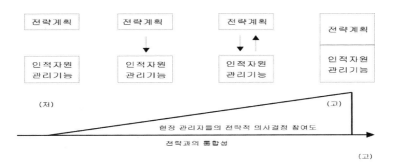

자료: Golden & Rainanujan(1985)과 *Noe et al.*(1997)의 자료를 수정하여 정리함.

(그림 2-6) 전략과 인적자원기능 간의 통합유형

5. SHRM 모델에 관한 선행연구

Tichy 등(1984)은 1982년의 특정 HRM 기능의 개념을 더욱 발전시켜 HRM 활동을 전략적, 관리적, 운영적 측면에서 상호작용하는 통합된 시스템으로 보았다(<표 2-8> 참조). 이들은 전략적 관리의 3대 핵심요소로 사명과 전략, 조직구조, 인적자원관리를 들고 이들 요소 간의 적합성을 강조하면서, 인적자원관리가 전략실행의 수단에 지나지 않는 것은 아니며 인적자원관리활동 자체의 전략화를 강조하였다.

Schuler와 MacMillan(1984)은 효과적인 HRM을 통해서 경쟁우위를 얻을 수 있음을 제시하였다. 즉, 두 가지 전략유형(비용 효율성전략, 생산 차별화전략)을 성공적으로 수행한 20개 기업의 사례를 통해, 그들이 경쟁우위를 확보할 수 있는 네 가지 HRM의 전략대상(자신, 소비자, 유통 및 서비스기관, 공급업자)을 밝혀내고, 전략목표를 달성하기 위해 여섯 가지 HRM 관행들, 즉 인적자원 계획, 확보, 평가, 보상, 훈련 및 개발, 노사관계 등을 제시하였고, 또한 HRM 관행과 전략적 유형, 전략적 대상 간의 적합관계를 사례연구를 통해 제시하기도 하였다.

Schuler와 Jackson(1987)은 기업경영전략과 인적자원 관행 간의 관계에 대하여 종업원의 특성을 매개로 연구한 결과, 전략과 HRM 관행을 연결하는 전략유형과 종업원 특성에 따라 HRM 관행도 다양할 수 있다고 하였다. 이들은 기업전략으로서 혁신, 품질강화, 비용절감 3가지를 들었고, 기업전략과 연결하기 위한 HRM 관행은 계획, 선발, 평가, 보상, 훈련 및 개발로 나누어, 이에 필요한 종업원의 특성을 확인하고 이에 적합한 내용의 안을 선택하도록 하고 있다. 이러한 전략적 연구들은 보통 새로운 전략의 구분보다는 기존 연구에서 밝혀진 전략 구분에 HRM 관행을 얼마나 타당성 있게 연결하느냐에 관심을 가진 규범적 연구들이 대부분이다. 비록 일부 연구에서는 기업의 사례연구에 한정된 실증분석을 실시하였으나, 실증연구를 통한 일반화 모색에는 미진한 연구들이라고 볼 수 있다.

<표 2-8> Tichy 등의 연구

	분류 및 내용
HRM 활동	· 전략적 측면 – 정책결정, 전체목표의 설정, 기업환경과의 조화를 목표 · 관리적 차원 – 전략집행을 위한 자원의 분배, SBU(전략적 사업본부) 내의 기술, 자본, 정보, 인력자원을 결정하는 일을 담당 · 운영적 차원 – 조직의 일상업무를 수행
전략적 유형	· 단일제품전략 · 수직적으로 통합된 단일제품전략 · 비관련사업의 합병을 통한 성장전략 · 내부성장이나 합병을 통한 제품군의 판매다각화 · 다국간의 다제품전략
조직구조 유형	· 기능별 조직 · 분리된 독자적 조직 · 다 사업부제 조직 · 글로벌 조직구조
HR Practices	· 선 발 · 평 가 · 보 상 · 개 발

한편, HRM을 둘러싼 조직 내·외적환경(전략을 포함)과 인적자원의 확보, 유지, 개발, 보상 등 HRM 과정, 그리고 인적자원 유효성과의 상호관련성을 강조한 연구결과들을 정리해 보면 다음과 같다.

1) Galbraith와 Nathanson(1978)의 모형

Galbraith와 Nathanson(1978)은 전략과 구조와 인적자원의 차원이 적합성을 유지해야 한다고 한다(<표 2-9> 참조). 즉, 구조는 전략을 따르고 그러한 구조에는 각각 적합성이 있는 인적자원관리가 있다는 것이다.

〈표 2-9〉 전략과 구조에 연결된 HRM

전 략	구 조	HRM			
		선 발	평 가	보 상	개 발
단일제품	기능별	기능지향 주관적 기준	주관적: 개인 접촉평가	비체계적 가부장적	직무경험통한 비체계적: 단기능
단일제품 수직통합	기능별	기능지향 표준적 기준	비인적: 비용생산성기초	성과 생산성 관련	직무순환통한 일부 일반가 기능전문가
흡수성장 (비관련)	분리된 완결사업	사업별 기능지향적	비인적: ROI와 수익성 기준	공식ROI 수익성기준	범사업적이 아닌 범 기능적
내부성장	다사업부	기능지향적 체계적	비인적: ROI와 수익성, 회사기여의 주관평가	상여: 수익성, 회사기여, 주관평가	범기능적, 범사업적, 범기업적
다국다 품종	세계조직	상 동	비인적: 복수목표기준	상여: 경영자 재량, 복수목표기준	전사적: 공식체계적

자료: Galbraith와 Nathanson(1978), 김학수(1998)에서 재인용

2) Heneman(1983)의 모형

Heneman(1983)은 타 모형들과는 달리 환경변수에 전략유형을 두지 않고, 법률 및 규칙, 노동조합, 노동시장 등 세 가지 변수로 HRM 활동과 환경변수 간의 연계를 강조하였다. 즉, 모든 HRM 활동이 개인과 직무 간의 결합성을 높일 수 있도록 연결되어야 한다는 측면에서 개인과 직무 간의 상호관련성을 투입변수로 보고 있다. 또한 HRM 활동을 지원활동(개인 및 직무분석, 산출평가, 인사계획)과 직능활동(직무 및 기업과 관련된 활동으로 외부충원, 내부충원 및 개발, 보상, 노사관계, 작업환경)으로 구분하여 투입변수로 보았으며, 산출요소로는 전통적인 직무수행 외에도 근속, 결근율, 직무만족, 유인 등을 들고 있다.

3) Beer 등(1984)의 하버드대학 모형

Beer et al.(1984)은 Harvard Business School의 MBA 과정 필수과목으로 1981년에 신설된 'HRM'의 텍스트로, 과목 개설과 관련된 조직행동ㆍ조직개발ㆍ노사관계ㆍ인사관리의 연구자들에 의해 두드러지게 된다. 적대적인 노사관계, 종업원의 근로의욕의 저하, 관리계층의 많음, 제약이 많은 일의 진행방법, 변화에 대한 종업원의 커다란 저항 등 미국에 있어서 인재활용의 치졸함이라는 현실을 확인하고, 기업경영에 있어서 전략적인 시각에서 톱 매니지먼트(general manager)가 일관되고 통합적인 HRM의 전략 모델을 구축해가기 위한 여정을 나타낸 것이다.

Beer 등은 ① HRM의 구축은 톱 매니지먼트의 책임이다, ② HRM은 경영전략을 포함한 기업 내외의 여러 환경 요구와 적합한 것이라야 한다, ③ HRM의 여러 제도 간에는 일관성이 있어야 한다와 같은 점을 강조하고, HRM 구축을 위한 개념적인 지도(map)를 (그림 2-7)과 같이 나타내고 있다. 그 내용은 다음과 같은 것이 있다(岩出 博, 2002).

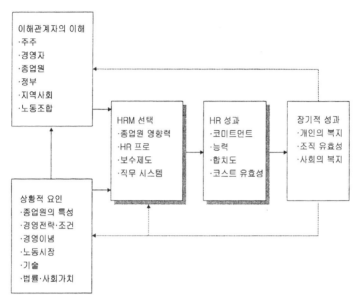

(자료) Beer et al.(1984)에서 그림

(그림 2-7) HRM의 개념 map

① 주주·경영자·종업원·노동조합 등의 '이해관계자'와 종업원 특성·경영전략·기술·노동시장·법률 등의 '상황적 요인'을 HRM 제도 내용의 결정에 영향을 미친 기업 내외의 환경으로 이해한다.
② HRM의 제도 영역으로 권한 위양 등 종업원의 영향력을 반영시킨 구조로서의 '종업원의 영향력'(employee influence), 종업원의 채용·유지·육성과 관련된 'HR flow'(human resource flow), 종업원의 동기부여 및 안정과 관련된 '보상제도'(reward systems), 직무의 정의와 설계와 같은 조직화와 관련된 '직무 시스템'(work systems)의 네 가지를 생각한다.
③ HRM 전개의 성과로 그 유효성을 평가할 경우, 자기의 일과 조직에 대한 충성심 같은 종업원의 '커미트먼트'(commitment), 필요로 하

는 지식 · 기능을 지닌 인재의 확보와 같은 '능력'(competency), 급여 · 복리후생 · 이직률 · 결근율 등의 점에서 본 HRM의 '비용 유효성'(cost effectiveness), HRM의 제도와 운용에 있어서 이해관계자의 요구와의 '합치도'(congruence) 같은 네 가지 C(commitment, competency, cost effectiveness, congruence)의 향상을 평가 지표로 생각한다.

④ 그리고 HRM의 직접적인 성과가 되는 상기 네 가지 C를 좋은 것으로 만드는 노력을 지속하면, 장기적으로 개인 · 조직 · 사회에 있어서 좋은 결과를 가져온다고 생각한다. 그때 조직에 있어서 좋은 결과란 '조직의 유효성'의 향상이며 '환경에 적응해가는 조직의 능력' 향상을 의미하고 있다.

이 HRM 개념 map상의 이론적인 특징은 첫째, 기업환경의 이해방식에 있다. 일반적으로 SHRM론에서는 HRM에 영향을 미치는 환경으로 경영전략이 지적되지만 여기서는 다수의 환경요소의 하나로 분류되며, 주주 · 노동조합 · 지역사회와 같은 이해관계자를 포함하여 좀 더 포괄적인 기업 내외의 환경요소를 받아들이고 있다.

둘째, 보통 SHRM론에서는 HRM과 기업성과와의 직접적인 관계가 논의되고 있는데, 여기서는 HRM의 성공기준으로 종업원의 인간적 측면을 중시한 네 가지 C라는 HRM의 직접적인 성과로 눈을 돌리고 있다.

이러한 이론적인 특성은 QWL 운동의 영향이 크다고 할 수 있다. 왜냐하면 1960년대 후반 이후에 전개된 QWL 운동은 단순히 종업원의 직무만족의 달성을 통해 노동생산성의 향상을 노리는 기업의 경영혁신운동일 뿐만 아니라, 미국 경제의 회생과 같은 국민적인 과제의 해결을 담당하는 것과 같은 역할이 주어지기 때문이다. Harvard Business School은 대인관계 · 리더십 · 집단관리 · 조직설계 · 변화관리와 같은 "조직행동"의 영역에서 리더십을 취해왔다.

한편 기업 내외의 환경이 초래하는 제약요인을 고려하여, 네 가지 제도 영역 간에 기능적인 일관성을 지닌 통합적인 HRM 제도를 구축하는 방법으로, '관료주의적 어프로치', '시장적 어프로치', '가족적 어프로치'와 같은 세 가지 HRM 모델을 제안하고 있다.[15] <표 2-10>은 이러한 모델의 제도 특성과 HRM 제도 영역의 하나인 '직무 시스템'에 있어서 Taylo류의 '전통형 직무 시스템'(모델A)과 가족적인 HRM 모델로 적용되는 '하이 커미트먼트형 직무 시스템'(모델B)의 특징을 정리한 것이다. 세 가지 HRM 모델의 특성은 다음과 같이 설명되고 있다(岩出 博, 2002).

〈표 2-10〉 HRM · 직무 시스템 모델

고용관계	관료주의 모델	시장 모델	가족 모델
	부하로서의 종업원	계약자로서의 종업원	동료로서의 종업원
종업원 영향력	명령의 사슬(chain)을 통해 위로	교섭에 의한 계약	협의와 합의·QC 서클 등
HR flow	최저 수준에서 취직하여 직능 안에서 능력수준에 따라 상승	고용의 유연화·직무 입찰제도 (職務入札制度) 등	종적·횡적 이동을 수반하는 장기고용
보상제도	직무평가에 의거한 급여	성과에 의거한 급여·높은 급여, 관리직 상여제도 등	근속 연수·기능에 기초한 급여와 이윤분배
직무 시스템	명령의 사슬에 따라 세분화된 분업	집단 내지 개인계약	내부조정을 수반하는 전체 작업과 동기원인으로서 동료 압력

---

15) 이러한 세 가지 HRM 모델의 아이디어는, '관료주의적·시장적·가족적 통제 시스템'에 관한 Ouchi and Price(1978)와 '단순·기술적·관료주의적 통제 시스템'에 관한 Edward(1979)의 논문에 의거한다고 한다.

모델 A	모델 B
전통형 직무 시스템	하이 커미트먼트형 직무 시스템
· 좁게 정의된 직무	· 넓게 정의된 직무
· 종업원의 전문화	· 직무순환 실시
· 특정 직무내용에 의거한 급여	· 기능에 의거한 급여
· 직접적인 감독에 의한 평가	· 동료에 의한 평가
· 엄밀한 감독하에서의 노동	· 자기 혹은 동료에 의한 감독
· 취업규칙에 의한 잔업과 배치전환	· 팀에 의한 유연한 직무배치
· 경력개발은 행하지 않는다	· 학습과 성장에 관심
· 개인으로서의 종업원	· 팀의 일원으로서의 종업원
· 종업원은 경영에 대해 알 수 없다	· 팀에 의한 운영과 광범위한 경영정
· 상하의식을 강화하는 지위 · 심볼	보의 공유
의 이용	· 지위격차의 최소화
· 종업원의 공헌도는 거의 없다	· 광범위한 종업원의 참여

(자료) Beer et al.(1984)

① 관료주의적 어프로치(the bureaucratic way)

명령계열과 작업규칙을 통제의 기초에 두고 종업원은 부하로 기능하며 조직에 존재하는 전통적인 권위에 종속시켜야 한다는 전제를 갖는다. 산업계에서 이 방법의 활용이 추진된 시대는 20세기에 있어서 대기업이 형성되어온 시기와 호응하고 있다. 그러나 종업원의 참여를 촉진하고 변화를 지속하는 환경에 적응해 나가야 하는 근래에는 이 방법이 잘 기능하지 않게 되었다.

② 시장적 어프로치(the market approach)

종업원의 공헌 및 종업원에 대한 자극으로 형성된 기업과 그 구성원 사이에서 교환되는 교환원칙(principle of exchanges) 상에 고용관계가 성립되어 있다. 또한 인재의 교환이 용이하고 인재는 적절한(positive) 자극을 주게 되면 어떤 행동을 반복하는 경향이 있다는 전제에 의거한

것이기도 하다. 그러므로 고용계약의 융통성과 급속한 환경변화에 대한
적응성이 요구되는 상황에서는 효과가 있다고 할 수 있다.

③ 가족적 어프로치(the clan approach)

본래 이 고용관계는 옛날 혈연제도(kinship system)에서 유래하지만,
기업과 종업원 간에 신뢰와 가치관을 공유하며 협동적으로 집단적인
달성을 지향하고, 상호협조를 위한 고도의 커미트먼트를 구축하는 것
을 목표로 한다. 기업의 성공이 품질의 향상과 기술혁신에 걸려 있는
경우는, 이 협조적 커미트먼트가 특히 중요해진다. 이 어프로치는 관
료주의적 어프로치와 시장적 어프로치보다도 종업원으로부터의 참여를
촉구할 수 있다는 점에서 커다란 가능성을 갖고 있으며 현대에 있어
유용성이 높다.

Beer 등은 이러한 세 가지 HRM 모델에 대해, 오늘날에도 유효한
사례를 인정하고 있으며 상황에 따른 분류법과 조합을 인정하고 있다.
그러나 동시에 국제적인 경쟁의 격화, 고용법규제의 강화, 근로자의
교육수준의 향상과 가치관의 다양화, 근로자 구성의 다양화와 같은 기
업환경의 변화를 지적하면서 최근의 경향으로 종업원에 의한 많은 참
여를 촉구하는 방향으로 기업을 이끄는 기초적인 압력이 있다고 강조
하고 있다. 또한 노사의 대립적인 관계를 극복하고 모든 종업원의 참
여를 촉구하며 공통의 이익과 협조의 관계를 만들어내고 있는 기업의
대부분은 수익이 뛰어날 뿐만 아니라, 기업으로서도 크게 성공하고 있
으며 경쟁 상대에게 늘 위협을 가하고 있다고 할 수 있다.

4) Jackson 등(1989)의 모형

Jackson 등(1989)은 1987년의 전략적 연구에서 한 걸음 더 나아가 HRM의 통합화 모형을 제시하였는데, 이들은 HRM의 상황변수로 업종, 전략, 기술종류, 조직구조 등을 들고, HRM의 관행변수로서 교육훈련, 평가 및 보상 등을 들고 있다. 주요 가설은 이들 간의 상호관련성을 중심으로 설정되어 있으며, 상황변수의 구성요소 구분을 보면 다음과 같다.

① 업종: 제조업과 서비스업으로 구분
② 전략: 차별화전략과 그렇지 않은 전략으로 구분
③ 기술종류: 대량 생산기술과 단위소량 생산기술로 구분
④ 조직구조: 기능별 조직과 사업부별 조직으로 구분

Jackson 등(1989)은 이러한 연구를 통해 영향요인별로 HRM의 관행들 간의 차이를 분석해 보았으나, 조직유효성과의 관계까지는 검증하지 않았다.

제4절 우리나라 인사관리의 특성과 과제

우리나라 기업의 경우, IMF 경제위기 이후 소유구조, 전략, 조직구조 등 기업활동의 모든 측면에서 급격한 변화가 일어나고 있으며, HRM 부문 역시 과거의 전통적인 틀에서 벗어나 새로운 틀을 형성해야 한다는 공감대가 형성되고 있다(이영면, 1999). 지금까지의 한국기업에 있어서의 인사관리를 요약하면 사람중심(속인주의)이면서도 사람

에 대한 가치(경쟁우위의 자산으로서의 전략적 자산의 의미)부여를 등한시하는 이율배반적 행태를 보여 왔으며, HRM의 전략부재 혹은 단편적이고 임기응변적이었다고 볼 수 있다(정재훈, 1999). 이로 인해 기업의 경영자, 심지어 학계에서조차 한국기업의 HRM이 어떠한 방향으로 변화될 것인지, 또 어떻게 변화되어야 할 것인지에 대해 명확한 해답을 찾지 못하고 있는 실정이다. 그러므로 전통적인 한국기업의 HRM 관행과 특징에 대한 파악 및 향후 새로운 환경하에서 한국기업이 지향해야 할 HRM 모델을 정립하기 위해서는, 필히 현재 한국기업의 HRM 정책과 관행에 대한 분석이 요구된다. 본 연구도 바로 그런 방향에서 이루어진 것이다. 이를 위하여 우선 지금까지의 우리나라 인사관리의 특징과 변천과정에 대하여 살펴보고, 그 결과를 바탕으로 향후 나아가야 할 발전방향을 제시하고자 한다.

1. 우리나라 기업의 인사관리 특징과 변천과정

지금까지 우리나라의 인사관리는 연공주의에 기반을 두고 기업 내에서 종업원관리가 이루어져 왔다. 그만큼 최근 기업들이 앞 다투어 도입하고 있는 새로운 제도나 기법들이 과연 우리의 현실에 얼마나 적합한 것인지를, 그리고 얼마만큼 면밀하게 검토되어 실시되고 있는지 의구심을 갖지 않을 수 없다. 특히 국제화, 세계화, 무한경쟁, 글로벌 스탠다드를 운운하면서 서구의 제도와 기법을 무비판적으로 수용하려는 기업들을 쉽게 볼 수 있다.

〈표 2-11〉 1980년대까지의 인사관리 특징

	1950년대 ～ 1960년대	1970년대 ～ 1980년대
채 용	· 연고채용이 일반적 · 신규채용 - 50년대 중반 · 그룹공채 - 60년대 후반 도입 　70년대 정착	· 연고채용＋공개채용 · 학교추천에 의한 채용증가 · 면접비중이 커짐 · 인턴사원제도, 산학학생제도 도입
임 금	· 전통식 연공급 형태 · 정기승급형태(자동승급) · 사원: 월급제 　공원: 일급제, 시급제	· 직급별 호봉제(연공급 급여제도) · 87년 6.29선언 이후 연공서열에 　의한 임금관행 심화
승 진	· 정기승진제도 도입 · 직급별 체류연한제 존재 · 연공요소가 중시	· 연공＋능력가미(상급직＞하급직) · 직위중심의 승진체계 · 대리대우제 신설 · 특별 승진제도 도입: 80년대
평 가	· 국영기업체를 시작으로 직무 　분석, 직무평가 기법 도입 · 직무분류제도 도입: 채용, 배치, 　이동, 승진, 임금의 기초자료 · 정부투자기업을 시작으로 인 　사고과제도 도입: 상대고과, 　강제 배분법	· 사무직, 생산직 직급체계 이원화 　및 임금과 승진 면에서 격차 심화 · 상대, 절대 평가 방법 병행 · 능력고과, 업적고과 분리 운영 · 고과 합리화 노력: 자기 신고제, 　자기 고과제, 목표 관리제 도입
인사 체계	· 속인적 요소에 따른 신분적 　자격제도 · 60년대 후반 미국식 직무급 　을 도입했으나 정착되지 못하 　고, 근속에 따른 호봉화 초래 · Management Training Program · 근대적 관리방식의 정착을 위 　한 교육훈련	· 신분적 자격제도에서 연공적 자격제도 · 연공주의 인사관리 기조 지속 · 직무분석을 통한 인사관리 합리화 노력 · 연공직계제 방식 적용: 신분과 급 　여상승이 동시에 이루어짐 · 80년대 후반 능력주의 인사로서 　의 직능자격제 전환 · 직종간전환제도 도입기업 생김

자료: 탁희준(1993), 박준성(1990)의 자료를 정리해서 요약함.

　우리의 경우, 주요 재벌그룹에 있어서도 TQM이나 신인사제도 교육에만 관심을 갖는다든지, 다능공 양성을 위한 직무교육 프로그램의 구축 등 단편적이고 즉흥적인 인사정책을 수립하는 것이 인사부서의 주요업무로 되어 있는 실정이다(박기찬, 2000). 특히 중견기업이나 중소기업은 대기업의 영향을 많이 받고 있다. 그래서 어느 대기업에서 새로운 제도를 도입하면 모두가 그 제도를 경쟁이라도 하듯 받아들이는 것이 우리의 현실이다. 문제는 우리나라의 인사관리를 대기업이 선도하고 있지만, 제 역할을 다해주지 못하고 있는 실정이라는 데 있다.16) 즉, 오로지 합리성만을 추구하며 방향설정이 잘못된 것을 타 기업들이 그대로 모방하고 있다는 데 더 큰 심각성이 있다. 국제경쟁력의 약화와 IMF 경제위기는 HRM에 있어서도 획기적인 개혁과 변화를 동반하여, 많은 기업들이 종신고용, 학력중심의 선발, 연공서열에 따른 승진과 보상 등 전통적인 인사제도에서 벗어난 계약고용, 연봉제, 다면평가, 발탁 인사제, 매트릭스 조직 등 새로운 시스템들이 도입 및 활용되고 있다. 그러나 인사관리는 모방해서 될 문제가 아니라, 무엇보다 기업의 경영전략과 상황적 요소에 부합되어야 할 것이다. 그러므로 디지털 시대에 새로운 적응력을 보여주어야 할 기업에서는, 경영전략과 인적자원전략이 연계될 수 있도록 해주는 전략수립의 절차(strategic management process)부터 명확히 할 것이 요구된다(Anthony et al., 1999). 이러한 관점에서, 우리나라 인사관리의 시대별 특징과 변천과정부터 살펴볼 것이 요구되는 것이다(<표 2-11>, <표 2-12> 참조).

---

16) 삼성의 인재제일과 신상필벌의 경영원칙, LG의 인화와 인간존중, 자율경영의 원칙과 같은 인간 중심적인 HRM이 기업성과에 높은 기여를 하고 있기도 하다.

<표 2-12> 1990년대까지의 인사관리 특징

	1 9 9 0 년 대
기업환경	· 중·고령화, 고학력화, 고임금화, 가치관의 다양성 · 노동시장의 유동화, 개방화, 국제화 · 경영혁신 가속→인사혁신 요구→신인사제도 도입 · 인적자원의 중요성 부각
인사체계	· 인사관리의 체계적 접근 시도, 직무분석과 조사를 통한 과학적 접근방법 모색 · 집단적 인사관리에서 개별적 인사관리 · 한국적 능력주의 인사관리 모색 · 협력적 노사관계를 위한 노력 · 팀제 도입
채 용	· 모집활동의 다양성(채용 박람회, 기업 설명회, 수시 모집의 확산) · 면접시험의 강화(구조적 면접방법에서 비구조적 면접방법 도입): 블라인드 인터뷰제 · 우수인력 확보를 위한 다양한 경로 모색
개 발	· 능력개발 프로그램의 다양화 모색 · MBA 프로그램, 교육이수학점제, 조기 인재발굴 교육 · 적극적 인재양성 노력
평 가	· 다면 평가제도, 목표관리제도, 육성형 절대고과, 행동기준 척도법(BARS)의 확산 · 평가제도 개선 노력(고과결과의 피드백, 고과면담의 의무화 등) · 능력고과와 업적고과의 분리 · 평가집단의 세분화 및 평가기준의 계량화, 고과자 교육에 대한 투자 · 직능평가 및 업적평가의 강화
보 상	· 능력 성과주의에 기초한 임금체계 · 연봉제와 직능급제로의 전환 · 생산기능직은 직급별 호봉제 혹은 시급제, 일급제 형태 · 발탁인사제도 도입, 승진과 승격의 분리운영
인력방출	· 명예 퇴직제, 직급 정년제, 20/80 시스템 · 고용문제가 노사간의 주요 쟁점

자료: 안희탁(1994, 1996, 1997, 1998, 1999), 박경규(2001)의 자료를 수정하여 재정리함.

특히, IMF 경제위기 이후 강력히 추진하고 있는 구조조정과 경영혁신은 HRM에 있어서 전통적인 종신고용과 연공서열에서 탈피하여, 능력과 인적자원 중심의 새로운 HRM을 정착시켜 가고 있다. 이는 우리나라 기업의 경쟁력을 강화하고 HRM을 선진국 수준으로 발전시키는 데 결정적인 역할을 할 것으로 기대되며, 또한 HRM 발전에 있어서 가장 중요한 과제라 할 수 있다.

2. 우리나라 기업의 인사관리 발전방향 및 과제

소위 우리나라의 신인사제도를 살펴보면, 첫째, 채용제도는 종래의 일시적, 정기적 대량채용을 지양하고, 각 회사별 인원충원계획에 따라 전공별, 직종별, 지역별로 수시 채용하는 형태로 바뀌었다. 즉, 파견 용역제, 파트 타임제, 재택 근무제, 탄력 시간제(flexible time) 등도 도입하고 있다. 둘째, 교육훈련제도는 기업 환경변화와 경영혁신에 적응할 수 있는 종업원 능력 향상을 목적으로, 계층별, 직능별, 대상별, 목적별로 세분화하고 있다. 셋째, 임금체계는 연공서열적 요소를 최대한 배제하고, 능력과 업적에 따른 공정보상과 개인별 차등화로 동기유발을 유도하고 있다. 이를 위해서 특히, 연령급과 직능급을 수정하고 성과에 따른 연봉제를 추진하고 있다. 마지막으로, 인사고과 체계는 종래의 인물 및 능력중심의 평가요소로 구성된 비공개 사정형 절대고과에서 평가요소를 단순화하고 면담 등을 통한 능력 및 업적중심의 육성형 절대고과로 개정하고 있는 추세를 보이고 있다.

한편, 우리나라 기업의 인사관리의 발전방향은 여러 가지 측면에서의 새로운 패러다임을 요구하고 있다.[17](안희탁, 1999; 공선표, 1999;

---

17) 스위스의 국제경영개발원(IMD)의 국가경쟁력 발표에서 총 47개국 중, 한국의 인적자원분야는 22위(1998년)에서, 1999년은 31위, 2000년에는 27위로 떨어졌다.

김성국, 1999; 김희수, 1999; 유규창, 박우성, 2000) 즉, 사람중심의 인사관리에서 직무·직능 중심의 인사관리로, 획일적이고 집단적 인사관리에서 선택적 개별적 인사관리로, 인력활용 중심의 인사관리에서 인재육성 중심의 인사관리로, 인사부서 중심의 인사관리에서 현장관리자 중심의 인사관리로, 균등주의 인사관리에서 공평주의 인사관리로, 일방적 인사관리에서 참여적 인사관리로의 전환을 요구하고 있다는 것이다. 이는 전술한 인적자원의 역할변화 및 발전방향에서 강조하는 것과 맥을 같이하며, 최근의 전문가 조사결과(유규창, 박우성, 2000)에서 말하는 HRM의 전략적 관점을 강조하는 것이다. 거시적 관점에서 본다면 HRM의 관행과 정책이 기업전략 내지는 사업전략과 통합성(integration)을 유지하는 것과 현장관리자에게 실질적인 권한을 위임(empowerment)하는 것이 무엇보다 중요하다는 점을 보여주는 것이다.

〈표 2-13〉 우리나라 기업의 인사관리 발전방향

추세와 관리방식	내 용
H R 철 학	· 인적자원(HR)을 Cost에서 Partner로 다룸 · 고용안정성(Employment)보다 고용 가능성(Employability)을 중시
H R 원 칙	· Company-driven에서 Market driven으로 전환 · Ready-made에서 Tailor-made로 전환 · Incentive-providing에서 Success-sharing으로 전환
HR인프라	· Administrative HR 부서에서 Strategic/Consultative HR 부서로 재정립
보상기준 및 관리방식	· 내부 공정성 중시보다 시장가치 중시 · 형평성(equality)보다 공정성(equity) · 보상요소의 개별관리보다 통합적 보상패키지 관리 · 단기보상중심보다 장·단기 보상의 Mix 중시 · 획일적 보상보다 능력 및 성과지향적 보상강화 · 연봉제 및 인센티브제 확대 · 지시/통제보다 Empowerment에 역점

추세와 관리방식	내 용
직 무 체 계	· 사람중심에서 역할 중심으로 전환 · 효율성 중시에서 효과성 중시로 전환 · insourcing에서 outsourcing으로 전환
평 가 제 도	· 내부경쟁보다 시장경쟁 중시 · top down 방식보다 cascading식 목표설정 · 장단기 성과의 조화추구 · 360도 평가 강화 · 근무성적 평가보다 육성형 평가 시스템중시
채 용	· 공채중심에서 수시채용 중심으로 전환 · 신입사원 중심에서 중도채용 활성화 중시 · 채용의 다양화(대상, 시기, 방법) · 고령화 대응
인 력 개 발	· Generalist에서 General-Specialist 지향 · 핵심인력 확보 및 양성, Self-development의 확산 · 사업별 핵심인력 재분배 · Global 인력 확보/양성 · 사업 비관련 인력 최소화
인사시스템	· 연공 서열주의 및 고용안정 기조에서 시장가치 중심으로 전환 · 양방향 커뮤니케이션의 활성화 · 기업전략과의 통합성 강조 · 인사부서 중심에서 현장관리자 중심으로 이전

자료: 공선표(1999), 김성국(1999), 김희수(1999), 이영면(1999)의 자료를 재구성.

제3장

HRM에서의
전략적
통합과 위임

최근 HRM에 대한 논의의 주된 특징은 "사업과 기업전략에 있어서 HRM 통합의 중요성"과 인사스탭이 아닌 "현장관리자(line managers)에 의한 HRM의 발전"으로 나타나고 있다. Brewster와 Larsen(1992)은 통합(integration)이란 "사업전략 형성의 일부로서 HRM 이슈가 고려되는 정도", 그리고위임[18](empowerment)이란 "HRM 실행에 있어 인사스탭보다 현장관리자의 책임감을 포함하는 정도"라고 정의하고 있다. SHRM이라는 용어도 이와 같은 논의의 결과로서 생겨난 것이다(Schuler, 1992). 이는 HR 부문의 기능상 전략적 특징의 강조 및 조직성공을 위해 HR 부문의 기능이 가진 잠재적 중요성을 강조하는 것으로써, 인적자원 기능의 변화가능성을 반응적(reactive), 규범적(normative), 행정적인(administrative)것으로부터 선제적(proactive), 기술적(descriptive), 관리적(executive) 경향으로 이전되고 있는 점을 보여주는 것이다(Boxall, 1994).

본 연구에서는 이러한 전략적 통합과 위임을 중심으로 살펴보도록 하였다.

---

18) 본 연구에서 의미하는 위임(empowerment)의 개념은, 특히 중심(중앙)에서 외부로의 방향성 개념이 포함된 power devolvement를 의미하는 것으로, 이를 위임이라는 용어로 사용한다.

제1절 HRM에서의 전략적 통합

1. 전략적 통합의 중요성

Wright와 McMahan(1992)은 SHRM을 "조직이 그 목적을 달성할 수 있도록 하기 위한 계획된 인적자원의 전개 및 활동들의 유형"으로 정의하였다. 이는 한 조직이 기업환경에 따라 전략적 목표를 설정하고 이를 지지하고 추진하기 위해서는 모든 조직체 수준에서의 정책 논쟁들 즉, 선발, 유지, 개발, 보상, 유출의 관리를 실행해야 하고, 또한 경쟁에 따른 이윤을 달성하고 유지하기 위해서는 고용관계 관리를 효율적으로 운영해야함을 강조하고 있으며, 이는 전략적 인적자원관리를 전통적 인사관리와 구별시켜 주는 두 가지 중요한 요소인 외적 적합성(인사 시스템이 조직의 전략적 목표와 연계되어 있다는 점)과 내적 적합성(인사기능들 간의 시스템으로서의 유기적 연대)이라는 점을 내포하고 있으며, 기업경영에 있어 경영자가 원하는 기업의 비전과 전략을 명확히 하는 것이 성공적인 기업경영을 위해서도 반드시 필요한 것이다. 그러나 비전이나 전략만 가지고 기업성공이 보장되는 것은 아니며 기업고유의 사업 전략과 그 전략을 실행할 인적자원관리를 일관성 있게 연계하는 것은 기업성공의 핵심요인인 것이다(Dyer & Reeves, 1995; Delery & Doty, 1996; Bird & Beechler, 1994; Schuler, 1989; Jackson, Schuler, & Rivero, 1989; Wright & Snell, 1991; Miles & Snow, 1984; Arthur, 1992; Milkovich & Boudreau, 1994; Snell & Youndt, 1995). 이는 기업전략과 일관성 있는 인적자원관리가 얼마나 중요한지를 보여주는 것이다.[19] 그래야만 시장에서 성공적으로 경쟁하

---

19) 앞으로의 경영자들이 중요하게 고려하는 이슈로써 어느 다른 요소보다도,

고, 또 해당 시장에서 자신을 성공적으로 차별화시켜 나갈 수 있는 관련 행동과 능력들을 산출하고 강화해 나갈 수 있게 되는 것이다. 따라서 HRM이 기업성과와 경쟁적 비교우위에 기여하려면 기업의 전략형성(strategic formulation)과정에 인적자원요소가 고려되어야 하고, 전략실행(strategic implementation)과정에서 기업전략목적이 HRM에 직접 반영되어 인적자원관리가 전략경영에 통합된 과정으로 전개되어야 하며(Noe et al., 2000; Lengnick-Hall & Lengnick-Hall, 1988), 그러한 과정상에 여러 이해 관계자들의 욕구를 충족시키고, 기업 내외의 상황적 요소를 고려해야 한다(Beer et al., 1984). 다시 말해, 전략형성 후 실행이 제대로 안 된다면, 그것은 전략실행을 할 조직의 역량이 제대로 갖춰지지 않은 것으로 볼 수 있다. 따라서 전략형성과 전략실행의 연계고리로써 조직역량이 필요하며 이는 인적자원관리를 통해 이룰 수 있다는 것을 말한다(Ulrich, 1997). 또한 인사스탭과 현장관리자의 전략적 의사결정 참여정도가 기업성과에 크게 기여하므로(Anthony et al., 1999), 현대 기업에서의 SHRM은 기업전략과의 통합을 통하여 기업환경에 적합하고 여러 이해 관계자들의 욕구를 충족시키는 동시에 인적자원관리 기능 간의 연계와 조화를 통하여 인적자원관리의 효율성과 효과성을 이룰 수 있는 것이다(Pfeffer, 1998).

조직은 여러 가지 경영관리 방식을 실행할 수 있는데, 이러한 경영관리 방식들은 우선 서로간에 내부적으로 적합성이 있어야 하고, 다음으로 외부적으로 일관성이 있어야 한다(Pfeffer, 1998). 또한 배종석(1999)의 연구에서도 인사관리의 전개과정에 따른 유형 4가지 중에서 세 번째 유형인 HRM을, 내적 적합성은 갖추었지만 외적 적합성을 갖추지 못한 단계로 나누면서, 네 번째 단계인 SHRM은 외적 적합성까

인적자원관리 이슈를 들고 있다. 자세한 것은 'The Globe and Mail', The Executive, Occt. 27, 1999.

지 갖춘 단계라고 하면서, 경쟁우위 확보를 위한 HRM 시스템 및 외적 적합성을, 사람관리와 HRM 시스템의 내적 적합성을 전제로 해서 5가지 명제를 제시하기도 하였다. 여기서 내적 적합성이란 인적자원 체계의 조직유효성에 대한 효과가 그 구성요소의 합 이상이 될 가능성을 말하는 것으로, 그 효과는 비누가적이고 HRM 부문의 다른 속성의 존재와 정도에 따라 변할 수 있어서(김학수, 1998), 측정과 분석과정에서 정교함이 요구되는 개념이지만 경험적으로는 지지되고 있다(Huselid, 1995). 그렇지만, 과도한 내적 적합성의 유지가 조직의 유연성을 억제할 수도 있다는 주장(Milliman et al., 1991)도 있다.

본 연구에서는 이러한 관점을 바탕으로 여러 업종의 기업분석에 있어 모형의 간결화 및 분석과정 내에서 발생할 수 있는 오류의 최소화를 위해, 내적 적합성은 통제한 상태에서의 외적 적합성 즉, 전략적 통합성에 대해 살펴보도록 하였다.

우리나라의 많은 기업들은 구조조정과 경영혁신 등의 변신전략이 HRM에 반영되고 있지 않는 것은, 앞서 전술한 기업전략과 인적자원관리 간의 독립적 관계에 해당되며, 이는 전략적 인적자원관리가 실천되지 않음을 의미한다고 볼 수 있다. 여기에는 SHRM을 전통적 인사관리와 구별시켜 주는 중요한 요소인 전략적 통합성을 내포하고 있으며, 또한 기업경영에 있어서 경영자가 원하는 기업의 비전과 전략을 명확히 하는 것이 성공적인 기업경영을 위한 필수조건임을 제시하고 있는 것이다. 그러나 비전이나 전략만 가지고 기업성공이 보장되는 것은 아니며, 기업고유의 기업전략 내지는 사업전략과 그 전략을 실행할 HRM을 일관성 있게 통합하는 것이 기업성공의 핵심요인이자 기업의 성과 및 유효성을 높이는 필요조건이 된다(Ropo, 1993; Schuler, 1992). 그러기 위해서는 HRM이 조직의 상황적 특징(contextual characteristics)과 일관성을 유지하여야 하는데, 그러한 특징들 중 가장 주목하는 변수가 바로 기업의 전략과 기업의 규모 및 기술(technology)변수이다(Pennings, 1992). 본 연구에서의 대상 집단분류에 따른 HRM 현상분석도 이러한 변수들의 관점에서 살펴보았으며, 자세한 사항은 제4절에서 논의하도록 한다.

실제로 많은 기업들이 자신의 경영관리 방식에 상당한 부적합성이 있다(Pfeffer, 1998). 예를 들어, 많은 조직에서 '교육훈련'은 조직구성원 개개인의 기술과 지식을 개발하는 데 초점을 두고 있다. 물론 이렇게 해서 얻어지는 지식과 역량도 일반적인 의미에서 유용할 수도 있고 또 조직의 성과를 향상시키는 데 어느 정도 기여할 수 있다. 그렇지만 이러한 것들이 조직이 추구하는 핵심적인 전략과 목표에 보다 긴밀하게 연계되지 않는다는 데에 문제가 있는 것이다. 또한 '보상제도'의 경우를 보더라도 마찬가지이다. 상당수의 기업들이 적용하고 있는 보상 및 인센티브제도들이 기업의 성공을 위해 절대적으로 중요하다고 밝혀진 핵심 기술 및 행동들과 전혀 연계관계를 가지지 못하거나 가진다 해도 아주 미약한 경우가 많다. 더군다나, HRM의 중요성을 강조하면서도 태도나 혹은 부하직원 육성 등 사람관리와 관련된 성과 측정치를 업적평가 과정에 실제로 포함시키지 않는 경우가 더 많다(Pfeffer, 1998). 더욱이 우리나라 기업의 인사관리는 환경변화와 더불어 선진우량기업의 경영기법 등의 도입을 통해 인사관리의 합리화와 종업원의 만족도를 제고시키고자 노력하여 왔지만, 아직까지도 비효율적인 관행이 남아 있어 치열한 경쟁사회에서 경쟁력을 확보하는 데 걸림돌이 되기도 한다(최종태, 2000). 따라서 향후에는 인사관리가 추구하는 인력의 효율적인 활용 및 종업원의 근로의욕 향상, 그리고 HRM 자체의 전략성이 강조되어야 할 것이다. 즉, 기업이 고객에게 전달할 가치와 전략을 수립하고, 이를 성공적으로 실행하기 위해 필요한 역량을 파악하였다면, 전략을 실제 행동으로 옮길 HRM 전략을 수립하고, 구체적인 시스템의 설계가 이루어져야 한다. 이는 유규창과

박우성(2000)의 전문가 서베이 결과에서처럼 HRM의 전략적 측면이 보다 강조되어, HRM이 기업목표와 사업전략의 수립과 집행에 중요한 역할을 담당해야 한다는 점을 의미한다고 볼 수 있다.

2. 기업성과와의 연계성

인사관리와 성과에 대해서는 세 가지 관점이 제시되고 있는데, 첫째는 높은 성과를 창출하는 최적의 인사제도(the best practice, high performance Human Resource Management)가 존재한다는 보편론적 관점이며, 둘째는 높은 성과를 창출하는 인사제도는 그 조직이 처해있는 상황이나 조직적 특성에 따라 달라질 수 있다는 상황론적 관점이다. 마지막으로 인적자원관리의 개별제도들이 모여서 일정한 형태(configuration)를 만들 수 있고 이 형태를 제대로 갖추게 되면 성과가 좋을 것이라는 것이다. 세 가지 관점 중에서 상황론적 관점에 입각한 연구들은 주로 전략과 인사관리와의 적합성에 초점을 두고 조직의 전략에 따라 적합한 인사제도가 무엇인지를 규명하고자 노력하였다. 또한, 상황적 요인으로 전략이외에 조직정책과 인사제도들의 적합성이 조직성과에 많은 영향을 미친다는 주장이 제기되기 시작하였고, 본 연구도 이러한 주장의 연장선에서 살펴보는 것이다.[20]

1980년대와 90년대 중반을 통하여 학계에 제기된 많은 논문들은 HRM과 경쟁우위(competitive advantage)와의 관계에 대한 모델들이었다. 그중 대표적인 것이 Fombrun 등(1984)의 HRM에 대한 상황론적 관점이다(Jean- Marie Hiltrop, 1996). 그들은 HR 관행들과 사업전략

---

20) 실증적으로는 보편론적 관점이 더 잘 지지되고 있는 연구(Bae & Lawler, 2000; Delery & Doty, 1996)도 있고, 상황론적 관점이 더 잘 지지되는 연구(Youndt *et al.*, 1996)도 있다.

과의 통합(integration)에 따른 조직유효성제고를 전제로 하여, HRM 정책을 크게 선발, 성과, 평가, 보상 및 개발의 5가지 부문으로 나누어 적합성을 연구하였다. 이러한 적합성에 대한 문제는 Lengnick-Hall 와 Lengnick-Hall(1988)의 전략적 적합성에 대한 연구로 이어졌으며, Schuler와 Jackson(1987)은 조직전략과 일관성 있게 통합되는 효과적인 역할행동을 촉진할 수 있는 인사부서의 전략적 선택 메뉴를 제시하기에 이르렀다. 이러한 상황론적 관점의 기본가정은 인사관리 제도나 정책이 기업의 산업환경과 구조, 전략, 또는 문화나 기업의 생산기술 또는 기업의 수명주기 등의 상황변수들과 HRM 활동 간에 통합성이 높을 경우, 기업의 성과가 향상된다는 것이었다(Bird & Beechler, 1994; Schuler, 1989). 즉, 상황론적 관점은 조직이 효율적으로 되기 위해서는 인사관리정책이 조직의 다른 측면과 일관된(consistent) 관계를 형성해야 한다는 것이며, 어느 조직이나 상황에도 들어맞는 최상의 HRM 시스템(one best HRM system)이란 없으며, 결국 기업전략이나 기업목표에 적합한 제도를 수립해야 한다는 것이다. 이러한 상황론적 관점에 입각한 연구들은 특정 인사관리 제도가 보편적으로 우수한 것이 아니라 상황적 요인이 인사관리와 성과의 관계를 결정짓는 요인으로 작용한다는 것을 밝혀냈다는 점에서 그 이론적 의의가 있으나, 상황요인으로서 주로 경쟁전략에 치중해 있다는 한계를 지니고 있으며 (Guest, 1997; Dyer & Reeves, 1995), 상황요소가 종속변수에 미치는 영향에 대한 측면으로써의 상황요소가 조절변수(moderator)로 종속변수에 작용했는지 아니면 단순히 HRM 관행과의 적합성을 통해 영향을 미쳤는지(Huselid, 1995)에 대한 분석이 함께 이루어져 상황요인의 역할을 분명히 할 필요가 있다. 또한 상황요인과 인사관리 간의 적합성 정도에 따라 성과 차이가 있는지에 대한 실증적 연구가 부족한 실정이지만, McKinsey의 7S, Ouchi(1981)의 Z이론, Peters와 Waterman

(1982)의 우수기업들의 공통적인 8가지 특성, Leavitt의 다이아몬드 모형의 확장(Gabraith, 1982), 벤쳐기업의 성장단계(Gabraith, 1982), 그리고 Donaldson(1987)의 연구들은 이러한 상황론적 접근에 근거하여 이루어진 관리이론으로써 역할을 충분히 하고 있다.

이러한 관점의 연구들(Schuler & MacMillan, 1984; Schuler & Jackson, 1987; Gupta & Govindarajan, 1984) 중에서, Jackson 등(1989)의 연구는 대표적이라 할 수 있는데, 이들은 경쟁전략, 기술, 사업부문(business sector), 조직구조라는 4가지 조직특성과 기업규모 및 노조의 존재유무에 따라서 인사관리에 차이가 있을 것으로 보았다. 특히 Milkovich와 Boudreau (1994)는 기업전략을 방어형, 혁신형, 분석형으로 나누어서 각 유형에 따른 인사관리제도와의 통합성 분석을 하였다. 이러한 기업전략에 부합되는 인사관리제도를 살펴보면, 방어형 경쟁전략을 채택하는 경우에는 조직 내에서 경력관리나 경력개발시스템을 구축하며, 교육훈련을 강화하고, 필요인력을 충원하는 경우에는 기업외부보다는 기업 내부승진을 우선하고, 고용이나 직장안정을 강조한다. 또한 평가에 있어서는 결과보다는 과정을 중시하며, 개인뿐 아니라 집단평가도 실시하며, 단기적 결과를 중시하고, 기본급의 비중이 성과급 등의 변동급보다 더 크도록 설계하는 방식의 인사관리가 적합하며, 혁신형 경쟁전략을 채택하는 경우에는 필요인력의 적극적인 외부충원을 강조하기 때문에 기업 내부에서의 경력개발이나 교육훈련, 고용안정에는 관심을 두지 않으며, 결과중심의 평가제도나 성과급을 중시하는 인사관리제도가 적합하다는 것이다(<표 3-1> 참조).

<표 3-1> 경쟁전략과 인사관리제도의 적합관계

경쟁전략 / 인사관리제도	방어형(defender)	혁신형(prospector)
경력개발	조직 내 잘 정비된 경력경로	경력경로에 대한 낮은 관심
교육훈련	공식적 훈련	-
충 원	내부승진에 의한 충원	필요 인력의 외부영입
인사고과의 방향성	개발지향형 인사고과와 피드백	평가중심의 인사고과
평가의 단위	과정지향, 개인 및 집단수준의 평가	결과중심의 평가
평가의 시간적 개념	단기적 결과중시	장기적 결과중시
보상의 기본원칙	내적 공정성	외적 경쟁성
보상의 체계	기본급의 비중이 큼	성과급의 비중이 큼

자료: Milkovich & Boudreau(1994)

그러면 이러한 전략적 통합성이 기업의 성과에 영향을 미치는지에 대하여 선행연구들을 살펴보자. Arthur(1994)는 미국 제조공장의 HRM 시스템을 크게 통제(control)형태와 몰입(commitment)형태로 나누어, 종업원의 이직률이나 공장의 생산성 등을 조사한 결과, 몰입형의 HRM 시스템을 채용하고 있는 기업이 통제형의 HRM을 채용하고 있는 기업보다 종업원의 이직률이 낮고, 생산성은 높다는 것을 밝혔으며, 몰입형의 HRM 쪽이, 이직률과 기업성과 간의 관계가 강하다고(이직률이 낮으면 생산성이 높다) 하였다.

Huselid(1995)는 미국의 1000개사를 대상으로 기업성과에 영향을 미친다고 생각되는 HRM 관행(모집, 선발, 승진 시스템, 교육훈련, 인사고과, 인센티브 보상시스템, 작업 설계, 분쟁 해결 절차, 노사 협력 프로그램, 정보 공유, 의식 태도조사)의 충실도와 종업원의 동기부여, 이직률 및 기업성과 간의 관계를 조사했다. 그 결과, HRM 관행 및 정책에 충실한 기업은 그렇지 않은 기업보다 종업원의 이직률이 낮고 생산성은 높으며, 기업 전체의 성과는 높다는 사실을 밝혀주고 있다. 또한 HRM 활동이 전사적 기업전략과 통합되어 운용되는 기업이, 그렇지 않은 기업보다 좋은 결과가 나왔다고 하였다.

Youndt 등(1996)은, 제조업 분야에 있어서, 원가우위(cost leadership) 전략을 취하고 있는 기업군, 고품질 전략을 취하고 있는 기업군, 유연생산시스템(FMS) 전략을 취하는 기업군 등으로 나누어 HRM의 특징과 기업성과 간의 관계를 조사한 결과, 원가우위전략을 취하고 있는 기업이, 통제형의 HRM 시스템을 도입한 기업보다 성과가 높다는 사실을 밝혀냈다. 한편, 고품질·유연생산시스템 전략을 취하는 기업군은, 인적자원 확충형의 HRM을 활용할 경우 성과가 높게 나타나는 것으로 밝혀졌다. 즉, 자사의 전략유형에 적합한 HRM 시스템을 채용[21]하는 것이 기업의 성과를 높이는 핵심요인이라는 사실을 보여준 것이다.

또한, Huselid 등(1997)은, HRM 부문의 보유기술을, 기법적(technical) 기술과 전략적(strategic)기술로 나누어 기업성과에 어떤 영향을 주는 지를, 약 300개 기업의 데이터에 의해 분석한 결과, 기법적 기술(모집, 선발, 성과 측정, 교육, 보상시스템 등의 지식) 및 전략적 기술(기업의 경영전략과 통합된 인사정책 및 HRM의 시스템 도입에 관한 기술) 모두가 기업성과를 높이는 효과가 있다고 밝혔다. 특히, 기법적 기술이 주는 효과는 분명하지 않았던 반면에, 전략적 기술이 기업성과에 영향을 미치는 효과가 보다 분명하다고 주장하였다.

이러한 선행연구들은 전략적 통합성의 중요성을 말해주는 것이며, 앞서 전술한 바대로 전략형성과 전략실행의 매개역할로서의 조직역량을 전략적 인적자원관리(SHRM)를 통해 이루어야 할 것이다. 이를 위

---

21) MacDuffie(1995)도 국제적으로 활약하는 자동차 부품제조업을 대상으로, HRM 시스템에 관한 조사에서 기업의 전략과 정합성이 있어야 경쟁력을 낳는 HRM 시스템으로서의 가치가 있다고 주장했다.

해서 조직역량은 개인적인 역량 및 몰입(commitment)이 동시에 요구된다(그림 3-1 참조). 그러나 개인적인 역량과 몰입이 있다하더라도 조직이 그것을 발휘할 기회를 부여해 주지 않는다면 조직은 보다 많은 유익을 얻지 못할 것이다.[22] 이러한 기회부여를 위해서는 임파워먼트를 통해 가치를 직접 창출하는 현장관리자에게 의사결정권 및 책임을 많이 부여하여야 할 것이다(배종석, 1999).

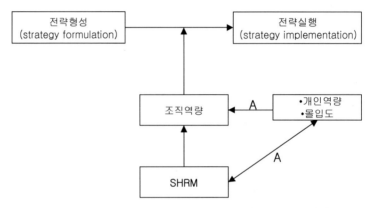

주: A부분은 empowerment를, SHRM은 전략적 통합성을 전제로 함.

(그림 3-1) SHRM의 역할모형

제2절 HRM에 있어서 위임

위임(empowerment)이 국내에 제대로 적용되지 못하는 근본적인 이유 중 하나는 바로 개념에 대한 오해 때문으로 보인다. '권한위임'(delegation of

---

22) HR 역량을 높이는 제도로서 Lado & Wilson(1994)는 조직 전체를 위한 채용, 광범위한 사회화 과정, 역량에 기초한 임금, 개발지향적 인사고과 및 광범위한 교육훈련 및 인력개발 등을 들었다.

authority)이라는 용어로 번역되면서, 그 의미가 왜곡되어, 실행과정에서 형식적인 권한의 배분이라는 부작용이 발생하게 된 것이다(박기찬, 1993; 박원우, 1997). 이렇듯 위임은 일시적으로 권한을 빌려주었다가, 현실적으로 언제나 되찾아올 수 있는 권한위임의 개념이 아니라, 자신이 지닌 권력의 원천을 온전히 넘겨주는 권력이전(power devolvement) 즉, 임파워먼트의 개념이다.

본 절에서는 이러한 위임의 중요성에 대한 개념과 필요성, 그리고 HRM 차원에서의 중요성과 성과에 대하여 살펴본다.

1. HRM에 있어서 위임의 개념

일반적으로 위임은 경영학보다는 정치학 또는 사회학 등 타 분야에서 먼저 시작된 개념으로서, 1980년대 중반부터 서서히 경영학 분야에 도입되기 시작했다. 특히 1980년대 중반, 미국 기업 내에 만연되던 무력감(powerlessness)을 해소하고, 구성원들로 하여금 더욱 일에 몰입하면서 변화와 성과를 추구할 수 있도록 기업의 혁신과 도약을 도모하는 수단으로서 등장한 것이다. 사실 위임이라는 개념이 도입되기 이전에 경영학에서도 파워에 대한 관심은 고조되어 있었다(Mintzberg, 1980). 그러나 전통적으로 경영학 분야에서는 파워를 절대량이 있다고 보는 제로섬(zero-sum)관점 및 스톡(stock)관점에서 접근했고, 그 결과 조직의 발전에는 별 도움이 되지 못했다(박기찬, 1993; 박원우, 1997). 따라서 파워를 보다 동태적(dynamic)인 관점, positive-sum 관점, 그리고 흐름(flow)의 관점에서 접근하는 그리고 제한된 조직역량의 껍질을 깨도록 해주는 핵심논제로 발전하게 된 것이다. 즉, 파워에 대한 개념은 대부분 zero-sum 논리로 설명되었으며, 파워의 전체 크기는 정해져 있는 것으로 가정하여 파워의 유형이 무엇이고, 그것을 어떻게 나누느냐, 혹은 어떻게 나의 몫을 키우느냐 하는 데 초점을 두어온 것이다(Crozier & Friedberg, 1980; 박원우, 1997). 그러나 최근엔 positive-sum 논리에 입각한 X-효율성(X-efficiency)적인 역량증대에 초점을 둔 연구가 확산되고 있다. 즉, 구성원 간 상호작용의 결과, 서로의 파워가 원래보다 더 커질 수 있으며, 나아가서는 조직 전체의 파워, 즉 조직역량도 증대된다는 것이 새로운 위임 관점이라는 것이다.

경영학 분야에서는 학술적으로 1985년에 와서야 Academy of Manage- ment에서 '임파워먼트(empowerment)'라는 주제를 처음으로 공식적으로 논의한 이래, 1993년에 그간의 연구를 정리하고 향후 방향성 정립을 시도하는 분과활동을 개최하였다. 이와 같이 1980년대 중반에 접어들면서 학술적, 그리고 산업적 측면에서 위임에 대한 관심이 고조되어 온 것이다(박원우, 1997). 이미 널리 알려진 바대로 임파워먼트(empowerment)란 단어를 그대로 해석하면 파워(power)를 부여하는 권능(權能)의 부여라고 할 수 있다. 여기에서 파워는 권한과 능력이라는 두 가지 의미를 가지고 있다. 실제 웹스터 사전은 empower의 뜻을 '권한을 부여하다(give authority to)'와 '능력을 부여하다(give ability to)'의 두 가지로 설명하고 있다. 따라서 위임이란 현장관리자들의 업무수행 능력을 제고시키고, 관리자층이 지니고 있는 권한을 현장관리자에게 이양하여, 그들의 책임범위를 확대함으로써 종업원들이 보유하고 있는 잠재능력 및 창의력을 최대한 발휘하도록 '권능'을 부여하는 방법이라 할 수 있다. 이는 Randolph(1995)가 실무적 수준에서 정의한 개념[23]과 같다고 볼 수 있다. 본 연구에서도 이러한 맥락에서 위임수준을 평가하였으며, 이러한 위임의 개념을 인사스탭과 현장관리자 간의 권한관계와 HRM 차원에서의 위임의 성과에 대하여 살

---

23) 유용한 지식과 내적 동기부여를 이미 풍부하게 갖추고 있는 파워를 인정해주고 자유롭게 해주는 것.

펴보도록 하였다.

HRM 기능을 수행하는 과정에서 현장관리자와 HR 스탭 간의 영향관계는 그들 상호간에 복잡한 권한관계를 형성한다(천명섭, 1993; 이학종, 2000). 현장관리자는 항상 자기분야에 대해 가시적이고 경우에 따라서는 단기적인 성과에 집착하는 반면에, HR 스탭은 전체 조직관점에서, 그리고 보다 장기적인 관점에서 전문기능을 발휘하는 만큼 상호간에 이해와 협조보다는 갈등요소가 작용하는 경우가 많이 있다. 그리고 현장관리자와 HR 스탭이 기대하는 HRM 기능의 중요도와 우선순위가 서로 다른 것도 갈등요소가 된다. 현장관리자들은 HR 스탭의 기능 중 흔히 안전·건강관리, 인사상담, 고충처리 등 행정적 서비스와 종업원 옹호자 역할에 높은 우선순위를 두는 데 비해, HR 스탭은 전략경영과 관련된 동반자 역할과 경영혁신과 관련된 변화담당자 역할에 높은 우선순위를 두는 경향이 있다(Anthony *et al.*, 1999). 따라서 현장관리자와 HR 스탭 간의 이와 같은 역할기대의 차이는 상호간의 관계를 복잡하게 만들 수도 있지만, 전통적인 라인－스탭 권한관계를 초월하여, 전략목적 및 성과달성의 차원에서 현장관리자와 HR 스탭 상호간에 최대의 참여가 이루어지는 관계가 가장 바람직하다 할 수 있을 것이다.

향후 조직에서 필요로 하는 HR의 역할은 매우 다양하다. 하지만 이러한 역할을 모두 다 완벽히 수행할 수는 없다. 일예로 현장에서 종업원의 욕구를 피부로 감지하고 이들의 욕구충족을 위한 'Employee Champion'이 되는 것과 전략적 통합성을 위한 전략적 파트너의 역할을 수행하는 것은 서로 상충되는 일이 될 수도 있다. 하나는 현장의 목소리를 경청해 이를 해결해야 하는 바텀업(Bottom Up)식 업무라고 한다면, 다른 하나는 조직의 상위 레벨에서 탑다운(Top-Down)으로 이루어지는 전략적 업무에 속하기 때문이다. 이를 위해서는 현장에 필요한 HR 기능들은 대폭 라인에 권한을 위임할 수 있어야 한다. 인적자원관리 역량이 매우 뛰어난 것으로 유명한 HP의 경우, 'HR 역할 측정 조사'를 통해 HR의 역할을 4가지 영역으로 구분하고, 라인과 HR 부문에 필요한 권한과 책임뿐만 아니라 세부 활동까지 제시하여 각 역할 간의 균형 유지에 힘쓰고 있다(그림 3-2 참조).

HR 부서는 전통적인 행정적 관리역할보다는 전사적인 전략 수립에 기여하는 비즈니스 파트너로서의 역할과 원활한 현장 중심의 HRM이 이루어지도록 지원하는 자문 역할을 중점 수행해야 한다. 선진 기업의 경우, 행정적 관리역할은 현장으로의 업무 이양(devolvement) 및 e-HR의 실행, 그리고 아웃소싱의 추진을 통해 점차 그 비중이 축소되고 있는 추세이다. HR 부서의 중요 역할 중 하나인 비즈니스 파트너가 되기 위해서는 매니지먼트 프로세스의 개선 등을 통한 조직의 스피드화, 요구되는 기술과 인적자원수준과의 차이 분석 및 대안 마련을 통한 인력의 핵심 역량화, 정량적인 지표 개발을 통한 투자의 효율화 등을 추구할 필요가 있다. 또한 성공적인 자문 기능의 수행을 위해서는 현장에서 발생한 인사 문제에 대한 문제해결자, 현장관리자의 HRM 역량 강화를 위한 코치, 문제 발생 이전에 사전적으로 점검/예방하는 현장 전문가로서의 기능을 수행해야 한다. 이러한 자문 및 전략 파트너 중심의 HR 부서로의 역할전환을 위해서는 HR 부서 구성원들의 보다 전문가적인 역량 확보가 필요하다. 정확성, 신속성과 같은 관리자적 자질보다는, 비즈니스 전반에 관한 폭 넓은 지식과 사고/분석 능력을 지닌 전략가, 정량적인 회계/재무 정보를 해석하여 판단할 수 있는 효율적 투자가, 그리고 리더십과 커뮤니케이션 및 프리젠테이션 능력 등 변화를 주도하고 설득할 수 있는 변화담당자로서의 역량 배양이 요구된다. HR 부서의 역할전환과 함께, 최고 경영자와 현장관리자의 HRM 관련 역할 또한 지원자·책임자로서의 역할로 전환될 필요가 있다. 최고 경영자는 HRM 철학 및 원칙을 구성원들에게 명확히 제시 · 전파하고, HRM 프로세스가 제대로 구현되고 있는지 지속적으로 모니터링하면서, 핵심인력에 대해서는 직접 집중 관리하는 역할을 수행해야 한다. 현장관리자는 인재 채용, 육성, 평가, 보상 등 HRM의 실질적인 책임자로서 이를 자신의 가장 중요한 직무로 인식하고, HR 부서의 지원하에 지속적으로 HRM 스킬을 개발하여 현장 중심의 HRM을 효과적으로 수행해야 한다.

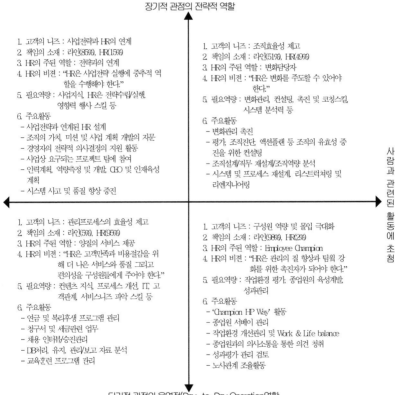

자료: Ulrich(1997)자료 수정인용.

(그림 3-2) HP의 multiple HR 역할모델

2. HRM에 있어서 임파워먼트의 개념

임파워먼트는 전통적인 힘(power), 통제력 보유 혹은 다른 사람에 대한 영향력, 법적 혹은 행정적 권위, 능력 혹은 권위 혹은 물리적 힘에 대한 개념으로 정의할 수 있는데(Webster's Ninth New Collegiate Dictionary, 1991: 922), 임파워먼트는 다른 사람들에 대한 통제력, 권위, 영향력의 소유일 뿐 아니라 종업원 스스로의 직장생활에 대한 통제력을 얻는 것이라고 볼 수 있다.

1) 임파워먼트의 필요성

기업경영환경의 급격한 변화로 인해 관리자들은 업무량과 부하의 수가 대폭 증가할 뿐 아니라 과거보다 환경변화를 고려한 전략적 판단이 요구되는 업무가 증가됨에 따라 동료구성원과 팀을 통해 일을 수행할 수밖에 없게 되었다. 즉, 기업의 상황변화가 관리자로 하여금 구성원을 임파워시킬 수밖에 없게 만든 것이다. 특히 인적자원관리 측면에서 기존의 관리방식이 이미 오랫동안 효과를 발휘하지 못하였다. 이에 새로운 관리방식을 찾도록 하는 압력이 높아지고 있으며, 기존의 전통적 통제방식을 사용해서는 더 이상 직무를 수행할 수가 없는 상황이 도래한 것이다(이학종, 2000).

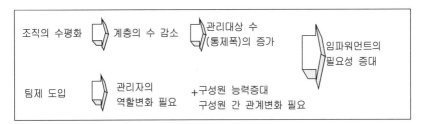

자료: 박원우(1997), p.119.

(그림 3-3) 임파워먼트의 현실적 필요성

이러한 맥락에서 전략적 자원할당이 중시되며, 여기에서 현장관리자 (line manager)는 리더가 되어야 함과 동시에 감독관 역할로부터 편의 제공자, 능력부여자, 그리고 사람들과 기술을 개발하는 것을 업무로 하는 사람으로 변해야 한다는 것이다(Hammer, 1993). 즉, 현장관리자의 이러한 변화를 위해서는 현장관리자에 대한 임파워먼트를 통하여 그들로 하여금 새로운 환경에 맞는 역할을 감당하도록 해야 한다는 것이다. 또한 현장관리자는 하위구성원들과 상위경영자들을 연결하는 연결고리(linking pin)의 역할을 하므로 기업성과와 직결되어 있다는 것이다.

권한위임은 전문적 경영원칙이 아니라 단순한 상식에 해당한다고 할 수 있다. 부하직원을 믿지 못해서, 자리를 뺏길 거라는 두려움 때문에, 혹은 또 다른 이유 때문에 권한위양을 못하는 경영자와 관리자가 많은 것도 사실이다. 그러나 일상적 업무를 위임하고 남는 시간을 전략구상 등 보다 가치 있는 일에 투자해야 하는 경영자의 막중한 책임을 고려할 때 권한위임은 피해갈 수 없는 것이다.

2) 임파워먼트와 기업성과

흔히 심리학자들은 $P = f(A \times M)$라는 공식을 쓴다. 즉, 성과(P: Perfor- mance)는 능력(A: Ability)과 의욕(M: Motivation)의 곱의 함수라는 것이다. 그러니까, 능력이 아무리 높더라도 의욕이 없으면 성과가 나오지 않고, 의욕이 아무리 높더라도 능력이 낮으면 역시 성과가 떨어지게 된다. 그런데 능력을 향상시킬 것인가, 의욕을 북돋울 것인가. 물론 둘 다를 위해 노력해야 하지만, 당장 능력을 높이는 것보다는 의욕을 높이는 것이 쉽다. 그리고 능력을 높이기 위해 교육을 한다고 하더라도 학습에 대한 동기가 부여되지 않으면 안 될 것이다. 그래서 의욕 북돋우기 또는 동기부여는 사람관리 이론에서 가장 중요하게 다루어지는 부분이다. 능력, 성격, 태도 이런 것도 중요하지만, 동기부여야말로 이런 것에 선행하는 관리변수가 된다. 매슬로우의 욕구이론과 기대이론을 종합하면 이러한 의욕을 북돋을 수 있는 종합적인 처방이 나온다. 개인이 어떤 것을 요구하고 있는가를 알아내고 일을 열심히 하면 그 요구가 충족될 수 있도록 하면 되는 것이다. 말하자면 생리적 욕구나 안전욕구가 결핍되어 있는 사람은 금전을 강하게 요구할 것이고, 이들에게는 성과급제를 도입하면 의욕이 높아질 것이다.

그런데 80년대 후반부터 선진국에서는 임파워먼트라는 개념이 등장하여 조직관리에 새로운 바람을 일으키고 있다. 임파워먼트는 능력과 의욕을 분리시키지 말고 이 양자를 한꺼번에 높여주자는 개념으로 이해할 수 있으며, 높은 의욕이 있을 뿐만 아니라, 조직에서 일을 처리할 수 있는 실질적인 권능이 주어져 있다는 것이다. 종래의 동기부여 이론은 능력과 의욕을 분리한 나머지 능력 부분을 다소 경시하였으며, 성실하게 일하는 모범 사원을 만드는 데 초점이 모아졌다고 할 수 있다. 이에 비해 임파워된 사원들은 일에 있어 열정을 가지고 있을 뿐만 아니라, 성공에 대한 자신감을 가지고 있고, 스스로 결정을 하여 집행할 수 있는 힘을 가지고 있다. 이런 의미에서 임파워먼트는 실력＋자신감＋권한＋의욕이라고 할 수 있다(조영호, 1997). 따라서 임파워먼트는 HRM 차원에서의 기업경영의 또 다른 "수단으로써 기능"을 하는 것이 아니라, 그 자체가 "목적으로써 존재"한다. 단지 하나의 행동지침이 아니라, 그 자체 중요한 의의를 갖고 있다는 것이다. 아직도 임파워먼트에 대한 개념을 정확히 파악하지 못하고 있으며, 실천하고 있는 경우에도 그 결과를 논할 정도의 성과를 내고 있지 못한 데 있다(박원우, 1997).

〈표 3-2〉 Randolph의 임파워먼트 실행방법

단 계		내 용
1	정보공유	· 조직성과에 관한 정보공유 · 구성원들로 하여금 사업을 이해케 지원 · 중요정보의 공유를 통한 신뢰감 증진 · 자기 스스로 모니터하는 가능성 형성
2	구조화를 통한 자율성 증진	· 명확히 비전과 세부사항을 설정 · 목표와 역할을 공동을 설정/확정 · 임파워먼트를 가능케 하는 새로운 의사결정 절차 설정 · 임파워먼트 성과의 관리절차 새로이 형성 · 훈련 강화
3	팀제 도입	· 새로운 스킬의 방향과 필요훈련 제공 · 변화를 북돋우고 지원 · 점차적으로 관리자의 통제를 줄임 · 리더십 부재상황에서 작업 진행 · 두려움의 요소를 인정/수용

다양한 연구결과, 임파워먼트의 효과성이 입증되고 있다. 예를 들어, 박주화(1996)의 연구결과에 따르면, 리엔지니어링 상황하에서 임파워먼

트된 현장관리자의 경우, 그들로 하여금 리엔지니어링에 대한 필요성 인식의 정도를 높일수록, 리엔지니어링으로 인한 직무특성 변화의 정도를 높일수록, 타 부서와의 협력의 정도를 높일수록, 그리고 그들의 성취욕구를 강하게 해 줄수록 임파워먼트의 성과가 높은 것으로 나타났다.24) 그러나 대부분의 기업들은 실질적인 위임을 제대로 하지 못하고 있는 실정이다. 이는 두 가지 사회심리적 과정으로부터 비롯된다고 볼 수 있다. 첫째는 리더십 효험에 대한 굳은 믿음 즉, '감독의 필요성에 대한 신념'과 함께 둘째로는 일종의 자기 과장적 편의(self-enhancement bias)로 인하여 저항이 발생하고 결국 임파워먼트가 제대로 이루어지지 못한다는 것이다(Pfeffer, 1998). 이러한 경향성은 고성과 산출을 위한 경영관리와 그것이 함축하고 있는 참여와 위임의 도입과 활용을 가로막는 중요한 요인들이 될 수 있는 것이다.

한편, 이러한 임파워먼트의 구체적 실행방법에 대한 논의 중 대표적인 연구로서는 Randolph(1995)가 제안한 3단계이다; 1단계는 결국 같은 배를 타고 있다는 인식을 부여하여 주인의식, 상호관련성, 신뢰감 증진을 추구하는 것이다. 2단계는 구성원 스스로가 할 수 있는 체계를 형성하는 것이고, 3단계는 계층구조 논리에서 팀제로의 전환이 있어야만 진정 임파워먼트가 실행될 수 있다는 것이다. 설령 팀조직을 공식적으로 운영할 여건이 못 되는 조직이라 해도 적절한 대응능력과 지식을 갖고 있는 현장관리자들에게 관련 의사결정권한을 임파워먼트함으로써 팀조직의 운영과 유사한 성과를 거둘 수 있다(Pffefer, 1998). 이는 Pfeffer(1998)가 경쟁우위 달성을 위한 7가지 인사관행에서 주장하는 자율관리팀(self-managing teams)과 의사결정의 분권화, Arthur(1994)의 자주관리팀, MacDuffie(1995)의 팀작업 및 분권화, Van de Ven & Drazin(1985)이

---

24) 포드(Ford)사의 LEAD 프로그램은 현장관리자의 임파워먼트 실행방법과 그 성과에 대한 모범적 사례로 인정된다.

고성과 창출을 위한 인사관행 7가지 중 하나인 종업원의 언로확대 강조
와 맥을 같이한다고 볼 수 있다.

결론적으로 임파워먼트의 실행을 통해 기업은 다음과 같은 효과를
얻을 수 있다.[25] 첫째, 구성원의 보유능력을 최대한 발휘하게 하고,
그들의 직무몰입을 극대화할 수 있다. 둘째, 업무수행상의 문제점과
그 해결방안을 가장 잘 알고 있는 실무자들이 고객들에게 적절한 대
응을 하게 됨으로써, 품질과 서비스 수준을 제고할 수 있게 된다. 셋
째, 고객접점에서의 시장대응이 보다 신속하고 탄력적으로 이루어진다.
넷째, 지시, 점검, 감독, 감시, 연락, 조정 등에 필요한 노력과 비용이
줄어들기 때문에 코스트가 절감된다(박원우, 1997).

3) 국내 실행상 문제점과 적용방안

조직의 성과는 경영활동의 성과 및 구성원의 행동성과와 밀접한 관
련이 있는데, 그동안 우리나라 기업들은 단기적인 경영성과에 의존하
고 구성원들의 수동적인 성과에 치중하였을 뿐, 구성원들의 창의성이
나 자발적인 노력에 의한 조직성과에 대해서는 소홀히 하였다. 즉 조
직구성원들의 직무태도의 향상에 필요한 임파워먼트에는 관심을 보이
지 않고, 제한된 범위 내의 구성원의 능력에 의존한 성과만을 중요시
하여 구성원들의 역량을 효율적으로 활용하지 못해온 것이다. 경제위
기 이후 우리 기업들은 조직의 유효성을 향상시키기 위해 수익성 위
주의 경영전략의 시행과 함께 변화하는 환경에 빠르게 대처하기 위해
조직운영 및 인적자원의 관리에 있어서 하부구조로의 권한위임은 물

---

25) 이에 대한 실증적인 연구로는 Graham(1995), Batt(1996), Banker, Field,
Schroeder, & Sinha(1996), Fishman(1996), Shaiken, Lopez, & Mankita(1997),
Markels(1995), Grimsley(1996), Mark van Beusekom(1996), Thompson(1993)
등을 들 수 있다.

론, 각 조직의 역량강화에 노력을 경주하고 있다. 즉 현재의 경제위기를 극복하고 경쟁력 있는 기업으로 발돋움하기 위해 조직구성원들에게 할 수 있다는 신념이나 조직의 비전을 제시해 주는 변혁적 리더십을 형성하고, 구성원들의 협력과 합의를 촉진하는 조직문화를 정착시킴으로서 조직운영의 유연성과 효율성을 제고시키는 데 노력하고 있다. 이와 같은 조직운영의 유연성과 효율성을 높이기 위해서는 임파워먼트가 형성되어야 하는데, 사실 그간 국내 기업에서 임파워먼트는 상대적으로 성과를 내지 못하는 것으로 평가되고 있다.

박학순(2000)은 그 이유를 다음과 같이 지적하고 있다.

첫째, 관료적 문화 때문이다. 관료적 문화를 가진 기업일수록 변화나 위험을 감수하고 새로운 아이디어를 장려하기보다는 현재의 상황을 유지하려는 경향이 강하다. 장기적인 성과보다는 단기적 성과에 집착하는 경향이 강하며, 보상시스템을 통해 현재 상황의 유지를 더욱 공고히 다지는 경우가 많다. 따라서 이러한 문화 속에서 경영자가 아무리 임파워먼트를 강조한다 할지라도 대부분의 조직구성원들은 오히려 현재의 구도 속에 안주하는 것이 더 바람직하다는 메시지를 얻게 된다.

둘째, 갈등의 발생 때문이다. 상하 간 또는 부문 간 발생하는 갈등도 성공적인 임파워먼트의 실행을 가로막는 장애물이다. 대부분의 관리자들은 자신의 권한을 하위자에게 위임하는 것을 별로 달가워하지 않는다. 설사 위임을 하였다 할지라도 하위자가 자신의 의지에 반하는 의사결정을 하는 경우 그 종업원에게 불이익을 주는 경향이 있다. 때로는 관리자들이 임파워먼트를 자신들의 책임회피를 위한 수단으로 사용하는 경우도 있다. 즉 과업실패 시 그 책임을 부하에게 전가하는 것이다. 이러한 경우 상하 간의 신뢰는 깨지게 되고, 하위자는 상사의 눈치를 보는 등 자기보신에 더 신경을 쓰게 되는 것이다.

셋째, 구성원들의 스킬 부족 때문이다. 업무 부담이 너무 크거나 스

킬 및 지식의 부족 등으로 인해 조직구성원들이 주어진 일만 하기에
도 시간이 부족한 경우가 있다. 이러한 작업환경에서 무언가 새로운
아이디어를 생각해내고 새로운 일을 주도적으로 추진한다는 것은 매우
어려운 일이다. 관리자들이 통제를 포기한다는 것은 결코 쉽지 않은
일이다. 관리자들은 자신들이 임파워먼트 되기를 원하지만, 다른 사람
이 임파워먼트 되는 것을 원하지 않는 듯한 행동을 보이는 경우가 종
종 있다.

　사실 임파워먼트는 우리에게 전혀 새로운 개념은 아니다. 단지 기존
에 존재하였던 개념을 새로운 각도에서 엮고, 그러한 내용이 현실사회
의 요구에 부응하는 면이 있기에 의미가 있는 것이다. 실제 모든 기업
이 자기개발 · 성장 · 성취 · 협력 지향성을 지닌 임파워먼트된 구성원을
적극 선호하리라는 데는 이의가 없다. 문제는 파워를 지닌 쪽에서 임파
워먼트를 통해 전체의 파워가 증대된다는 것을 알면서도 자신의 파워
를 활용하여 타인의 파워증대를 꾀하지 않으려는 이기심(혹은 두려움)
이 여전히 존재한다는 것이다. 나아가 임파워먼트보다는 'disempower'
하려는 인간의 이기적 속성 또한 강하다는 점이다. 결국 임파워먼트는
파워를 지니지 않는 사람에게는 매우 매혹적인 개념이지만, 파워를 가
진 쪽에서는 별로 달갑지 않게 여겨질 수도 있다. 따라서 임파워먼트는
자칫 이상주의적인 개념으로 공허한 메아리로 남을 수도 있는 것이다.

　그러나 이론적으로 아직 미성숙하고 실제적으로도 이상주의자의 논
리에 불과하거나 여러 제약이 따른다 하더라도 임파워먼트가 개인과
조직 모두에게 유익한 개념임에는 틀림없다. 임파워먼트는 공존의 가
치에 기반을 두고 파워 다툼보다는 파워 증대를 도모하기 위한 논리
이므로 바로 전환기하에 있는 우리 실정에 적합한 관점이라 할 수 있
다. 따라서 기업 내외, 그리고 사회적 차원에서 임파워먼트를 한국화
시키는 작업을 추진해야 할 것이며, 임파워먼트를 새로운 경영기반으

로 한 경영 패러다임의 혁신을 도모하도록 할 것이 요구되는 것이다. 이러한 맥락에서 구체적으로 국내 여건을 고려한 임파워먼트 실행방안을 모색해보면 다음과 같이 정리될 수 있다.

우선 임파워먼트가 조직성과에 미치는 영향에 관해 연구한 김금수(1999)의 연구결과는 현 시점에서 임파워먼트의 한국적 적용 시 우선 고려해야 할 중요한 시사점을 제공해준다. 연구결과에 따르면, 우리나라의 기업에 있어서 구성원들의 임파워먼트를 형성하는 데 있어서는 비금전적 보상이나 기술개발의 기회, 조직의 비전을 제시하는 변혁적 리더십, 그리고 구성원들의 가치관을 정립시키기 위한 행사나 관행인 의식과 의례 등이 중요한 변수가 된다. 이에 인적자원관리 담당자들은 구성원들이 실질적으로 자기 역량에 믿음과 결단력, 자기직무에 대한 가치를 인식시키기 위해 개인특성을 고려해야 한다. 또한 경영층에서 하부로 권한위임을 할 경우 수반되어야 할 임파워먼트의 여러 구성요인들을 고려함으로써, 단순한 권한위임이 아닌 역량과 결단력 및 직무에 대한 가치가 동반되어 하부의 권한행사 능력을 제공할 수 있는 방안이 필요하다. 마지막으로 IMF 관리체제 이후 고용조정 및 조직개편에 따른 구성원들의 조직몰입 저하 등이 발생하고 있는 현 상황에서 구성원들의 직무태도를 향상시키기 위한 방안으로서 임파워먼트의 형성이 필요하다는 것이다. 이는 비전의 공유, 권한이양, 그리고 인정과 보상을 통한 임파워먼트의 추구를 요구하는 것이다.

제3절 전략적 통합수준과 위임수준

기업전략과 HRM 상호관계의 중요성은 갈수록 강조되고 있는데

(Purcell, 1995), Lengnick-Hall 등(1988)은, 그 이유를 다음의 세 가지로 요약하고 있다. 첫째로 복잡한 조직문제를 풀기 위한 제반 해결책의 제공, 둘째로 인간, 기술, 재무와 같은 모든 투입 자원관리에 대한 목표설정 및 실천, 마지막으로 통합은 인적자원의 종속적 관리방식을 방지하고, 인적자원이 조직역량 및 경쟁우위를 강화하는 데 필수 자원임을 상기시킨다는 것이다. 물론 전략적 통합성에 대한 논의의 기본가정은 외적 및 내적 적합성의 정도가 높은 기업이 낮은 기업보다 효과적이고 효율적이라는 데 있다(Guest, 1997; Wright & Snell, 1998; 배종석, 1999, 2000). 기업의 성과는 기업이 당면한 환경에 얼마나 잘 적응해 나가느냐에 달려있다. 따라서 기업은 기업환경에 적합한 경영전략을 설정하고, 조직의 전략적 목적을 효율적으로 달성할 수 있는 조직구조와 관리체계를 설계하여, 이에 적합한 경영과정과 경영활동을 영위해 나간다. 그 결과, 환경(environment)과 전략(strategy), 조직구조(structure)와 경영과정(process) 간에 적합성(fitness)관계를 형성하게 되고, 그 적합성 관계가 얼마나 일관성 있게 형성되어 조화를 이루느냐에 따라 조직성과가 결정된다는 것이다(Chandler, 1962).

오래 전부터 산업계에서 가장 관심을 두고 있는 사항 중의 하나는, 어떻게 하면 조직구성원들이 담당 과업을 보다 의미 있게 느끼고, 자율적으로 조직에 헌신할 수 있도록 만드느냐 하는 것이다. 이러한 관점에서 중요하게 부각되고 있는 개념이 바로 위임(empowerment)이다. 경쟁환경이 급변하는 현 상황에서는 변화를 신속하게 인지하고, 여기에 적절하게 대응하는 구성원의 능력이 기업성공의 가장 중요한 핵심역량으로 부각되고 있으며, 위임에 대한 관심도가 높아지고 있는 것이다. 또한 "위임"은 대규모 리스트럭처링의 증가와 변화하는 경쟁적 경영환경에 있어서도 그 중요성이 커지고 있다. 그 결과 현장관리자들까지 HRM에 있어 주요 책임을 맡게 되었다(이학종, 2000).

이러한 "위임"의 중요성에 대한 근본적인 이유를 살펴보면, 어떤 특정 문제는 때때로 최고경영자가 이해하기에 너무 복잡하고, 부서 내 (local) 문제와 상황은 부서 내의 책임자에 의해 더 신속하게 처리될 수 있으며, 현장관리자가 실제적으로 종업원들과 접촉하고 있으므로, 위임을 통해 종업원의 동기부여와 관리의 효율성을 높일 수 있다는 것이다. 중간 관리자(middle managers)에게 의사결정 및 기술형성에 대한 연습의 기회를 제공함으로써 미래 경영자 양성에 기여하고 비용을 감소시킨다는 것이다(Budwar, 2000). 이러한 위임은 조직적이며 효과적인 수준(범위)에 의해 실행되어야 하며, 그에 따른 책임은 조직의 적절한 곳에 위치해 있어야 한다. 즉, 상위관리자들이 지니고 있는 관리 및 의사결정상의 책임을 현장관리자들에게 이양하여 현장관리자의 책임범위를 확대함으로써(power devolvement), 그들의 문제해결의 도전 및 학습의욕을 고취하고 그들이 이미 보유하고 있는 잠재능력 및 창의력을 최대한 발휘하게 하는 조직변화의 접근방법이 되어야 한다.

전술한 전략적 통합과 위임의 개념에 따라 기업차원의 분석을 시도한 연구는, Brewster & Larsen(1992)을 시작으로, Budhwar와 Sparrow(1997), Budhwar(2000) 등이 있으며, 이들은 유럽 10여개 국가들의 HRM 현상 분석에서 이러한 통합수준과 위임수준의 개념을 2×2 차원으로 분류하여, 각 나라들의 통합수준과 위임수준을 비교분석 하였다. 이러한 통합과 위임의 2차원적인 문제를 살펴보면(그림 3-4 참조), 먼저통합이란 집중화와 상위의 관리책임(senior management responsibility)과 연결되며, 사업정책의 개발에 있어서, 현장관리자들과 함께 HRM 스탭들과의 밀접한 연관을 필요로 하는 정책적인 이슈이다. 한편, 위임은 분권화 및 하위의 관리단계에 대한 책임의 전이(devolution)와 연결된다. 따라서 이들 두 요소는 어떤 면에서 역설적인 관계에 있는 것으로 볼 수도 있다.

	Low ← Empowerment → High	
High Integration	GUARDED STRATEGIST	PIVOTAL
Low	PROFESSIONAL MECHANIC	WILD WEST

자료: Brewster & Larsen(1992), p.414.

(그림 3-4) HRM통합과 현장위임의 두 가지 차원 모형

① (그림 3-4)의 좌하단(professional mechanic)은 HRM의 전략적 통합이 낮고, 현장으로의 HRM 위임도 낮은 위치로써, 전문적인 HR 관리자의 전형적인 모델로 볼 수 있다. ② (그림 3-4)의 우하단(wild west)은 HRM의 전략적 통합이 낮고, HRM은 대체로 현장관리자에 위임된 위치를 말한다. 여기에서는, 모든 관리자들이 거의 자율적으로 소속 종업원들을 고용하거나 해고할 수 있으며, 종업원들에 대한 투자와 보상을 직접 할 수 있다. ③ (그림 3-4)의 좌상단(guarded strategist)은 HRM의 전략적 통합이 높고, 현장으로의 위임수준은 낮은 위치로써, 인사전문가들은 조직에서 강력한 인물이며, 기업전략의 개발에도 상위 관리자들과 함께 참여하게 된다. 그러나 현장관리자들에게는 오히려 비능률과 좌절을 가져다주는 상황일수 있다. 마지막으로 (그림 3-4)의 우상단(pivotal)은 HRM이 사업전략과 완전히 통합되고, 현장관리에서 HRM의 광범위한 위임이 나타나게 된다. 여기에서 인사전문가들은 조직의 정책단계에서 촉진자(facilitators)와 조정자(coordinators) 같은 촉매역할을 하게 된다. 이들은 인적자원 분야에서 위임에 대해 조언 및 통제하는 부서를 가지는데, 이는 작지만 강력하며 현장관리 측면에서 접근하기 쉽다(Brewster

& Larsen, 1992). 이러한 구분에 따른 유럽 10개국에 대한 실증조사
(Brewster & Larsen, 1992)에 대한 예는 (그림 3-5)에 제시되어 있다.

　한편, Budhwar와 Sparrow의 연구(1997)는 이들 통합과 위임개념의 실
행에 대해 보다 자세한 통찰을 제공하고 있으나, 개발도상국의 관리자
(manager)에게만 연구가 집중되었다는 한계점을 가지고 있다. Ropo(1993)는
HRM이 사업전략으로 통합되는 과정을 강조하였는데, 이러한 연구가 한
계점을 가지고 있기는 하나, 통합과 위임에 관련된 연구를 촉진시키는 중
요한 지표를 제공한다. 따라서 전략적인 HRM 분야의 발전을 위해서는
기존의 분석을 능가하면서, 통합과 위임의 개념을 다루는 더 많은 경험적
연구가 필요하며, 이러한 연구들은 또한 조직 효과성을 창출하는 HR 시
스템과 사업전략의 조화에도 기여할 수 있다(Budhwar, 2000).

　본 연구에서는 이러한 개념을 토대로 우리나라 기업의 전략적 통합수
준과 현장에의 위임수준에 대하여 살펴보았다. 2개 요소의 개념측정을 위
한 정도와 범위는 제4절 및 제5장의 연구결과 분석에서 자세히 설명한다.

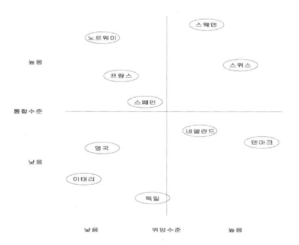

자료: Brewster & Larsen(1992), "HRM in Europe"

(그림 3-5) 유럽 10개국의 HRM 모델(1992년도)

제4절 SHRM의 제반 변수

우리나라는 사실 HRM에 대한 전략적이고 체계적인 연구가 부족한 실정이다. 외국의 연구결과를 토대로 한 HRM 분야에 대한 연구들이 부분적으로 있으나, 이에 대해 신유근(1992)은 몇 가지 문제점을 지적하고 있다.

먼저, 기업경영의 현실에 토대를 둔 명확한 문제의식이 미약하고, 이론적 측면에 치중해 현실적용성을 간과하거나, 그 반대로 뚜렷한 근거 없이 실무적 방안을 제시하는 데 그치는 경우가 많으며, 변수개발에 있어서 국가적 · 사회적 특성을 소홀히 했다는 것이다. 그래서 신유근 교수는 HRM 연구의 3단계 순환체계(현상분석을 위한 기초적 연구단계 – 이론개발을 위한 설명적 연구단계 – 실제적용과 이론확장을 위한 추가적 고찰단계 및 피드백)를 제시하여 철저한 현상분석과 문화적 · 제도적 특성을 고려해 적절한 이론의 개발 및 적합한 연구방법을 통한 검증이 이루어져야 한다고 강조하였다. 본 연구에서 이러한 문제점을 인식하여 충분한 이론적 근거를 지니고 있는 변수를 선정하였다.

먼저, HRM의 내부영향요인은 조직 내적 특성변수를 말한다. HRM의 내부영향요인으로서 작용할 수 있는 변수에 대한 연구는 상당히 진전되어 있으며, 변수로 작용하고 있다는 점 역시 입증되고 있다. 특히, 기술, 기업의 규모, 업종, 생산시스템의 종류 등은 이미 학자들 간에 공통된 HRM 영향변수로 작용함과 동시에 조직유효성 결정의 상황요소로 볼 수 있다(천명섭, 1993). 또한, 외적영향요인이란 조직의 외부에 존재하면서 조직의 목표달성 및 전략수립에 영향을 주는 요인을 의미한다. 이러한 외적환경이 HRM 관행(practices)에 영향을 준다는 이론적 근거는 전술한 인적자원 관리 연구동향에서 충분히 검토되었다.

1. 조직성과 결정의 상황요인

조직을 바라보는 시각 중, 첫째는 기업이 조직을 가지고 있다는 것이고, 둘째는 기업 그 자체가 바로 조직이라는 시각이 있다(Kirsch, W. und Meffert, H., 1970). 후자의 경우, 근대적 조직구조론으로 기업 그 자체를 하나의 살아 있는 시스템으로 규정짓고 있다. 즉, 기업 시스템을 목적지향적인 행동조직으로 바라보고, 그 목표는 바로 조직의 유효성(effectiveness)을 높이는 데 있다는 관점이다. 이러한 유효성은 조직효율성과 조직유연성의 질적인 합, 혹은 곱으로 장·단기에 걸쳐 나타난다고 해석되고 있는데, 이에 대한 지표개발은 무수히 이루어지고 있다. Steers(1975)는 조직유효성 측정기준의 문제점 8가지를 제시하여 지표의 타당성과 기준의 신뢰성을 위해 보다 타당한 변수개발에 주력할 것을 주장하기도 하였다. 조직유효성을 결정하는 기준과 변수는 학자들에 따라 상이하나, 주로 공통적으로 삼고 있는 변수들을 살펴보면 다음과 같다.

〈표 3-3〉 기업의 조직유효성 및 개인차원의 기준과 요소

조직 차원	조직 유효성	효율성	·생산성 - 포괄적 기준 ·경제성 - 물적 가치적 기준 ·수익성 - 금전 가치적 기준	·단기적 안목 ·합리적 모델
		유연성	·적응성 / ·수동적 측면 ·환경에 대한 적응측면 ·적응적 행동 측면	·장기적 안목 ·개방적 모델
			·혁신성 / ·능동적 측면 ·환경에 대한 도전 측면 ·혁신적 행동 측면	
개인 차원	만족성		·욕구 만족성 ·기대 만족성 ·역할 만족성	·장기적 안목 ·인간 관계적 모델

자료: Katz & Kahn(1978)과 Robbins(1983)의 자료를 인용하여 재구성함.

조직유효성 판단에 있어서 결정기준의 중요성 강도는 그 조직이 당면하고 있는 상황에 따라 달리 결정된다(Katz & Kahn, 1978). 이를테면 조직이 당면한 상황에 따라서 효율성 요소가 유연성이나 만족성 요소보다 강하게 선택될 수도 있으며, 반대로 아주 약하게도 선택될 수 있다는 것이다. 이와 같이 조직유효성 결정의 기준은 상황, 즉 주어진 여건에 따라 그 중요성의 강도가 달라진다. 이러한 점에서 조직유효성은 '상황 지향적'(contingency-oriented)이라 할 수 있으며, 상황적 변수는 조직유효성을 결정하는 간접적 요소이므로 이에 대한 고려가 반드시 요구된다고 볼 수 있다. 이를 간략히 요약하면 <표 3-3>과 같이 제시할 수 있다.

1) 객관적 상황변수

조직유효성에 영향을 주는 가장 대표적인 상황변수로는 객관적이고 정적인 변수로서 조직규모, 사용기술의 수준, 환경 등을 들 수 있다(Daft, 1983; Ford & Slocum, 1977; Hall, 1984; Pfeffer, 1982).

(1) 규 모

조직유효성의 내용은 그 조직의 규모에 따라 다르다. 즉, 일반적으로 소규모 조직에서 추구하는 조직유효성의 방향과 대규모 조직에서 추구하는 조직유효성의 방향은 서로 다르다. 따라서 조직의 규모에 따라서 조직의 유효성 결정의 기준요소도 달라지게 마련이다(Robbins, 1983).

이러한 점에서 조직유효성을 논의할 때 우리는 조직의 규모가 어떠한가를 반드시 고려해야 한다. 예를 들어, 중소규모 기업의 경우에는 효율성이 여타 요소에 비해 중요시되는 반면에 대규모 기업의 경우에는 환경변화에의 적응 및 혁신능력, 즉 유연성과 만족성이 가장 중요한 요소로 등장한다. 조직규모 판단의 지표로서는 종업원수, 매출액, 총 투하 자본금 등을 들 수 있으나, 가장 대표적인 지표는 종업원수를 들 수 있다. 이는 기타 규모판단의 지표들과 서로 밀접한 정의 상관관계를 가지고 있을 뿐 아니라, 대부분의 연구에서도 제시되고 있기 때문이다(Robbins, 1983). 대표적인 학자로는 Blau(1968, 1970), Child & Mansfield(1972), Blau & Schoenherr(1971), 그리고 Ever 등(1976)이 있으며, 그들은 조직규모(종업원수)가 조직구조 형성에 결정적인 영향을 미친다고 주장하였다. 따라서 본 연구에서도 조직규모 변수로 정규직 종업원수를 택했다. 기업규모의 대·소구분은 중소기업기본법 시행령(2001년 1월 1일 시행) 제3조에 따른 분류를 사용하였다.

(2) 기 술

조직유효성 결정의 상황변수로서 기술(technology)요소를 빼놓을 수 없다. 왜냐하면 기술은 조직유효성 결정에 핵심적인 중요한 역할을 하기 때문이다. 기술의 정의와 분류방법에 대한 학자들 간의 논의는 다양하나, 대개는 포괄적인 의미로서 작업절차나 방법 또는 작업자의 기술, 노하우, 지식과 같은 소프트웨어를 기술의 정의에 포함시키고 있다(Scott, 1990). 기존의 연구에서 사용된 기술분류는 대체로 복잡성(다양성), 불확실성(예측 불가능성), 상호의존성 등의 세 가지 차원에서 정리될 수 있다(Scott, 1990). 조직구조와 기술 간의 관계에 대한 경험적 연구는 Woodward(1965), Perrow(1967), Thompson(1967), Alexander & Randolph(1985), Keller(1994)에 이르기까지 많은 연구자들이 기술과 조직구조, 나아가 성과와의 관계를 분석하였다. 그러나 기술의 정의와 분류가 다양하기 때문에 관찰되는 기술의 효과도 다양하게 나타났다. 때로는 조직의 기술과 대체되는 의미로서 해당기업의 업종을 들기도 한다. 이는 기술이 조직의 생산업종에 따라 달라질 수가 있기 때문이라는 이유에서이다(Rajagopalan & Datta, 1996).

그러므로 본 연구에서는 기술(technology)에 대한 분류를 구체적인 변수를 이용해서 자세히 정의하기보다는 가장 포괄적인 의미로서, 조직이 작동하는 전체적인 과업환경을 의미하는 전통기술(low-technology)과 첨단기술(high-technology)의 분류를 토대로 하였으며, 업종의 종류도 필요에 따라 대체분류로 사용하였다. 즉, 최근 들어 강조되고 있는 첨단기술의 6T(IT, NT, BT, CT, ET, ST)를 포함한, 전자, 정보통신, 벤처, 금융산업들은 첨단기술로 분류하였으며, 특히 인당부가가치생산액과 전문인력확보율의 변화정도를 고려하여 선별하였다. 이러한 기준과 기업규모를 동시에 고려하여 본 연구의 HRM 현상분석에 적용하였다.[26]

(3) 환 경

조직유효성 결정의 상황변수로서 환경(environment)요소 역시 중시되어야 한다. 왜냐하면 조직환경이 어떠한가에 따라 조직유효성이 달라지기 때문이다. 이러한 환경에 대한 선택과 인식정도, 그리고 결정요인들은 실제환경보다는 의사결정자(특히 최고경영층)가 느끼는 인지적 환경, 특히 인사책임자의 인지적 환경이 중요하다 할 수 있을 것이다.

Scott(1992)은 조직의 전략과 행위에 영향을 주는 외부의 환경적인 압력을 경쟁적 환경(competitive environment), 기술적 환경(technical environment) 및 제도적 환경(institutional environment)으로 나누고 있다. 우리나라 기업의 HRM은 정부의 노동정책이나 노동조합의 활동과 같은 제도적인 환경, 특히 제도적 압력 중에서 DiMaggio & Powell (1991)이 말한 강압적 압력(coercive press)이 가장 중요한 영향력을 행사

---

26) 기술과 규모를 동시에 고려한 해외의 주요연구로서는 Carter(1984), Dewar & Hage(1978), Dewar & Simet(1981), Marsh & Mannari(1981), Singh(1986) 등이 있다.

해 왔다고 볼 수 있다. 향후에는 제도적 환경도 중요하지만 보다 중요한 것은 경쟁적인 환경으로 보고 있다(유규창, 박우성, 2000). 이러한 경쟁적 환경은 기업이 제품이나 서비스를 생산하고 교환하는 시장환경이나 노동 시장을 의미하는 것으로, 기업의 HRM이 환경적인 압력에 단순히 적응하는 전략에서 탈피하여, 보다 적극적으로 HR의 효율적이고 효과적인 활용을 위한 합리적인 HR 전략을 통해서만이 기업에 경쟁력을 제공할 수 있다는 것을 의미한다.

본 연구에서는 기업외부 환경변화에 대한 HR 전문가의 인식정도, HR 전략의 유형, 제도적 환경의 영향 및 경쟁적 환경의 영향력에 대하여 살펴보도록 하였다.

(4) 조직의 사회 · 문화적 특성

기업을 둘러싼 외부환경의 영향을 받아, 기업문화는 각 산업에 해당하는 문화적 특성을 갖고 있지만(Gordon, 1985; Lawrence & Lorsch, 1967; Reynolds, 1986), 단순히 어떤 기업의 문화가 우수한 경제적 성과를 도출했다고 해서, 동일한 문화를 가진 다른 기업에서도 성과가 높게 나타나지는 않는다(Barney, 1996). 기업문화는 상위 시스템인 사회 · 문화적 특성, 산업의 유형, 기술의 종류, 모기업 등 외부 환경의 영향을 받으면서, 하위 시스템을 구성하는 하부문화가 총체적으로 기업문화적인 특징을 결정하는 구조를 갖고 있다고 볼 수 있으며, 이에 따라 각 기업은 고유의 기업문화적 특성을 보이게 된다. 특히, 구조적 특성이 유연하고 환경변화에 적극적인 기업조직은 종업원에게 보다 많은 권한위임과 자율성을 부여하고, 조직의 적응력과 창의성을 유발시킴으로써, 구성원들의 행동방향을 명확하게 만들어 주게 된다(천명섭, 1993; 최종태, 2000).

본 연구에서는 사회 · 문화적 특성을 조직특성과의 연결성으로 파악하였다. 즉, 기업조직의 구조적 특성을 유연성과 경직성, 그리고 전술한 환경변화에 대한 자세로서의 적극성과 소극성 등의 4가지 차원으로 분류해서 조사하였는데, 이는 조직 간의 유사성과 차이점을 식별해 냄으로써 복잡한 조직현상을 설명 및 예측하고, 과학적으로 이해하기 위한 기초를 제공하기 위함이다.

2) 주관적 상황변수

조직유효성 결정의 가장 대표적인 주관적이고 동적인 상황변수로서는 전략과 권력의 상호작용, 조직구조, 그리고 기업지배구조의 형태 등을 들 수 있다. 이러한 HRM의 내부영향 요인들은 상호간에 유기적인 관련성을 맺고 있으며, 변수에 따라 상관정도나 일방적인 영향력을 미치기도 한다.

(1) 기업전략유형

조직유효성 결정의 상황변수로서 전략(strategy)요소 역시 중시되어야 한다. 특히 Chandler(1962)와 하버드대학의 경영정책연구팀들은 전략을 조직구조결정의 가장 중요한 변수로 보고, 경영목표변경과 전략적 의사결정을 조직구조연구의 출발점으로 다루고 있다. 즉, Chandler(1962)는 여러 실증적 자료를 통하여, 기업이 기회를 잘 포착하고 성장하기 위해서는 우선 1차적으로 적합한 전략을 수립해야 하며, 다음으로는 전략을 실천에 옮길 수 있는 합당한 조직구조를 마련하고, 마지막으로 구체적인 변화업무를 행해야 한다고 주장했다.

HRM의 연구에 있어서 경영전략이 차지하는 비중은 새삼 강조할 필요가 없지만, 본 연구에서는 우리나라 기업이 취하는 HR 전략의 선호가 어떠한가를 살펴보는 데 초점을 두었다. HR 전략유형으로는 Budwar(2000)의 5가지 HR 전략유형 즉, 인사비용을 최소화하는 비용

절감형(cost reduction), 교육훈련과 개발을 통한 종업원의 직무 및 경력상 재능을 극대화하는 능력향상형(talent improvement), 외부로부터 최고의 인재를 확보하는 인재확보형(talent acquisition), 적재적소에 인재를 배치함으로써 보유 인적자원을 최대한 활용하는 효과적인 자원배분형(effective resource allocation) 마지막으로 노사간 신뢰구축형을 추가하여 살펴보도록 하였다.

(2) 권력작용

조직유효성 결정에 있어서 고려해야 할 비합리적인 상황변수로서 권력작용을 빼놓을 수 없다. 권력작용을 고려한다는 의미는 우선 경영자를 비롯한 주요 조직구조 결정자들은 조직구조형성에 요구되는 최소한의 조직유효성 충족만을 강조하며, 기타의 이해관계자들은 각각의 입장에 따라 자신의 기준과 가중치에 의한 '우선적 선택'을 한다는 것이다.

실제로 조직유효성 기준에 비추어 보더라도, 가장 적합한 조직구조를 모색하기보다는 조직구조 결정자들의 선호와 이해관계에 따라 최소한의 유효성을 충족시키는 수준에서 조직구조를 택하게 된다. 즉, 어떤 구조가 조직유효성을 높이는 데 적합한가를 우선 기준으로 삼아서 그 적합성이 가장 높은 모형을 택하는 것이 아니라, 조직구조 결정자들의 이해와 선호도가 우선 기준이 되어 최소한의 유효성 만족도를 갖는 모형을 택하게 된다는 것이다(Robbins, 1983). 이처럼 조직유효성은 특정행위자와 이해관계집단들의 의식적인 정치적 결정의 결과에 영향을 받는다고 볼 수 있다. 그러므로 조직유효성 결정의 주요 상황변수의 하나로서 권력작용 역시 반드시 고려되어야 한다.

본 연구의 분석단위는 기업차원에서 이루어진 것이므로, 조직 내부의 복잡한 권력작용에 대한 관계를 정확히 살펴볼 수 없는 한계가 있다. 따라서 권력 개념에 대해서는 위임수준 평가 및 나중에 언급할 최고경영자의 행동특성 5가지 유형분류를 통해 살펴보도록 하였다.

(3) 조직구조

조직구조란 조직구성원들의 권한, 지위, 역할관계가 성립되고 공식적으로 제도화되어 나타나는 것이다. Scott 등(1981)은 조직구조를 조직 내에 있어서 직위 간의 관계체계로 정의하고, 이에 따라 역할과 기대에 의해 형성된 직위를 조직구조의 기본요소로 보고 있으며, Robbins(1983)은 복잡성, 집권화, 공식화의 3요소로 설명하고 있고, Kast와 Rosenzweig(1981)는 조직 구성요소 간의 관계유형으로 보고 있다. 또한 Jackson은 조직구조를 부문화 정도로 보고, 그 정도의 차이와 HRM 관행과의 관계에 대해서 연구하였다. 조직구조와 관련된 연구들을 정리하여 보면 <표 3-4>와 같다.

〈표 3-4〉 조직구조에 관한 연구들

연 구 자	조직구조에 대한 연구내용
Scott, Mitchel, & Birnbarum(1981)	· 조직구조를 조직 내에 있어서 직위 간의 관계체계로 봄 · 역할과 기대에 의해 형성된 직위를 조직구조의 기본요소로 파악
Robbins(1983)	· 복잡성, 집권화, 공식화의 3요소로 설명하여 연구
Kast & Rosenzweig(1981)	· 조직 구성요소 간의 관계유형으로 조직구조를 봄
House (1971)	· 경로-목표이론(path-goal theory)에서 공식화의 정도에 따라 지시적 리더십의 효과성 연구
MiIcs & Snow (1984)	· 전략과 조직구조, HRM 관행의 적합관계의 연구에서, 조직구조로 기능별 조직, 사업부제 조직, 메트릭스 조직으로 구분하여, 전략과 조직구조의 결합(방어형 전략에는 기능별 조직, 공격형 전략에는 사업 부제조직, 분석형 전략에는 메트릭스 조직이 적합함)을 강조
워윅대학의 연구	· 조직구조와 HRM 관행과의 적합관계연구
신유근(1992)	· 조직구조적 특성 연구 · 권한의 분산정도, 생산시스템의 유형에 따른 조직구조 연구

자료: 신유근(1992), Robbins(1983), 강영순(1995)에서 인용하여 재정리함.

116

조직구조와 관련된 연구는 주로 환경과의 적합성에 대한 것이 대부분이었는데, 조직구조의 공식화 정도와 HRM practices 변수에 대한 연구 중, 초기에는 리더십과 관련된 연구가 많았으며, 이후 전략, 권한의 분산구조, 생산시스템의 종류 등과 같은 상황적 요소에 의한 연구들이 대부분을 차지하고 있다. 조직구조 변수에 대해서는 일정한 합의가 이루어지지 않고 있으나, 대체로 업종, 조직규모, 조직의 연령, 조직정책 등을 적절히 고려하고 있다. 본 연구는 조직구조변수와 상황변수 내지는 성과와의 인과관계 혹은 적합관계를 살펴보는 것이 목적이 아니다. 따라서 조직구조와 관련된 변수는 단지 기업조직을 분류하여 비교하여 차이를 보는 목적이므로 기업 규모와 기술수준 혹은 통합수준 및 위임수준에 따른 분류에 따라 살펴보도록 한다.

(4) 노사관계의 특성

노사관계의 급격한 변화는 인적자원관리[27])에 많은 영향을 주고 있다. HRM 전반에 걸쳐서 기본방침과 제도·절차가 공식화·합리화되고, 노사간의 협조를 위한 현장관리자의 업무와 책임도 증가되며, 노사관계와 단체교섭을 전담하기 위한 인적자원부서의 기능과 조직체계도 확대되는 등 경영조직과 HRM에 많은 변화를 가져오고 있다. 또한 구성원들의 경영참여도 대폭 증가하고 있으며, 임금인상으로 말미암아 인적자원의 중요성도 더욱 커지고 있다. 반면에 노사관계의 급격한 변화는 조직체에도 많은 경제적인 부담과 가치관의 혼란도 가져와 국가 경쟁력을 약화시키는 요인으로도 작용하고 있다. 이와 같은 현상은 노

27) 일반적으로 HRM은 노사관계나 산업관계를 포함한 총괄적인 개념으로 인식되고 있지만(Noe *et al.*, 2000; Pigors & Myers, 1981; Peterson & Tracy, 1979), 소수의 일부 학자들은 HRM을 노사관리를 제외한 기능으로 보기도 한다(Wallace *et al.*, 1982).

사관계의 초기 발전단계에서 어쩔 수 없이 거쳐 나가야 할 과정으로
도 볼 수 있으나, 불신적이고 대립적인 노사관계는 국가경쟁력강화에
큰 장애요인이 되고 있다. 따라서 세계화·정보화·민주화와 새로운
환경 속에서 노사협력을 위한 획기적인 노사관계개혁이 시급히 요구되
고 있다(정재훈, 1999).

　노사관계의 특성과 HRM 관행의 관계에 대한 연구는, 단순히 노조
의 유무만을 통하여 HRM의 혁신과의 관계를 명확히 파악하기란 어
려울 뿐만 아니라 과오를 범할 수 있기 때문에, 노사협력의 정도를 파
악할 수 있는 유형화된 모델로 접근하는 것이 요구된다. 그러나 본 연
구에서는 설문 문항수의 과도화로 인한 저조한 회수율의 문제 등의
이유로, 노조 유무에 대한 질문과 함께 이를 보완할 수 있는 노동조합
의 영향력 발휘정도의 변화에 대한 연구를 동시에 고려하도록 하였다.

(5) 기업지배구조의 특성

　HRM에 있어서 최고경영자의 철학과 신념은 HRM의 실천과 지속성
에 큰 영향을 주게 된다. 이러한 경영자의 철학과 신념을 나타낼 수 있
는 지표로 기업지배구조의 특성을 들 수 있다. 기업지배구조의 특성이
란 기업의 소유와 지배구조에 따른 최고경영진의 권력구조 유형을 말
하며(정병휴, 양영식, 1992), 경영자의 기업지배 특성에 대한 분류는,
대부분 소유와 지배관계에 있어서의 지분과 권력의 문제에 대한 것이
며, 그간의 연구결과도 꽤 많이 나타나고 있다(Cubbin & Leech, 1983;
윤계섭, 1990; 오세열, 1991; 정병휴, 양영식, 1992; 신유근, 1992; 김영
조, 1994). 이들 연구의 대부분은 소유와 경영에 대한 지분 및 권력을
기준으로 분류한 점에서 일치를 보이고 있으며, 세분화 정도에 있어서
다소 차이를 보이고 있을 뿐이다.

　본 연구에서는 김영조(1994)의 분류를 적용한, 즉 소유경영체제, 소

유주도형 대리경영체제, 권한위양형 대리경영체제, 전문경영체제 등 4
가지 형태로 기업지배구조의 특성을 유형화하여 살펴보도록 하였다.

(6) 최고경영자의 특성

최고경영자의 전략적 의사결정에 대한 연구는 경영학의 중요한 영역
으로 자리잡고 있으며, 특히 성공기업 최고경영자의 행동특성은 주로 기
업가 정신(entrepreneurship)에 관한 이론이나 리더십 분야에서 연구되어
왔다. 기업가 정신에 관한 이론 분야에서는 Low & MacMillan(1988)과
Massie (1987), 그리고 Karlöf(1993) 등이 성공한 기업가의 행동특성[28]
을 제시하고 있으며, 성공적인 리더로서의 경영자 행동특성에 대해서는
리더십 특질이론으로 제시되고 있다(Bass, 1991; Gardner, 1990; Yukl
& Van Fleet, 1992). 이들 모두 경영자 또는 리더가 갖추어야 할 다양한
행동특성을 강조하고 있다. 그러나 문화가 상이한 사회의 리더에 대한
연구들이 제시하는 다양한 행동특성이 우리나라 기업에도 그대로 적용
되리라는 보장은 없다. 특히 국내에서도 신유근(1996)에 의해 성공기업
과 실패기업을 상대로 최고경영자의 행동특성에 관한 연구가 이루어진
바 있는데, 그는 성공기업 최고경영자의 대표적인 행동특성으로, 인간중
시의 경영, 솔선수범의 자세, 집념과 소명의식, 대인관계의 능력, 그리고
실력주의의 강조 등의 순으로 제시하면서, 역사적으로 형성되어온 사회
·문화적 특성이 성공기업과 실패기업 최고경영자의 행동특성에 많이
반영되어 있다는 결론을 내리고 있다.

본 연구에서는, 최고경영자의 행동특성을 신유근(1996)이 제시한 최

---

28) 성공기업인이란 스스로 결정하기를 선호하고, 위험을 감수하려 하며, 자
    신이 해 놓은 일의 결과를 확인하고, 칭찬과 함께 건설적인 비판을 받고
    자 하며, 사업에서 활동적인 분야를 맡아, 신속한 발전과 혁신을 좋아하
    며, 자신은 물론 동료들이 능력을 쌓고 열심히 일하기를 요구한다는 것
    이다(Low & MacMillan, 1988).

고경영자의 행동특성 중 성공기업 최고경영자의 5가지 특성을 기준으로 분류하여 살펴보았다.

2. HRM의 하위 시스템

Galbraith와 Nathanson(1978)은 인적자원과 같이 조직형태를 결정하는 요소들을 기업전략에 조화시키면 성과가 높아진다고 주장하면서, 조직설계 변수 간의 적합(fit) 혹은 일치(congruence)에 관한 내적변수로서 인력배치(staffing), 교육훈련(training), 보상(compensation), 직무설계(job design), 업적평가(performance appraisal) 및 조직몰입(commitment) 등을 들고 있다. 열거한 내용 중 앞의 4개 항목은 HRM의 전통적 분야인 반면에, HRM결과에 대한 뒷부분 2개 항목은 기술의 급속한 변화 때문에 그 영향이 커지고 있는 사항들이다. 조직전략도 조직 내적요인에 영향을 미치며, 나아가서 전략과 조직설계 변수의 조화수준은 성과에 영향을 미친다.

본 연구에서는 위에서 언급한 여섯 가지 HRM 요소를 활용하여, 항목별 현상분석과 함께 전략적 통합성 수준 및 현장관리자로의 위임수준에 대한 평가를 하고, 이들 수준에 영향을 주는 예측요인을 전술한 상황적 요인 및 조직정책들에서 찾아보도록 하였다.

1) 인력배치(staffing)

요원화란 조직 내 각 직위에 필요한 개인을 모집(recruitment), 선발(selection), 및 배치시키는 활동을 말한다. 조직체의 목적달성은 인적자원에 달렸으므로 조직체에 적합한 인력자원을 찾고 그들을 조직체로 끌어들이는 것은 HRM의 가장 중요한 기능 중 하나라 할 수 있다. 또한, 선발과정에서 활용되는 도구, 특히 시험과 면접은 신입사원의 선발뿐만 아니라 일반적인 인선과 관련된 승진과 인사고과, 그리고 교육훈련에도 적용되는 중요한 기능이다.

우리나라에서도 과거 40년간의 지속적인 성장을 통해 필요인력을 조달하는 과정에서 공개채용 등 모집·선발 등에 많은 발전이 있어 왔다. 그러나 전통적인 사회문화 속에서 비록 공채시스템이라 하더라도, 연고, 특히 학력에 치중되어 그 신뢰도와 타당도가 문제시되고 있으며, 최근 들어 세계화와 경쟁력 강화의 압력 속에서 능력을 강조하는 모집·선발시스템으로 개혁이 진행되고 있는 실정이다. 그러나 새로운 제도의 신뢰도와 타당도는 아직 체계적으로 입증되지 않은 상태이므로, 향후 많은 연구조사가 요구된다고 할 수 있다. 특히 IMF 구제금융으로 인해 경제 전반적으로 구조조정이 확산됨에 따라 실업문제가 심각하게 대두되고, 노동시장의 개혁으로 인한 노동시장의 유연성과 직업교육훈련이 강조되고, 노사관계가 급격히 변화되었을 뿐만 아니라 산업구조도 점차 지식기반경제로 전환되어가고 있다. 기업의 보수 및 HRM 제도와 정책 또한 상당한 변화를 보이고 있다(정재훈, 1999). 그 결과, 여성인력 채용대책, 장기실업자 대책, 장애인 고용대책[29] 및 신규졸업자 대상 채용관리, 그리고 경력자 중도채용관리 등도 과거와는 다른 형태로 변화될 것으로 전망된다.

본 연구에서는 채용과 관련된 외적환경의 변화 및 제반 채용활동 제도, 채용과정 상의 중점정책, 그리고 충원방식 등을 고려하여 살펴보도록 하였다.

---

29) 2000. 7. 1부터 「장애인고용촉진 및 직업재활법」 시행으로 범정부적인 참여와 제도개선을 통하여 고용촉진기반이 지속적으로 확대되고 있다.

2) 교육훈련 및 인력개발(training)

최근의 급격한 변화 속에서 HRM상 인적자원 개발은 현대조직의 HRM에 매우 중요한 위치를 차지하게 되고 있으며, 그 기능도 특히 조직개발 및 경력계획과 관련하여 점차 확대되고 있다. 예를 들어, Phillip(1999)은 1995년부터 1998년까지 4년간에 걸친 전 세계 35개국의 HR 전문가조사를 통하여, 인적자원 개발 분야의 중요한 변화추세로서 기업의 인적자원 개발 노력이 기업전략과 유기적으로 연계되는 현상은 상당히 현실로 나타나고 있으며, 이러한 경향의 중요성은 더 높게 인식되고 있다고 하였다. 인력개발의 효과는 궁극적으로 조직성과향상에 반영되어야 하며, 따라서 인력개발은 조직성과를 목적으로 조직구성원의 지식과 개념, 기술과 능력, 그리고 동기와 행동에 변화를 지향해야 한다. 그리하여 교육훈련 타당도와 성과타당도가 높은 교육훈련 내용을 설계하고, 이에 적합한 교육훈련방법과 자료가 활용되어야 한다(신유근, 1999). 따라서 인력개발은 조직체의 교육훈련은 물론, 구성원의 자기개발과 경력계획 그리고 종합평가에 의한 능력측정과 현장관리자의 실무지도가 모두 통합된 상태에서 그 효과가 극대화될 수 있다. 이것이 바로 SHRM 관점에서의 인력개발과 경력관리로써, 기업전략 수립에 있어서 구성원의 능력이 전략수립의 전제가 되고, 또한 경영전략에서 그 성공적 실행을 위하여 구성원의 능력개발 목표가 도출되도록 해야 한다(Guest, 1997).

우리나라 조직에서의 인력개발 활동은 과거 30여 년간의 경제 및 기업성장과 더불어 급속히 발전되어 왔다. 앞으로 조직의 지속적인 성장에 따라 조직 내의 인적자원의 수준도 더욱 높아질 것이므로, 교육훈련 등 인력개발 수준 또한 더욱 고급화되고 인력개발에 의한 경력계획의 필요성도 점점 커질 것이다.

본 연구에서는 인적자원의 전략유형별 교육훈련 및 인력개발에 대한 현상분석방법으로 기업의 상황적 변수를 고려한 교육훈련 투자비율, 훈련일수, 교육훈련비의 변화상태, 교육훈련의 방법, 훈련 후의 평가 정책의 방법, 교육훈련의 내용변화, 인력개발을 위한 수단적 방법의 선택내용, 그리고 현장관리자의 훈련 프로그램 등에 관해 살펴보도록 하였다.

3) 보상관리(compensation)

보상은 조직구성원들의 태도와 행동에 지배적인 영향을 주게 되며, 조직체가 원하는 인적자원의 유치 및 유지에도 결정적인 역할을 한다. 또한 보상은 조직체 전체비용의 큰 비중을 차지하므로,[30] 효율적인 보상관리는 조직체 성과에 많은 영향을 주게 된다(Noe et al., 2000; Saratoga Institute, 1997). 나아가서 보상시스템은 구조조정 및 경영혁신의 일환으로 대대적인 개혁이 추진되는 분야로서 기업의 성과향상과 경쟁력 강화에 직접적인 영향을 주는 것이다(Richter, 1998; Tichy & Sherman, 1993).

보상관리는 HRM내에서 점점 전문적 기능으로 발전하고 있는데, 금전적 보상(기본급, 인센티브, 스톡옵션, 복리후생 등)뿐만 아니라, 비금전 보상(교육, 경력개발, 근무형태, 휴가)도 포함하여 전략적으로 관리할 것이 요구되는 사항이다. 이미 선진국에서는 보상관리 전문가가 점차적으로 많이 활용되고 있는 실정에 있다.

우리나라에서도 근래에 경제성장과 경영의 민주화, 그리고 노사간 단체교섭의 활성화를 통하여 임금과 복리후생 등, 구성원들의 보상수준이 꾸준히 상승해 왔다. 최근 들어서는 경쟁력강화를 위한 경영혁신

---

30) 미국기업의 경우는 평균매출의 약 23% 정도가 된다.

과정에서 능력과 성과중심의 연봉제도, 스톡옵션, 개별성과급, 선택적 복리후생제도, 우리사주제와 같은 보상 및 인센티브제도 등을 통하여 획기적인 개혁이 이루어지고 있으며, 노사관계와 관련하여 성과에 따라 상여금을 구성원들에게 균등하게 분배하는 성과배분제도도 점차 확산되고 있다.

본 연구에서도 앞서 언급한 보상제도 및 인센티브 방식을 4가지 직군별, 즉 관리/사무직, 전문/기술직, 영업직, 생산직 등으로 분류해서 살펴보도록 하였다.

4) 업적평가(performance appraisal)

업적평가는 조직구성원의 성과를 평가하여 보상 및 상벌과 연결시키는 중요한 HRM 기능이다. 업적평가의 목적은 조직구성원들에게 성과에 대한 피드백, 성과수준의 제고 및 자질과 능력을 개발하는 데 있다. 그러므로 이들 목적 중 무엇을 더 강조하느냐에 따라서 평가요소와 평가자의 역할 등 목적에 타당한 인사고과과정이 다소 다를 수 있다. 그러나 업적평가의 가장 중요한 목적은 기업전략과의 통합을 통하여 SHRM과 성과관리, 그리고 궁극적으로는 조직의 목적달성에 기여하는 데 있다(최종태, 2000).

우리나라 기업에서도 인사고과는 매우 중요한 인적자원기능으로 인식되고 있지만, 실질적인 효과를 얻기에는 많은 어려움이 있다. 특히, 형식에 치우친 업적평가를 성과관리에 기여하는 전략적 인사고과로 전향시키는 것이 절실히 요구된다. 따라서 전략적 인사고과의 개념(Noe et al., 2000; Schuler & Jackson, 1987)과 성공요건, 그리고 행동기준고과법(BARS)과 목표관리(MBO) 등은 근래에 본격적으로 추진되고 있는 경영혁신운동과 관련하여 인사고과를 개선하려는 우리나라 기업에 좋은 방향제시가 될 것으로 보인다.

　본 연구에서는 업적평가활동의 목적, 기준, 과정과 내용, 방법, 그리고 시기 등에 관하여 직군별로 나누어서 살펴보도록 하였다. <표 3-5>는 상기 서술된 보상, 교육 및 개발, 평가, 요원화(staffing) 등의 4개 부문을 중심으로, 기업전략에 따른 HR 전략을 요약한 것이다.

〈표 3-5〉 기업전략 유형별 HRM 전략

기업전략 HR 전략	공격형	방어형
보　상	· 높은 봉급수준 · 인센티브는 활용하지 않음 · 융통성 있는 보상 및 부가 급부 · 대부분은 종업원은 봉급제 · 장기 지향적 인센티브 · 능력 기준의 공정성 유지 · 높은 수준의 업무 보장 · 성과 기준의 보상 · 단순한 봉급 구조	· 낮은 봉급 수준 · 모든 종업원에게 인센티브제도 적용 · 표준화되고, 고정된 보상 및 부가 급부 · 대부분의 종업원은 병동 급제 · 단기 지향적 인센티브 · 직무 평가 기준의 공평성 유지 · 직무 보장 장치 무 · 연공 기준의 보상 · 계층적 봉급 구조
교육훈련 및 인력개발	· 광범한 교육 훈련 프로그램 · 교육 훈련내용 다양 · 계속적인 교육훈련을 통하여 문제 해결능력과 인간 관계 능력을 개발	· 한정된 교육(주로 직무 수행에 의한 교육) · 직무에 국한된 교육 훈련 · 간헐적인 교육 훈련을 통하여 기술숙달
업적평가	· 종업원의 적극성, 창의력 · 행동(과정) 기준 · 높은 종업원 참여 기회 제공 · 집단 경과에 기준 · 질적 기준으로 평가 · 평가 목적은 발전	· 요구에 따른 행동 · 결과 기준 · 종업원 참여기회 없음 · 양적 표준으로 평가 · 개인 결과에 기준 · 평가 목적은 평가

기업전략 HR 전략	공격형	방어형
요 원 화	· 광범한 기술 보유자 채용 · 경력계획을 강조 · 같은 직위에서 다양한 직책경험 · 진출 진로가 다양 · 중간 및 최고경영자는 외부로부터 고용 · 임시직 근로자 전혀 활용치 않음 · 종업원의 융통성, 창의성을 기대 · 적절한 능력을 강조	· 현 직무에 필요한 기술 보유자 채용 · 경력계획을 강조하지 않음 · 한정된 직책 경험 · 단일한 직책 경험 · 내부 승진 · 임시직 근로자를 많이 활용 · 종업원의 융통성 창의성을 기대하지 않음 · 높은 숙련을 강조

3. HRM 시스템의 개념화와 측정에 대한 고찰

기존 연구논문에서는 나름대로 HRM 구성요소들을 제시하고 있으나, 대체로 Beer 등(1985)이 제시한 4가지 주요 정책, 즉 인적자원의 흐름, 작업시스템, 보상시스템, 그리고 종업원의 영향력의 범주 내에서 HRM 구성요소들을 파악하고 있다.

인적자원의 개념 자체가 단순한 생산요소의 하나인 노동력으로 다루어지다가 최근 들어 기업의 전략적 목표를 달성하는 데 핵심적인 역할을 담당하는 전략적 자산으로 인식되고 있다. 그러므로 HRM이란 구성원의 잠재능력을 조직의 전략적 자산이 될 수 있도록 육성·개발함과 동시에, 조직의 전략적 목표달성을 위한 인적자원 계획활동, 인적자원육성활동, 인적자원 활용 등의 조직적 활동으로 정의내릴 수 있다. 인적자원 계획활동에는 인적자원의 수요와 공급계획, 직무분석, 핵심역량의 파악을 통한 인재상의 설정 등이 포함되며, 인적자원 육성활

동에는 인적자원의 확보활동(모집·선발·배치)과 개발활동(교육훈련·
인력개발), 그리고 평가활동(업적평가) 등이 포함된다. 또한 인적자원
활용활동에는 보상활동(직접보상으로서의 임금관리와 간접보상으로서
의 복지후생관리)과 생산성향상활동(성과급제, QC활동), 그리고 유지
활동(노동시간을 비롯한 근로조건관리, 안전보건관리)이 포함된다. 인
적자원의 계획, 육성, 활용활동은 해당기업의 제도적 환경과 경쟁압력
의 영향, 그리고 문화적 요인으로부터 영향을 받는다. 이러한 일련의
활동을 통해서 조직은 구성원들에게 직무수행에 필요한 지식과 기술을
습득시키고 또한 조직의 목표를 달성하는 데 요구되는 구성원들의 노
력을 촉발하고 강화하는 여건을 조성함으로써 조직성과를 증대시킴과
동시에 구성원들의 만족도를 증대시킬 수 있다(정재훈, 1999).

<표 3-6>에 나와 있듯이 합의된 HRM 구성요소는 없으나, 대체로
채용, 훈련/개발, 성과/능력급, 및 종업원의 참여는 공통적으로 포함되
어 있음을 알 수 있다.

〈표 3-6〉 HRM의 기업성과 효과

HRM 제도	연구	Arthur (1994)	Bae & Lawler (2000)	Delaney & Huselid (1996)	Delery & Doty (1996)	Huselid (1995)	MacDuffie (1995)	Youndt et al. (1996)
인적 자원 유동	모집/선발		○	○	○	○	○	○
	내부승진/ 내부노동시장			○	○	○		
	고용보장		○		○			
	훈련/개발	○	○	○	○	○	○	○
	특정직종 종업원 비율	○						
작업 시스템	직무특성		○		○	○		
	팀제/직무순환						○	

HRM 제도	연구	Arthur (1994)	Bae & Lawler (2000)	Delaney & Huselid (1996)	Delery & Doty (1996)	Huselid (1995)	MacDuffie (1995)	Youndt et al. (1996)
보상제도	임금수준	○						
	성과급제/능력급제	○	○		○	○	○	○
	인센티브/보너스	○		○	○	○		○
	재무적 참여	○			○	○		
	평 가				○	○		○
종업원영향력	정보공유					○		
	종업원참여	○	○		○	○	○	
	분권화	○	○	○			○	
	권능확대		○					
	지위격차해소		○	○			○	
	공식적 고충처리	○		○		○		

자료: 배종석(2000)의 자료를 인용함.

본 연구에서는 우리나라 기업의 HRM 현상분석을 위해, 앞서 언급한 여러 하부기능 및 제도적 환경과 경쟁압력의 영향 그리고 문화적 요인을 모두 포함하여 연구하였다. 즉, HRM 구성에 있어서 보편적·산업 특정적(industry-specific) 방식을 지양하고, 전 산업에 적용될 수 있는 사항 모두를 포함하려 한 것이다.

제4장 연구의 모형 및 방법

본 장에서는 본 연구에서 이루어지고 있는 연구과제를 설정하고 연구방법의 설계 및 구체적 절차를 제시하고자 한다.

제1절 연구과제의 설정 및 연구의 모형

본 연구의 목표는 크게 3가지로 되어있다. 첫째는 우리나라 기업들의 HRM 분야에 대한 실태분석, 둘째는 우리나라 기업의 전략적 통합수준과 위임수준에 대한 분석 및 선행연구(Brewster & Larsen, 1992)에서 제시된 「통합-위임 matrix」에 따른 우리나라 기업들의 위상분석, 그리고 셋째는 표출된 전략적 통합수준과 위임수준의 예측요인을 주요 상황적 요인과 조직정책에서 찾아보고자 하는 것이다.

첫 번째 목표와 두 번째 목표에 대한 이론적 근거는 이미 제3장에서 살펴 본바와 같다(그림 3-1 참조). 본 절에서는 특히 세 번째 연구목표에 대한 이론적 근거 및 연구의 개념적 모형에 대해서 살펴보도록 하였다.

1. 연구의 개념적 모형

HRM과 기업의 성과에 관한 선행연구들을 살펴보면, 우선 직접적 효과와 간접적 효과로 구분할 수 있다. 그리고 이들 효과가 기업성과에 미치는 영향을 비교하면, 직접적인 영향보다는, 간접적인 형태와 유형에 따른 영향이 더 크다고 볼 수 있다. 즉, HRM을 통한 기업성과향상은 구성원들의 태도와 행동방식의 변화, 기업전략과의 전략적 통합수준에 따른 기업성과에의 기여, 새로운 조직풍토의 조성, 전문인력의 확보, 유지, 개발, 그리고 참여적 경영 메카니즘의 구축 등을 매개로, 보다 장기적 관점에서 바라보아야 한다는 것이다(Ulrich, 1997; Pfeffer, 1994; 최종태, 2000). 그러므로 이러한 간접적인 형태와 유형의 매개적 요소에 의해 기업성과에 영향을 미친다고 볼 수 있으며(그림 3-1 참고), 아래 (그림 4-1)과 (그림 4-2)와 같이 제시할 수 있다.

특히, (그림 4-1)의 중간 매개변수들(other channels) 중, SHRM에서 강조하고 있는 전략적 통합수준과 위임수준의 변수를 예측할 수 있는 조직의 상황요인과 조직정책 관련 요인들을 중심으로 살펴보는 것이 요구되는데(Budwar, 2000; Martell & Caroll, 1995; Ropo, 1993), 이를 예측요인들 중 통제 가능한 변수(controllable variable)인 HRM 관련 정책(X_i)과 통합 및 위임수준(Y') 요소 간의 관계분석에 초점을 맞추도록 하였다. 즉, 상황요인과 조직정책은 독립변수가 되고 통합수준과 위임수준은 종속변수로 사용된다. 이를 전체적인 수식으로 표현하면,

$$Y_i = \beta_0 + \beta_1\ X_i + \beta_2\ I_i + \beta_3\ D_i + \beta_4\ I_i \cdot D_i + \varepsilon_i$$이 된다.[31]

---

31) 통합과 위임의 상호작용효과를 나타내는 β_4항은 엄밀히 말해서 존재하나, 본 연구에서는 이 항을 통제하였다는 가정에서 출발한다. 왜냐하면 분석과정상 통계적 처리의 어려움과 본 연구목적의 범위를 초과하기 때문이다.

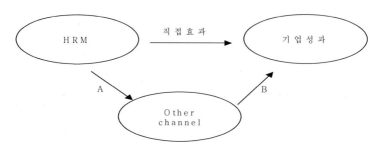

(그림 4-1) HRM과 기업성과 및 매개변수 간의 관계(a)

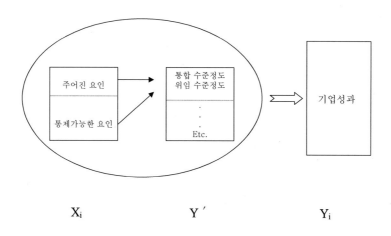

X_i Y' Y_i

(그림 4-2) HRM과 기업성과 및 매개변수 간의 관계(b)

본 연구의 목적은, 우선 $\beta_2 \neq 0$, $\beta_3 \neq 0$라는 전제하에서(선행연구의 결과에 의한 전제조건), 현재 우리나라기업의 전략적 통합수준과 위임수준을 분석하고, 나아가 통합수준과 위임수준을 예측할 수 있는 상황요인 및 조직정책들과의 관련성을 찾아보는 데 두었다. 즉, 전략적 통합과 위임수준을 종속변수, 상황요인 및 조직정책을 독립변수로 설정하였다는 것이다. 이를 정리해 보면 아래 (그림 4-3)과 같은 개념적 모형을 도출할 수 있다. 기존의 연구에서는 이러한 개념적 모형의 우측부분에 대한 연구(그림 4-2의 Y'와 Y_i의 관계)가 대부분을 차지하

고 있다(Arthur, 1994). 그러므로 본 연구에서는 매개역할을 하는 중간
부분(통합수준, 위임수준)에 대한 우리나라 기업의 현상분석과 이를
예측해 줄 수 있는 요인들(독립변수)에 초점을 두도록 하였다(그림
4-2의 원 부분). 이는 그동안의 HRM 관련 연구에서 일반적인 HRM
정책과 관행들이 일련의 불확실한 변수들에 의해 결정된다는 점을 보
여주고 있는데, 과연 "이러한 변수들이 전략적 통합과 위임정도를 결
정하는가, 아니면 또 다른 변수들이 존재하는가?" 하는 의문부터 사실
제기되어야만 할 것이다. 또한 기존의 종업원들에 대한 분석도 의미있
는 방법이지만 전략적 통합성과 위임수준에 대한 연구에 있어서는 전
문가로서 인사담당자(topmost personnel specialists)들에 대한 분석이
더욱 정확하다고 볼 수 있을 것이다. 왜냐하면, 선진국에서 만들어진
제도를 우리기업에 맞게 변형시키는 데에는 인사관리 전문가의 새로운
사고부터 요구되며, 어떤 조직이라도 통합과 위임의 실행에 있어 인사
관리 전문가들의 역할과 문제에 대한 관점이 직접적인 영향력을 가지
고 있기 때문이다.

(그림 4-3) 연구를 위한 개념적 모형

제2절 연구의 방법

1. 연구설계 및 통계적 절차

개념적 연구모형에 근거하여 설정된 연구과제를 검증하기 위한 연구절차 및 연구방법은 다음과 같다.

첫째, 본 연구는 크게 예비조사와 본 조사로 구분되는데, 설문항목은 Budhwar & Sparrow(1997)와 Budhwar(2000)가 사용한 설문문항의 1차적 수정 및 개발을 거쳐, 1차 예비조사를 실시하였으며, 이 결과를 토대로 측정항목을 수정하였다. 이러한 수정을 거친 후 다시 직장인, 인사관리 전문가, 인사조직 전공 대학원생 등을 대상으로 2차 예비조사를 실시하였으며, 여기서 설문항목의 타당성과 현실성 여부를 검사하고, 최종 설문조사를 위한 준비단계를 마쳤다.

둘째, 2차에 걸친 예비조사 결과를 바탕으로 설문지를 확정한 후, 대기업 147개 기업의 인사담당 전문가(인사팀장 수준)를 대상으로 2000년 3월에서 7월에 걸쳐 설문조사를 실시하였다. 본 연구는 기업차원의 분석으로써, 특정산업을 대상으로 하는 연구가 아니다. 따라서 여러 업종의 표본을 구하기 위하여 상당한 기간이 필요했다. 회수된 응답 설문지는 123부였으나, 설문의 분량이 다소 많고 내용이 복잡한 면도 있어 불성실한 응답의 가능성이 존재하였다. 이러한 불성실한 응답을 분석에서 제외하기 위해서 회수된 모든 설문지를 검토하였는데, 모든 문항에 일정한 방향으로 응답하거나, 불성실한 응답은 자료의 입력과정과 분석과정에서 제외하여, 유효한 설문지 111부를 선정하여 조사하였다. 본 설문지는 인사담당 전문가에게서만 회수하는 특성상, 대체로 성실한 표본의 수집이었다고 판단된다. 또한 기업단위의 분석에서는 조직의 인구통계학적 변수가 매우 중요한 만큼, 앞장에서 서술한 대로 주로 기업의 규모(size)와 기술(low-tech, high-tech)에 따른 분류 및 업종에 따른 분류를 기초로 분석하였다.

본 연구는 기업에서 HRM을 담당하는 전문가 표본방법을 통하여, 조직행동 분야에서 가장 많이 사용되고 있는 편의적 추출법을 사용하였다. 이들 표본이 한국의 모든 기업을 대표하는 것으로 보기는 어렵지만, 대부분 대기업이거나 업계를 선도하는 기업들로 구성되어 있어, 현재와 미래의 한국기업의 HRM 추세를 이해하는 데 매우 의미가 있으며, 또한 심각한 오류없이 현상을 반영한 것으로 보는 바이다. 물론 편의적 표본추출법이 무작위추출(random sampling)과 거리가 멀면 멀수록 연구결과의 일반화 가능성이 그만큼 손실을 입을 수 있으나, 21세기 새로운 환경에서 한국기업이 지향해야 할 한국적인 HRM 모델을 정립하고 발전시켜나갈 하나의 준거점 제시를 위한 기초연구를 마련하는 데 있어서 그 가치가 인정될 것으로 보는 것이다.

한편, 설문의 분석을 위해서는 다양한 분석기법이 사용되었다. 자료에 대한 기초분석과정에서는 빈도분석, 설문항목의 특성에 따라 새롭게 생성한 변수들에 대한 신뢰도 검사를 실시하였으며, 연구과제의 성격에 따라서 상관관계분석, F-test, 빈도분석, 교차분석, 그리고 판별분석을 실시하였다(<표 4-1> 참조).

〈표 4-1〉 연구목표에 대한 통계기법

연구 목표	내 용	주요 통계기법	통계 패키지
HRM 현상분석	HRM practices	빈도분석, T-test, F-test	SPSS
통합수준과 위임수준	업종별 통합수준 및 위임수준의 평가	교차분석, F-test	SPSS
영향요인 도출	통합수준 및 위임수준에 대한 요인예측	판별분석 (단계적 투입법)	SPSS

2. 변수의 조작적 정의 및 측정항목

우리나라 기업의 HRM 실태분석에서는 제3장에서 언급한 대로 기업의 규모와 기술수준의 정도에 따른 집단분류를 사용하여 조사하였으며, 통합수준과 위임수준변수에 대한 조작적 정의는 기본적으로는 Budhwar & Sparrow(1997)와 Budhwar(2000)가 제시한 변수의 선정 및 내용을 따랐다. 먼저 통합변수의 측정수준은 Budhwar & Spai85rrow(1997)와 Budhwar(2000)의 연구에서 제시된 내용에 따라 정의하였고, 통합의 수준정도는 다음과 같은 네 가지 범주에 기초하여 측정하였다.

1) 이사회 수준의 회의에 인사팀장의 참가여부
2) 문서화된 인사전략의 존재유무
3) 기업전략 개발에 있어서 인사팀의 착수시점부터의 참여 및 협의여부
4) 종업원과 HR 전략이 작업 프로그램으로 분명히 전환되고 있는지 여부 등

이러한 통합수준에 대한 변수는, 기업의 현상분석을 위해 모두 적용하였으나, 판별분석에서 종속변수로 사용될 때에는 위의 1)과 2)는 제외시켰다. 이는 우리나라 기업의 경우, 1)번과 2)번의 실질적 유의성에 대한 신뢰성 문제 및 종속변수로서의 통합수준 측정에 문제가 있다는 점을 고려하였기 때문이다.

한편, 위임의 수준정도는 다음의 세 가지 범주에 근거하여 측정하였다.

1) 보수 및 보상, 채용과 선발, 교육훈련과 개발, 노사관계, 건강 및 안전관리, 인력 증대 및 감축과 같은 HRM 의사결정에 대한 현장관리자의 책임성 정도
2) 현장관리자가 보유한 책임성의 변화증감도
3) 업무평가, 의사소통, 권한이양, 동기부여, 팀 관리와 외국어 학습

　　등으로 훈련된 현장관리자의 수와 비율 등

　또한, 상황변수로는 기업의 수명주기, 노조가입률, 기업의 나이, 기업규모, 업종, 기업지배구조 유형, 생산시스템의 종류(서비스업은 제외), HR 전략유형 등 종속변수의 값에 영향을 미칠 것으로 여겨지는 변수들을 포함하였다. 채용, 종업원 교육훈련과 개발, 종업원 간 커뮤니케이션 방법 등과 같은 인적자원 개발과 관련된 조직정책은 비 상황변수의 독립변수로 정했다(<표 4-2> 참조).

<표 4-2> 판별분석에 이용되는 변수별 내용

독 립 변 수	상황변수	· 기업의 수명주기 · 노조가입률 · 기업의 나이 · 기업의 규모(정규 종업원수) · 업종 · 생산 시스템의 종류 · 기업지배구조유형 · HR 전략유형
	조직정책 (비상황변수)	· 채용 관련(장기 실업자 대책, 장애인 고용대책, 여성인력 고용대책, 신규 졸업자 채용관리) · 교육훈련 모니터링 방법(교육훈련 종료 즉시 평가실시, 교육훈련 종료 몇 개월 후 공식적 평가 실시, 현장관리자를 통한 비공식적 피드백, 피교육자를 통한 비공식적 피드백) · 커뮤니케이션의 방법(직속상사, 노동조합 혹은 노사협의회, 정기적 종업원 미팅, QC, 사내 제안제도, 종업원 의식조사, 비공식 루트)
종 속 변 수	통합(I)	· 기업전략 수립에 HRM 관련 사항의 반영시점 · 인사부서의 기업전략 수립에 대한 관여시점 · 이사회 수준의 회의에 인사팀장의 참가여부 · 문서화된 인사전략의 손재유무
	위임(D)	· 보수, 보상, 채용, 훈련과 개발, 노사관계, 의료와 안전, 노동력 증감 등 HRM 의사결정에 대한 line manager의 주요 책임 · 보수, 보상, 채용, 훈련과 개발, 노사관계, 의료와 안전, 노동력 증감 등 HRM 의사결정에 대한 line manager의 책임 변화 · 업무평가, 의사소통, 권한이양, 동기부여, 팀 관리와 외국어 학습과 관련된 교육을 받은 현장관리자의 비율

1) 태도 및 인지에 대한 측정방법

설문의 측정항목 중, 가치나 태도 및 선호도를 측정하는 부분이 있는데, 이에 대한 측정방법은 매우 다양하다. 일반적으로 가치, 태도 및 인지를 측정하는 방법으로는 ① 서열법(ranking ordering) ② 척도법(rating scale procedure) ③ 강제선택법(forced choice) ④ 쌍대비교법(pairwise comparison value survey) 등이 있다(Oishi, Schimmank, Diener, & Suh, 1998). 이러한 방법들은 각각 장·단점을 가지고 있으므로 변수의 성격과 연구의 목적에 따라 적절한 측정방법을 선별적으로 사용되어야 한다.

특히 Campbell(1986)은 방법의 다양화와 척도의 다양성이 구성타당성을 평가하는 설득력 있는 방법이기 때문에 복수의 방법이나 척도를 이용하는 것이 좋다고 주장하였다.

본 연구에서는 위에서 제시한 다양한 방법 중, 각 변수의 성격에 적합한 측정방법을 사용하였는데, 연구특성상 쌍대비교법을 제외한 3가지 방법을 혼용하여 사용하였다.

2) 세부사항 및 상황변수에 대한 측정

조직의 세부사항 및 상황변수에 대한 분석은 기업단위의 분석에 있어서 필수적인 작업이다. 이를 위해서는 Budhwar & Sparrow(1997)와 Budhwar (2000)의 설문문항 체계에 따라 다음과 같이 구분하여 조사하였다.

(1) 기업의 규모 및 기술에 따른 분류

제3장에서 전술한 대로, 기업의 규모는 정규직 종업원의 수로 구분하여 small-large로 구분하였고, 기술수준은 정도에 따라 low tech-high tech으로 분류하였다.

(2) 업종분류

업종은 ① 공기업, ② 제조·건설업, ③ 유통업, ④ 금융·보험업, ⑤ 정보 통신업, ⑥ 벤처기업 그리고 ⑦ 기타로 구분하여 선택하도록 하였다.

(3) 기업의 나이(age)

기업의 설립년도를 기입하도록 하였다.

(4) 기업의 수명주기(life cycle)

기업의 수명주기는 ① 도입기, ② 성장기, ③ 성숙기, ④ 쇠퇴기, ⑤ 전환기로 구분하여 선택하도록 하였다.

(5) 기업의 생산시스템

해당기업이 제조업일 경우, 생산시스템의 종류를 ① 소품종 소량생산 ② 소품종 대량생산 ③ 다품종 대량생산 ④ 표준품 대량생산의 4개 범주로 구분하여 선택하도록 하였다.

(6) 종업원수

조직규모의 대표적인 척도인 종업원수를 ① 정규직 ② 비정규직의 2가지 범주로 구분하여 기입하도록 하였다.

〈표 4-3〉 설문지 문항 구성

Section		내 용
1	조직의 세부사항	·업종, 기업나이, 수명주기, 생산시스템종류, 종업원수, 매출액, 매출액 대비 인건비 비율
2	인사부서의 인력 및 조직구조	·HRM 부서 존재시기, HRM 부서 존재여부, 인사부서의 전략회의 참석여부, 인사부서의 종업원수, 인사책임자의 채용방법
3	경영전략상 인사부서의 역할	·전략적 통합의 이점, 인사정책의 반영도, HRM 기능의 발전상, HRM 관련 정책의 결정수준, HRM에 있어 어려운 과제, 현장관리자와 최고경영자의 인지차이, HRM 관련 위임필요성, HRM 정책의 책임소재, 현장관리자의 책임변화 정도
4	채용 및 선발	·채용 시 어려운 점, 신규채용 및 유지관리 방법, 채용 시 중점정책, 공석 중인 직무 충원방법, 상급관리자 채용방법
5	급여 및 복리후생	·기본급 결정요인, 인센티브 유무, 인센티브 방식의 종류, 임금 및 복리후생의 결정요인
6	교육훈련 및 인력개발	·교육훈련 투자비율, 교육훈련일수, 교육훈련비의 변화상태, 교육훈련의 욕구분석, 교육훈련의 접근방법, 교육훈련방법의 모니터링, 모니터링의 방법, 현장관리자의 교육훈련 내용과 양, 정기적 교육훈련 및 인력개발의 수단, 교육훈련의 내용 및 순위
7	업적평가	·종업원 계층별 업적평가활동
8	종업원 관계 (노사관계)	·노동조합 유무, 노동조합 가입비율, 노동조합의 공식적 주체여부, 노동조합의 영향력 변화, 의사소통의 방법 및 변화정도, 기업정보에 대한 공유도, 종업원들의 커뮤니케이션 방법
9	HRM 전략유형	·HRM 전략유형 및 중요도
10	경쟁적 요소의 영향	·경영환경의 변화 및 중요도
11	제도적 요소가 HRM에 미치는 영향	·제도적 요소와 영향도 순위

Section		내 용
12	문화적 특성이 HRM에 미치는 영향	· 문화적 특성과 영향도 순위
13	사업 분야가 HRM에 미치는 영향	· 사업 분야(business sector)의 특성 및 영향도 순위, 주요 환경요소
14	경쟁우위획득을 위한 HRM의 개념과 실천	· 경쟁우위 확보를 위한 활동 및 프로그램(38항목): 현재 및 5년 후의 중요도 분석
15	기타 조직특성	· 기업지배구조, 조직문화유형, 최고경영자의 행동특성

(7) HR 전략의 유형

기업이 취하고 있는 HR 전략의 유형은 ① 비용 절감형, ② 능력 향상형, ③ 인재 확보형, ④ 효과적인 자원배분형, ⑤ 노사간의 신뢰구축형 등의 5가지 형태로 나누어서 상대적인 중요도에 따라 순위를 기입하도록 하였다.

(8) 노조가입률

노동조합의 유무와 함께 HR 정책과 그 실천에 있어서 노동조합의 영향력 변화를 등간척도로 선택하도록 하였다.

기타 지역별 특성이나, 전략적 제휴의 유무 및 수준 등도 추가될 수 있으나, 향후 전략적 통합 및 위임수준에 대한 국제적 비교분석을 기대하며, Budwar(2000)의 분류방식에 맞추어 상기변수에 국한된 분석을 한 것이다.

3) 측정항목

전술한 바와 같이 HRM의 하부기능별로 설문지를 구성하였으며, 세부사항을 section 1로 하여, 각 기능별로 section 2에서 section 15까지 분류하였다. 각 section별 구체적인 내용은 위의 <표 4-3>과 같다.

제5장 연구결과의 분석

본 연구는 한국기업의 인적자원관리(HRM)를 알아보기 위하여, 111 개 기업을 대상으로 설문지를 이용하여 각 기업의 인사를 담당하는 임원이나, 인사부장 혹은 인사팀장에게 기업경영전략과 HRM과의 통합수준 및 현장관리자에로의 위임수준을 살펴보고자 하였다. 즉, 우리나라 기업의 HRM 분야에 대한 현상분석과 함께, 전략적 통합수준과 위임수준을 분석하여, ① 우리나라 기업의 HRM 수준을, ② HRM의 전략적 통합수준과 위임수준의 예측요인을 기업의 상황적 특성 및 조직정책에서 확인하고자 한 것이다.

제1절 및 제2절은 HRM에 대한 현상분석으로서, ① 조직의 인구통계적 분석, ② 인사부서의 인력 및 조직구조, ③ 경영전략상 인사부서의 역할, ④ HRM의 하위시스템 부문별 분석, ⑤ HRM 활동에 영향을 미치는 요소분석 등에 관하여 살펴보고, 제3절에서는 ① 전략적 통합수준과 위임수준 변수, ② 통합수준과 위임수준 평가, ③ 통합 및 위임수준에 따른 HRM 활동프로그램 중요도, ④ 조직특성별 통합수준과 위임수준의 차이, ⑤ 통합수준과 위임수준에 대한 예측요소에 대하여 살펴보도록 하였다.

먼저 분석에 사용된 표본의 특징을 살펴보면 <표 5-1>과 같다.

분석에 포함된 기업 중 제조건설업이 59개사(53.%)로 가장 많고, 유통업 10개사(9.0%), 금융업 11개사(9.9%), 정보통신업 9개사(8.1%), 벤처기업 4개사(3.6%), 기타 15개사(13.5%)로 나타났다. 이들 기업들을 규모와 기술수준에 따른 분류를 한 결과, 기업규모가 큰(large) 기업이 59개사(53.2%), 작은(small) 기업이 52개사(46.8%), low-tech가 57개사(51.4%), high-tech가 54개사(48.6%)로 나타나 규모와 기술에 따른 분류에서는 고른 분포를 보여주고 있었다(부표 1 참조). 한편, 이들 업종별 기업규모와 기술에 의한 분류에서는 통계적으로 집단 간 유의한 차이가 존재하였다($\chi2=42.605$, df=18, P<0.001).

또한 기업의 수명주기상의 위치에 있어서, 도입기 4개사(3.6%), 성장기 38개사(34.2%), 성숙기 39개사(35.1%), 쇠퇴기 9개사(8.1%), 전환기 20개사(18.0%), 그리고 무응답이 1개사(.9%)로 조사되었다. 따라서 성장기와 성숙기에 있는 기업이 가장 많았으며, 전환기에 있는 경우도 18.0%로 다소 높게 나타났다(부표 2 참조). 특히 업종에 따른 기업의 수명주기상 위치를 살펴보면, 제조건설업과 정보통신업의 경우는 성숙기가 가장 많았으며, 유통업과 금융보험업, 벤처기업의 경우는 성장기가 가장 많은 것으로 나타났다. 일반적으로 벤처기업의 경우 IMF 이후 급격하게 활성화되어 있다는 점을 감안하면 표본의 기업들이 현실을 잘 반영하고 있다고 보여진다. 또한 수명주기상에서 성장기, 성숙기는 조직의 규모가 비대해지고 이에 따라 여러 가지 관리상의 문제들이 증폭되는 시기로 종업원들의 의사소통이나, 임금, 근로조건 등에 대한 갈등이 증폭되어가는 시점임을 감안할 때 대부분의 기업들이 인적자원관리 활동이 중요해지는 시점에 있는 것으로 보인다.

또한, 종업원의 계층별 회사 내 차지하는 비율을 보면, 전체 종업원 중 경영자층은 평균 3.85%를 차지하고 있으며, 이 중 공기업의 경우는 1.39%로 비교적 낮게 나타났다. 벤처기업의 경우 경영자층의 비율은 8.43%로 일반 기업의 평균보다 높게 나타났다. 관리자층은 평균 17.21%를 차지하며, 유통업이 22.30%, 금융·보험업이 24.84%, 정보통신업이 26.17%로 비교적 높고, 공기업이 6.78%로 낮게 나타났다. 즉, 업종에 따라 차이가 나타났으며, 현장 감독층은 평균 13.82%, 기

146

타가 6.02%로 가장 낮았으며 벤처기업이 20%로 가장 높게 나타났다.

<표 5-1> 표본의 특징

(단위: %)

구 분		전 체	공기업	제조 건설업	유통업	금융 보험업	정보 통신업	벤처 기업	기 타	F
빈도비율		100	1.8	53	9.0	9.9	8.1	3.6	13.5	
종업원 수준	경영자층	3.85	1.39	3.12	3.57	4.53	5.41	8.43	4.54	1.065
	관리자층	17.21	6.78	15.34	22.30	24.84	26.17	15.35	11.56	3.010**
	현장감독층	13.82	15.52	14.78	16.92	10.60	16.42	20.00	6.02	.838
	사 원	69.43	76.33	70.09	65.67	63.89	57.49	71.22	80.03	2.087
과거 5년간 종업원수 변화	5% 이상 증가	28.4		15.3	44.4	36.4	44.4	100.0	40.0	
	5% 이내 증가	12.8		11.9	22.2	9.1	22.2		13.3	
	변화 없음	8.3	50.0	10.2	11.1				6.7	
	5% 이내 감소	9.2		10.2	11.1	18.2			6.7	
	5% 이상 감소	41.3	50.0	52.5	11.1	36.4	33.3		33.3	
종업원수 (명)	정규직	3230.4	8781	4765.0	644.3	571.6	4327.1	72.3	312.1	1.205
	비정규직	688.5	2	1009.6	246.6	333.7	383.0	5.0	123.0	.338
기업 수명주기	도입기	3.6	50.0		10.0		11.1		6.7	
	성장기	34.2		27.1	50.0	36.4	22.2	100	46.7	
	성숙기	35.1		39.0	40.0	18.2	55.6		33.3	
	쇠퇴기	8.1		11.9					13.3	
	전환기	18.0	50.0	22.0		45.5	11.1			

** p<0.01

제1절 HRM의 실태분석(Ⅰ): 인사부서의 역할특성

1. 인사부서의 역할

1) 대내외 변화관리에 대한 공헌도

인사부서의 대내외 변화관리에 대한 공헌도를 살펴본 결과, 공헌도가 미미한 경우가 15개사(13.5%), 그저 그렇다 17개사(15.3%), 다소 공헌하고 있다 48개사(43.2%), 많이 공헌하고 있다 30개사(27.0%)로 조사되어, 인사부서의 기능이 기업의 변화관리에 적절한 공헌을 하고 있다고 인식하고 있는 것으로 타나났다. 이와 같은 인사관리자들의 응답결과를 기업규모와 기술수준에 따라 집단 간 차이분석을 한 결과, 규모가 큰 기업의 경우, 조직이 하이테크 산업일수록 변화관리에 대한 공헌도가 더 높은 것으로 나타났다(<표 5-2> 참조). 이러한 결과는 조직이 복잡한 기술을 택하고 있을수록 환경적응을 위해 구성원에게 위임도가 높아지기 때문이고(김인수, 1999), 또한 인서부서의 HRM 활동이 조직의 전략적 목표에 잘 부합되기 때문으로 풀이된다.

〈표 5-2〉 대내외 변화관리에 대한 공헌도

	N	평 균	표준편차
small & low	30	3.6333	.8087
small & high	21	3.5238*	1.0779
large & low	26	3.9231	1.0554
large & high	33	4.1818*	.9170
합 계	110	3.8455	.9785

* F=2.701, DF=3, p=0.049

2) 향후 인사부서의 주요 목표

향후 3년간 인사부서의 주요 목표에 대하여 복수응답으로 처리한 결과, 연봉제 56개사(50.5%), 집단 업적평가 16개사(14.4%), 교육훈련 개발 40개사(36.0%), 직무분석 25개사(22.5%), 조직재설계 20개사 (18.0%), 업무순환 10개사(9.0%), 인력 구조조정 28개사(25.2%), 노사 관계 관련 23개사(20.7%), 목표관리제 24개사(21.6%), 각종 규정의 재 정 및 재정비 16개사(14.4%), 경력개발 11개사(9.9%), 인사고과제도 36개사(32.4%), 인센티브 및 포상제도 27개사(24.3%), 기타는 1개사 (0.9%)로 조사되었다. 이처럼 향후 인사부서의 주요 목표로는 연봉제, 교육훈련개발, 인사고과제도 등의 순으로 강조되고 있다(부표 3 참조). 이러한 결과는 IMF로 인한 연봉제의 확산, 기업구조조정 등과 같은 외부 환경요인이 기업 내 반영된 결과로 풀이된다. 특히, 교육훈련 개 발에 대한 중요성이 부각되고 있는 이유는 기업구조조정과정에서 평생 직장의 개념이 무너지고 평생직업의 개념이 확산되면서 종업원들이 개 인의 역량개발에 대한 관심이 확산되고 있다는 현실을 반영하고 있는 것으로 풀이된다.

3) 인사부서기능의 최근 발전상

인사부서기능의 지난 5년간 발전정도를 살펴보면, 보통이라고 응답 한 기업이 39개사(36.0%), 발전을 해온 경우 50개사(45.0%), 크게 발 전해온 경우 12개사(10.8%)로 나타나 대체적으로 인사부서의 기능이 발전해 온 것으로 나타났다. 구체적으로 인사기능의 발전에 대한 복수 응답 분석결과, 우선순위가 인사관리 전산화, 연봉제 도입, 인사제도 확립, 평가제도의 개선 순으로 나타나고 있다(<표 5-3> 참조). 이러한 결과는 주로 인사부서의 기능이 임금을 중심으로 임금체계 및 임금

지급의 기초인 종업원의 평가 기능을 중심으로 부서의 기능이 발전해 오고 있으며, 최근 정보통신 기술의 발달에 힘입어 인사기능의 정보화가 급격히 이루어지고 있음을 파악할 수 있다.

〈표 5-3〉 인사기능의 발전사례

	빈 도	순 위
인사제도 확립	40	3
인사관리전산화	53	1
급여전산화	29	6
성과급제도입	38	5
평가제도개선	39	4
노사문화 확립	15	9
직능자격제 도입	8	11
이직률감소	11	10
연봉제도입	45	2
조직문화공유	17	8
팀제도입	23	7
목표관리제	15	9

한편, 인적자원관리상의 최근 주요 당면과제에 대해 살펴본 결과, 인력구조조정이 가장 높았으며, 다음으로 연봉제도입, 조직문화구축, 인사고과제도 및 노사관계관리 등의 순으로 타나나고 있었다(<부표 4> 참조).

4) HRM를 기업의 경영전략과 통합시키는 이점

HRM을 기업의 경영전략과 통합시키는 이점에 대한 조사는 복수응답으로 처리하였는데, 기업성과향상이라는 경우가 86개사(77.5%), 의사결정의 신속함 47개사(42.3%), 책임경영실현 61개사(55.0%), 신제품

개발기간 단축 7개사(6.3%), 인력의 성력화 31개사(27.9%), 정보공유의 용이함 16개사(14.4%), 기업문화구축의 용이함 30개사(27.0%), 우수인재확보의 용이함 50개사(45.0%), 공정자동화 촉진 2개사(1.8%)로 조사되어, HRM이 기업의 경영전략과 통합시킴으로서 나타나는 가장 큰 이점은 기업성과 향상으로 나타났다. 다음으로는 책임경영실현, 우수인재확보 등의 순서로 나타났다(<부표 5> 참조).

　이상의 내용을 표로 정리하면 <표 5-4>와 같다. 인사부서가 직면한 중요한 인사관리상의 문제는 연봉제의 도입과 이를 위한 구성원의 평가를 어떻게 할 것인가, 그리고 연봉제나 평가체계확립과 관련해서 구성원들의 마찰과 갈등을 어떻게 관리할 것인가로 정리할 수 있다. 한편, 연봉제의 경우 기업들이 도입을 추진하고 있지만, 아직 확실한 임금체계로 정착되어 있지 않은 것으로 보인다. 이는 인사 분야의 발전 분야에서 연봉제의 도입이 긍정적으로 평가되고 있으나 향후 해결해야 할 과제로도 나타나고 있으며, 또한 노사관계관리가 주요 해결해야 할 과제로 나타나고 있어 연봉제 도입이 기업 내 완전히 정착되지 못하고 과정에 있다는 것을 보여준다.

<표 5-4> 인사부서 변화의 역할변화 내용

구분	인사부서 주요 목표	인사부문의 발전 분야	인사부문의 당면과제	전략적 통합의 이점
인사 관리 활동	· 연봉제 실시 · 교육훈련 개발 · 인사고과제도 · 인력구조조정 · 인센티브 및 포상제도	· 인사부문 정보화 · 연봉제 도입 · 인사제도 확립 · 평가제도 개선 · 성과급 도입	· 인력구조조정 · 연봉제 · 인사고과제도 · 조직문화 구축 · 노사관계 관리	· 기업성과향상 · 책임경영실현 · 우수인재확보 용이성 · 의사결정의 신속함 · 인력의 성력화

그러나 중요한 점은 인사부서의 역할이 과거 관리나 통제활동보다
는 전략적 역할이 중요해졌다는 사실이다. 이러한 변화의 원인은 지금
까지 중요하게 작용했던 정부의 노동정책이나 실업문제, 노동조합의
형태와 활동변화 등과 같은 제도적인 압력의 중요성보다는 세계화, 고
객만족, M&A, 정보기술의 발달 등과 같은 경쟁 압력요인들의 영향이
크게 증가했다는 환경변화와 깊은 관련이 있다(유규창, 1998; 박우성,
노용진, 2001). 즉, 경쟁압력의 변화로 인하여 적극적이고 효율적인 인
사관리를 통해 핵심역량을 강화하는 것이 기업경쟁력에 중요한 이슈가
되었기 때문이다.

1990년대에 들어와 경제위기감의 확산과 정부의 노동조합에 대한
강경대응 등으로 일부 기업들은 경영권 강화와 생산현장에서의 통제력
장악을 위해 노동조합에 대한 적극적이고 공세적인 대응과 새로운 인
적자원관리 전략을 추진하였다. 예를 들면, 자동화 기술의 도입, '소사
장제' 등을 통한 유연화 전략, 직능급제·성과급 실시 등과 같은 신경
영혁신 전략의 추진, 무노동무임금, 여러 가지 노조활동의 제약이다(김
형기, 1997. p.24). 90년대 중반 이후 국내외 경쟁격화 및 기업경영구
조의 세계화의 환경적 영향으로 인해 노사관계가 협력적으로 바뀌지
않을 수 없었으며 이에 따라 팀제와 성과급 및 연봉제의 도입 등 인
적자원관리의 혁신도 추진되었고 종업원의 경영참여가 소수의 기업에
서 시도되기도 하였으나 관행으로의 정착은 미흡한 점이 많다(이원덕,
2001).

제2절 HRM의 실태분석(Ⅱ): 인사기능의 특성분석

1. 채용 및 선발

1) 채용활동상의 문제점

채용 시 가장 어려운 점에 대해서는 적재적소에 인력 확보가 가장 어려운 것으로 나타났으며, 다음으로 채용인원의 예측 및 결정, 채용 직후의 이직현상, 노동시장의 불안정성, 급여 또는 연봉협상 등의 순으로 나타났다(<표 5-5> 참조). 이처럼 기업들이 적재적소에 필요한 인재확보가 어려운 이유는 설문결과에서도 알 수 있듯이 채용에 있어서 외부 노동시장의 환경요인뿐만 아니라 기업 내부적으로도 채용활동에 대한 제도가 안정적으로 정착되어 있지 않기 때문[32]인 것으로 풀이된다. 이러한 결과로 인하여 그나마 선발한 인력의 이직 현상이 잦게 되는 원인으로도 작용하고 있는 것으로 나타났다. 기업 내부적으로 직무관리가 제대로 이루어지지 않아 직무와 관련된 선발기법의 타당성 검증과 밀접한 관련이 있으며, 특정 직무가 필요로 하는 능력을 선발 과정에서 충분히 평가할 수 있어야 한다. 이를 위해 직무관리에 대한 경험을 체계적으로 축적해야 할 것이다.

---

32) 예를 들어, <표 5-5>에서도 나타나 있듯이 채용인원의 예측과 결정이 매우 어려운 점으로 지적되고 있는데, 이는 기업이 그만큼 효율적인 채용을 위한 효율적인 방법을 갖고 있지 못하다는 것을 말해주는 것이다.

〈표 5-5〉 채용활동상의 문제점

채용 시 어려운 점	빈 도	순 위
노동시장의 불안정성	37	4
적재적소의 인재확보가 어려움	94	1
면접기준의 공정성 확보가 어려움	24	7
법정채용인원에 대한 부담	26	6
채용에 따르는 비용과다	13	8
인사청탁	11	9
채용인원의 예측 및 결정	46	2
채용직후의 이직현상	43	3
급여 또는 연봉 협상	36	5

2) 충원방법

공석 중인 직무에 대한 충원은 보통 모든 직종이 외부 공채를 통하여 충원을 하며 다음으로 재직 종업원 중에서 채용하는 것으로 나타났다. 그러나 전문직과 기술직의 경우 헤드헌팅의 비율이 높게 나타나고 있고, 생산직의 경우 수습이나 인턴사원 형식으로 채용하고 있는 것으로 나타나고 있다. 따라서 공석 중인 직무의 경우 대부분이 재직 종업원이나 외부채용을 선호하고 있지만, 직무의 특성에 따라서 충원 방법을 다르게 적용하고 있는 것으로 보인다.[33] 이러한 원인은 관리/사무직의 직무 내용이 산업에 표준적이기보다는 기업특수적이기 때문이며, 전문/기술직의 경우 관리직에 비해서 과업(일)의 표준화가 높기 때문으로 풀이된다.

---

33) 한편, 상급관리자 중 외부에서 채용되는 비율은 1% 미만이 가장 많은 48개사(43.2%)이며 다음으로 1~5% 수준이 27개사(24.3%)로 각각 조사되었다.

<표 5-6> 공석 중인 직무에 대한 충원방법

공 석 충 원 방 식	관리/사무직	전문/기술직	영 업 직	생 산 직
① 재직 종업원 중에서	64(59.3%)	36(36.7%)	38(42.7%)	26(36.1%)
② 사내공모 방식으로	26(24.1%)	21(21.4%)	24(27.0%)	14(19.4%)
③ 외부공채 방식으로	70(64.8%)	70(71.4%)	58(65.2%)	36(50.0%)
④ 사내사원추천 방식으로	24(22.2%)	26(26.5%)	24(27.0%)	19(26.4%)
⑤ 인재파견업체를 통해서	18(16.7%)	11(11.2%)	6(6.7%)	15(20.8%)
⑥ 헤드헌팅 방식으로	6(5.6%)	26(26.5%)	9(10.1%)	1(1.4%)
⑦ 수습 또는 인턴사원	22(20.4%)	11(11.2%)	13(14.6%)	17(23.6%)
⑧ 기타(구체적으로 설명)	2(1.9%)	1(.5%)	1(1.1%)	1(1.4%)
무 응 답	3(2.7%)	13(11.7%)	22(19.8%)	39(35.1%)

주) 각 셀의 %는 전체 응답에서 '그렇다, 아니다'의 응답 비율을 의미한다. 예
컨대, 재직 종업원에서 충원의 경우 관리/사무직은 전체 응답자의 약 60%
가 그렇다는 것을 의미한다.

그러나 각종 연구보고서에 의하면, 외부로부터 충원하는 절대적인
비율은 낮지만 그 증가율은 차츰 상승하고 있는 것으로 보고되고 있
다. 즉, 기업들이 필요한 인력에 대한 적극적인 개발정책(make policy)
보다는 외부인력의 활용정책(buy policy)을 활용해 가는 비율이 높아
지고 있는 것으로 나타났다(박우성, 노용진, 2001).

한편, 채용관리의 변화 중의 하나는 모집방법이 다양화되고 있다는
점인데(정연앙, 2000), 예를 들어, 전통적인 채용방법이 광고, 학교 혹
은 직업훈련원 추천에 의한 방법이 널리 활용되었지만, 최근에는 기업
설명회 및 박람회, 헤드헌터와 같은 전문 대행업체에 의한 채용비율이
증가하고 있다는 점이다. 특히 <표 5-6>에서 확인할 수 있듯이 헤드
헌터와 같은 채용전문 대행업체는 전문직과 기술직을 중심으로 이루어
지고 있는 것으로 파악되고 있다. 또한 이러한 채용방법의 변화는 <표
5-7>에서 알 수 있듯이, 채용관행이 인사부서보다는 현장부서 중심으

로, 정기채용보다는 수시채용으로 전환되고 있기 때문으로 풀이된다. 이러한 수시채용의 증가는 채용패턴이 신입사원 위주의 공개채용보다는 언제라도 즉시 성과를 낼 수 있는 경력사원 중심으로 이동하고 있기 때문이다.[34] 특히, 정보통신 산업과 같이 경쟁이 심하고 복잡한 환경에 처해 있는 기업일수록 이러한 현상은 빠르게 확산되고 있다.

〈표 5-7〉 미래 채용활동의 변화방향

	현 재		5년 후		차 이	t(P)
	평균(A)	표준편차	평균(B)	표준편차	(B-A)	
외부채용	3.52	.74	4.20	.80	.68	10.173(.000)
수시채용	3.29	.85	3.55	1.07	.25	2.647(.009)

이상의 결과를 종합하면 기업들이 채용과정에서 가장 어려운 문제는 기업에 적합한 인재를 확보하는 것이 가장 어려운 문제로 부각되고 있는데, 이러한 원인은 외부 노동시장의 불안정과 기업 내부적으로 채용과 선발에 대한 합리적이고 과학적인 방법이 갖추어져 있지 않기 때문으로 보인다. 그러나 미래는 채용과 관련되어 (그림 5-1)과 같이 채용방식에 있어서는 정기채용보다는 수시채용, 특히 신입사원의 공채보다는 경력사원을 중심으로 변화할 것으로 보인다. 또한 채용방법에 있어서도 내부채용보다는 외부 노동시장을 통한 채용이 증가할 것으로 보이고, 인사부서보다는 현장관리자에게로의 권한 위임이 보편적인 추세로 자리잡아 가고 있다는 점을 확인할 수 있다.

---

34) 특히, 이러한 현상은 정보통신 업체나 벤처기업에서 두드러진 현상으로 나타나고 있다(월간 인사관리, 2000, 10, p.58-59). 이처럼 신입사원 채용을 극도로 자제하는 이유는, 신입사원을 채용하여 육성하고 육성된 직원이 성과를 내는 데는 많은 최소 1년 이상의 시간이 걸리기 마련인데, 시장과 기술변화는 이보다 더 빠르게 진행되고 있기 때문이다.

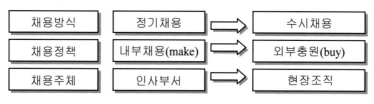

(그림 5-1) 채용활동의 변화방향

2. 보상관리 및 복리후생

1) 보상관리

보상관리는 한국 기업의 인적자원관리에서 가장 빠른 변화를 보이고 있는 부분이다. 특히, IMF 이후 기업들은 기존의 연공중심의 보상관리에서 탈피하여 성과주의를 중시하는 방향으로 변화하고 있다(박우성, 노용진, 2001; 정연앙, 2000). 보상관리제도의 변화 중 두드러지게 나타나고 있는 변화가 바로 개인별 성과에 기초하여 임금을 차등화하는 연봉제의 도입 확산이라고 할 수 있다. 박우성과 노용진(2001)에 따르면 상장기업을 중심으로 현재 우리나라에서 연봉제를 도입하고 있는 기업은 45.2%로 나타났다. 이러한 비율은 IMF를 기점으로 급격한 증가세를 보여주고 있는 것으로 파악된다.[35]

그러나 본 연구에서 살펴본 결과, 연봉제의 확산과는 달리 실질적으로 연봉제의 취지를 살리고 있는 기업은 많지 않은 것으로 나타났다. <표 5-8>에서 확인할 수 있듯이 임금 및 복리후생의 수준을 결정하는 방법은 근무경력을 기준으로 하는 경우는 53개사(47.7%), 학력은 6개

---

35) 한국경영자총협회와 노동부(2000)의 자료에 따르면 98년 연봉제를 도입하고 있는 기업의 비율이 각각 15.3%, 12.7%인 것으로 나타났다. 물론 이러한 비율은 상장기업이 아니라 50인 이상 기업, 100인 이상인 기업을 대상으로 조사한 결과이기 때문에 절대비교가 어렵지만, 연봉제의 급속한 확산을 일정 반영하고 있다고 보여진다.

사(5.4%), 종업원의 성과기준은 33개사(29.7%), 종업원의 기술 또는 역량을 기준으로 하는 경우는 13개사(11.7%), 기타가 5개사(4.5%)로 각각 조사되어, 총 근무경력을 기준으로 하는 경우가 가장 많았으며 다음으로 종업원의 성과를 기준으로 하는 것으로 나타났다. 이러한 결과는 연봉제를 도입하고 있는 기업이 확산되고 있음에도 불구하고 아직까지 근무연수 등과 같은 연공에 의한 기준이 크게 작용하고 있는 것으로 나타났다. 임금결정이 주로 베이스 업(base-up)과 자동승급에 의해 이루어지고 있어 개인의 능력이나 공헌도를 반영하지 못하고 있는 것으로, 임금의 개인 간의 공정성을 높이고 임금의 동기유발 기능을 살리기 위해서는 엄격한 승급관리를 통해 개인별 임금인상의 차등이 이루어 질 수 있도록 개선이 요구된다고 볼 수 있다. 이러한 결과는 앞서 살펴본 인사부서의 당면과제에서 시급한 과제가 연봉제 도입이라는 결과와 맥을 같이하는 것이다.[36]

〈표 5-8〉 임금 및 복리후생의 수준의 결정방법

임금 및 복리후생수준 결정방법	빈 도	비 율
총 근무경력 기준	53	47.7
학 력	6	5.4
종업원 성과기준	33	29.7
종업원의 기술 또는 역량기준	13	11.7
기 타	5	4.5
무응답	1	.9
합 계	111	100.0

36) 연봉제의 도입과 관련하여 주목해야 할 점은 적용비율과 적용대상이 전체 종업원과 전체 직군이 아니라는 점이다. 즉, 어떤 기업이 연봉제를 전체 종업원보다는 일부 종업원에 국한하여 적용하고 있는 기업이 많고, 직군별로도 사무직과 영업직, 연구직을 중심으로 적용이 확산되고 있는 것으로 나타났다(박우성, 노용진, 2001).

2) 인센티브

연봉제의 확산과 함께 임금제도의 급격한 변화중의 하나는 임금체계의 유연화라고 할 수 있다(박준성, 2000; 박우성, 1999). 즉, 임금체계에 경직적으로 증가하는 인건비에 성과를 연계시켜 고정급보다는 변동급의 비율을 늘림으로써 동기부여를 통한 기업성과의 개선, 인건비 관리의 유연성을 높이고 있다는 점이다. 특히 우리나라의 경우 상여금은 본래 변동급적인 성격임에도 불구하고 실제로는 단체협약을 통하여 사전적으로 결정되는 고정임금의 성격을 띠고 있어 성과와의 연계가 어려워 임금관리의 유연성을 상실함으로써 본래 취지가 퇴색되고 있는 실정이다. 적어도 조직과 개인의 생산성을 높이고 공정한 임금이 되기 위해서는 개개인의 업적·성과·공헌도에 따라 그에 상응한 보상이 주어지도록 즉 인센티브 기능을 보완할 수 있는 개선이 요구된다. 실제 본 연구의 조사결과에서도 전체적으로 84.6%의 기업들이 종업원의 동기부여를 위한 인센티브 방식을 도입하고 있었다. 특히, 이러한 인센티브 방식은 대체적으로 종업원의 창의성이 강조되는 하이테크 기업일수록 선호하고 있는 것으로 조사되었다(<표 5-9> 참조).

〈표 5-9〉 종업원 급여의 인센티브 정도

	N	평 균	표준편차
small & low	31	3.2258	.8835
small & high	21	3.4762	.8729
large & low	26	3.2308	1.3056
large & high	33	3.4848	.9395
합 계	111	3.3514	1.0059

구체적으로, 인센티브의 방식에 대한 물음에서 복수응답으로 처리한

결과, 직군에 관계없이 대체적으로 집단성과 배분제도, 개별성과급제도, 우리사주제[37] 등을 선호하고 있는 것으로 파악되었다.[38](<표 5-10> 참조) 그러나 영업직과 전문/기술직의 경우 직무의 특성을 반영하여 상대적으로 다른 직군에 비하여 개별 성과급의 비율이 높게 나타나고 있었다. 또한 관리/사무직과 생산직의 경우 우리사주제의 비율이 상대적으로 높게 나타나고 있었다. 한편, 선택적 복리후생제도 인센티브 방식으로 일정한 비율로 선호되고 있음을 확인할 수 있는데, 향후 5년 후에는 더욱 중요한 요인으로 인식되고 있었다.[39]

〈표 5-10〉 인센티브 방식

인센티브 방식	관리/사무직	전문/기술직	영 업 직	생 산 직
① 스톡옵션 제도	19(19.8%)	16(18.4%)	14(15.4%)	7(9.9%)
② 집단성과 배분제도	63(65.6%)	53(60.9%)	54(59.3%)	50(70.4%)
③ 개 별 성 과 급	40(41.7%)	42(48.3%)	52(57.1%)	28(39.4%)
④ 선택적 복리후생제도	26(27.1%)	23(26.4%)	21(23.1%)	19(26.8%)
⑤ 우 리 사 주 제	40(41.7%)	37(42.5%)	38(41.8%)	30(42.3%)
무 응 답	15	24	20	40

---

37) 2002년부터 시행되는 근로자복지기본법 시행령에 따르면, 기업이 주식을 공개하거나 유상증자 할 때 20% 범위에서 우리 사주조합원에게 배정하는 현행 우선배정제도 외에 기업이 성과급, 임금보전, 복리후생금 등을 지급할 때 현금대신 자사주를 나눠주거나 팔 수 있도록 했고 비상장기업도 우리사주를 근로자에게 우선 배정할 수 있게 된다.

38) 여기서 집단 성과급제도의 비율이 높게 나타난 이유는 연봉제 도입으로 인한 지나친 개인 심의 성과를 강조하면 오히려 팀 내 긴밀한 협력의 감소라는 부작용을 방지하기 위한 조처로 풀이된다.

39) 예를 들어, 선택적 복리후생제도에 대한 현재와 5년 후를 비교한 결과 5년 후 더욱 강조될 것이라는 응답을 보여주고 있다(아래 표 참조).

현 재		5년 후		차이(B-A)	t(P)
평균(A)	표준편차	평균(B)	표준편차		
3.24	.78	3.92	.90	.68	7.256(.000)

결론적으로, 현재 우리나라의 보상제도 및 체계와 관련하여 중요한 변화중의 하나는 성과주의 중심의 보상시스템 확산이라고 할 수 있다. 이러한 변화는 구체적으로 제도적 측면에서 연봉제 및 인센티브제도의 확산이라고 할 수 있으며, 이러한 제도의 변화 이면에는 각 기업이 개인의 임금을 기업의 성과와 연동시킴으로써 효율적인 임금관리뿐만 아니라 종업원에 대한 동기부여를 증가시킴으로써 임금에 대한 유연성을 확보하고자 하기 때문인 것으로 풀이된다(그림 5-2 참조).

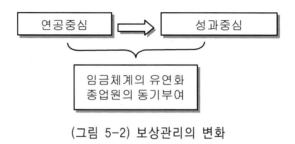

(그림 5-2) 보상관리의 변화

3. 교육훈련 및 경력개발

1) 교육훈련에 대한 투자

회사의 교육훈련에 대한 투자정도에 대해 살펴보았다. 그 결과 매출액에 대비하여 0.5% 미만의 투자를 하는 경우가 62개사(55.9%)로 가장 많았으며 0.5%에서 1% 정도 투자하는 경우도 23개사(20.7%)로 조사되었다(<표 5-11> 참조). 또한 총 인건비에 대비하면 1~5%수준이 41개사(36.9%)로 가장 많이 조사되었다. 이러한 결과는 미국 기업들의 교육훈련에 대한 평균 투자비용이 매출액의 23%인 것에 비하여 상당히 낮은 수준으로 평가된다. 이러한 원인은 IMF 경제위기의 영향으로 기업들이 급격하게 교육훈련비를 삭감했기 때문으로 풀이된다.[40] 향후 양 위주의 인력(man power)개념에서 질 위주의 인적자원(human resource)개념으로의 이동을 위한 인적자원 투자의 노력이 요구되는 시점이다.[41]

그러나 더욱더 근본적인 원인은 교육훈련에 대한 체계적인 제도의 미비에서 비롯되고 있는 것으로 보인다. 실제, 종업원들의 교육훈련에 대한 욕구의 체계적인 분석정도는 매우 비체계적인 경우는 2.7%, 비체계적인 경우는 16.2%, 보통은 50.5%, 체계적인 경우는 26.1%, 매우 체계적인 경우는 3.6%로, 대개의 기업이 종업원들의 교육훈련에 대한 욕구에 대해서는 체계적인 것으로 나타났다. 이는 기업규모와 기술수준에 따른 차이가 있었으며(p<0.05), 기업규모가 클수록 교육훈련에 대한 욕구를 체계적으로 분석하고 있음을 알 수 있다(<부표 7> 참조).

〈표 5-11〉 교육훈련에 대한 투자

매출액 대 비	① 0.1% 미만	② 0.1~0.5% 미만	③ 0.5~1% 미만	④ 1~3% 미만	⑤ 3~6% 미만	⑥ 6~10% 미만	⑦ 10% 이상	무응답
N(%)	31(27.9%)	31(27.9%)	23(20.7%)	11(9.9%)	7(6.3%)	4(3.6%)	2(1.8%)	2(1.8%)
총 인건비 대비	① 1% 미만	② 1~5% 미만	③ 5~10% 미만	④ 10~15% 미만	⑤ 15~20% 미만	⑥ 20~25% 미만	⑦ 25% 이상	무응답
N(%)	33(29.7%)	41(36.9%)	12(10.8%)	10(9.0%)	3(2.7%)	1(.9%)	3(2.7%)	8(7.2%)

---

40) 연평균 1인당 교육훈련일수에 대한 분석결과, 관리/사무직은 연평균 평균 7.7일의 교육훈련을 받으며, 전문기술직은 평균 10.3일, 영업직은 7.7일, 생산직은 6.4일의 교육훈련을 하는 것으로 나타났고, 계층별로 지난 5년간 교육훈련 기간은 모든 직군에서 약간 증가된 것으로 조사되었다(<부표 6> 참조).

41) 교육훈련 투자가 시설투자보다 약 2.3배의 생산성 향상효과가 있다(삼성경제연구소, 2001).

2) 교육훈련의 활용방법

종업원들의 교육훈련 및 개발을 위한 정기적인 활용방법으로는 "공식화된 경력관리 계획" 31개사(27.9%), "인사고과" 77개사(69.4%), "연도별 경력개발 인터뷰" 24개사(21.6%), "전문 평가센터의 운영" 13개사(11.7%), "업무 인수인계 계획" 42개사(37.8%), "계획적 직무순환" 35개사(31.5%), "관리자 대상 정예인력 육성 프로그램" 45개사(40.5%), "관리자 대상 국제/지역 전문가 육성 프로그램"은 26개사(23.4%)가 종업원들의 교육훈련 및 개발을 위해 정기적인 활용하고 있는 것으로 나타났다<표 5-12>. 따라서 가장 많이 이용되는 교육훈련 및 인력개발 수단으로는 인사고과를 가장 많이 이용하며, 다음으로 관리자 대상으로 "정예인력 육성 프로그램"과 "업무 인수인계 계획"을 많이 이용하는 것으로 나타났다. 집단 간 분류에 있어서는 "관리자 대상 국제/지역 전문가 육성 프로그램의 정기적 활용" 항목이 차이를 보였다($\chi 2 = 13.621$ df=3 P=0.003). 또한 기업규모가 크고 high-tech인 경우가 교육훈련 및 인력개발의 수단으로 "관리자 대상 국제/지역 전문가 육성 프로그램"을 정기적으로 활용하고 있음을 알 수 있다.

〈표 5-12〉 교육훈련 및 인력개발의 수단

교육훈련 및 인력개발의 수단	아니오	예	무응답
① 공식화된 경력관리 계획	73(65.8%)	31(27.9%)	7(6.3%)
② 인사고과	31(27.9%)	77(69.4%)	3(2.7%)
③ 연도별 경력개발 인터뷰	76(68.5%)	24(21.6%)	11(9.9%)
④ 전문 평가센터의 운영	88(79.3%)	13(11.7%)	10(9.0%)
⑤ 업무 인수인계 계획	60(54.1%)	42(37.8%)	9(8.1%)
⑥ 계획적 직무순환	67(60.4%)	35(31.5%)	9(8.1%)
⑦ 관리자 대상 "정예인력" 육성 프로그램	57(51.4%)	45(40.5%)	9(8.1%)
⑧ 관리자 대상 국제/지역 전문가 육성 프로그램	76(68.5%)	26(23.4%)	9(8.1%)

3) 교육훈련 효과에 대한 평가방법

모니터링 방법으로는 "교육훈련 성과 테스트 실시"는 59개사 (53.2%)가 이용하며, "교육훈련 종료 즉시 공식적 평가를 실시"하는 경우는 61개사(55.0%)가 이용하며 "훈련 종료 몇 개월 후 공식적 평가를 실시"하는 것에 대해서는 20개사(18.0%), "현장관리자를 통한 비공식적 보고"는 56개사(50.5%)가 이용하며 피교육자를 통한 비공식적 보고는 55개사(49.5%)가 이용하는 것으로 나타났다(<표 5-13> 참조).

〈표 5-13〉 교육훈련에 대한 평가방법

교육훈련 모니터링 방법	아니오	예	무응답
① 교육훈련의 성과 테스트 실시	26(23.4%)	59(53.2%)	26(23.4%)
② 교육훈련 종료 즉시 공식적 평가실시	26(23.4%)	61(55.0%)	24(21.6%)
③ 훈련종료 몇 개월 후 공식적 평가실시	57(51.4%)	20(18.0%)	34(30.6%)
④ 현장관리자를 통한 비공식적 보고	30(27.0%)	56(50.5%)	25(22.5%)
⑤ 피교육자를 통한 비공식적 보고	34(30.6%)	55(49.5%)	22(19.8%)

4) 향후의 교육훈련

향후 3년간의 교육훈련 내용을 알아보았다. 이 내용에 대해서는 전체 9개의 내용에 대해서 3순위까지 순위를 부여하였으므로, 1순위를 3점, 2순위를 2점, 3순위를 1점으로 부여하였고 그 외의 순위에 대해서는 0점으로 처리하였다. 따라서 <표 5-14>는 각 순위의 합을 나타내며 "경영일반 및 경영전략"은 순위합이 162이며, "컴퓨터 및 신기술"은 120, "건강/안전 및 작업환경"은 29, 생산기술은 42, 마케팅 및 판매는 95, 노사관계관리는 37, 고객서비스 기술은 78, 품질관리는 71로 조사되어, "경영일반 및 경영전략"에 대해서 가장 순위합이 높았으며 다음으로 "컴퓨터 및 신기술"의 순으로 조사되었다. 이러한 결과는 다음과 같은 시사점을 제공한다. 먼저, 경영 일반 및 경영전략에 대한 교육욕구가 높다는 것은 기업의 전략과 인적자원관리 전략의 통합성을 높이기 위한 토대가 제대로 마련되어 있지 않다는 점을 반증한다. 특히, 이러한 결과의 표본이 일선 인사관리자들이라는 점을 고려할 때 시사하는 바가 크다고 할 수 있다. 즉, 실제 통합성을 높이기 위한 활동의 추진 주체들이 아직 충분한 준비조차 되어 있지 않다는 것을 의미한다.

〈표 5-14〉 향후의 교육훈련 내용

주요 교육훈련 요구사항	순위 합
① 경영일반 및 경영전략	162
② 컴퓨터 및 신기술	120
③ 건강/안전 및 작업환경	29
④ 생산기술	42
⑤ 마케팅 및 판매	95
⑥ 노사관계관리	37
⑦ 고객 서비스 기술	78
⑧ 품질관리	71
⑨ 어 학	31

한편, 컴퓨터 및 신기술에 대한 교육욕구[42]는 변화하는 환경을 고려

---

42) 한편, 우리가 이러한 결과로부터 주목해야 할 사실은 단순한 컴퓨터 혹은 정보기술을 기본으로 하는 업무처리 그 이상의 의미가 내포되어 있다는 사실이다. 실제 B2B e-marketplace와 같은 전자적 시장의 출현은 일반적인 기업의 거래가 웹을 기반으로 이루어지고 있다는 점을 보여준다. 이처럼 인터넷을 기반으로 하는 거래의 활성화는 기존의 관행과는 성격을 달리하는 것으로 기술적인 측면뿐만 아니라 실질적으로 이러한 거래방식이 가져다주는 변화에 대해서 심도 깊은 교육의 중요성이 점점 증가할 것으로 생각된다.

할 때 당연한 결과로 풀이된다. 즉, 실제 정보통신 기술의 비약적인 발전과 함께 기업에서 정보화가 급속하게 추진되고 있고, 모든 업무가 정보기술을 바탕으로 이루어지고 있다는 현실을 반영한 것이다.

　이상의 결과를 요약하면, 우리나라 기업들의 교육훈련비는 매우 적지만 점차 교육훈련 비용을 증가시키고 있는 것으로 파악되며, 교육훈련에 대한 종업원들의 욕구파악은 전체적으로 일반종업원의 욕구를 충분히 반영하되, 교육훈련 평가와 현장관리자의 요구를 적절히 반영하고 있는 것으로 나타났다. 또한 교육훈련 후 효과에 대해서 대부분의 기업들이 평가를 하고 있었으며, 평가방법은 교육훈련 종료 후 피교육자나 현장관리자를 통해서 성과 테스트를 실시하는 것으로 파악되었다. 한편, 교육훈련의 활용방법은 전반적으로 인사고과의 기초로 활용되고 있는 것으로 나타나, 아직 종업원 능력의 개발과 경력개발의 기초로 활용되지 못하고 평가중심의 교육훈련이 실시되고 있는 것으로 파악되었다. 특히, 이러한 결과는 종업원들이 직접적인 자신의 업무영역보다는 경영전략이나 신기술, 서비스 분야의 교육훈련을 원하고 있다는 점인데, 이는 향후 자신의 경력개발에 더욱더 많은 비중을 두고 있다는 것을 의미한다. 이러한 점은 향후 미래에 강조될 교육훈련 및 개발과 관련된 분석에서도 확인할 수 있다(<표 5-15> 참조). <표 5-15>에서 알 수 있듯이 '개인별 경력관리상 자기진단 및 개발 지원'이나 '종업원 개인별 경력경로의 설계지원' 등의 활동이 향후 더욱 강조되어야 한다고 생각하고 있는 것으로 나타나 개인의 경력경로에 대한 관심이 고조되고 있다는 점을 확인해 주고 있다.

〈표 5-15〉 교육훈련 및 경력개발 변화방향

현재와 미래 차이 교육훈련 활동 프로그램	현재 평균(A)	5년 후 평균(B)	차이 (B-A)	t
1. 신입사원에 대한 기초교육 및 기술훈련 실시	3.76	4.15	.39	4.026***
2. 우수 잠재력 보유자의 조기발견 및 개발	3.67	4.39	.72	8.781***
3. 전체 종업원 대상 평생교육/재교육 실시	3.32	3.78	.46	4.647***
4. 종업원 개인별 경력경로의 설계 지원	3.09	3.73	.64	6.786***
5. 개인별 경력관리상 자기진단 및 개발 지원	3.60	4.19	.59	6.953***
6. 관리자 교육 및 기술개발 훈련	3.52	4.05	.53	6.038***
7. 혁신적 탄력적 재배치 프로그램실시	3.10	3.87	.77	10.51***
8. 퇴직프로그램 실시	2.88	3.88	1.00	12.09***

*** p<0.001

4. 업적평가

그동안 우리나라 인사평가 활용의 문제점은 주로 승진 및 승격, 보상의 기초로 한정되어 있어 승진후보자의 서열을 정하기 위한 수단으로 활용되고 있었다는 점이다(안희탁, 1996). 이러한 문제점은 종업원의 업적평가활동에 직군별로 구분하여 살펴본, 본 연구의 결과와도 일치하는 것으로 나타났다. <표 5-16>은 기업의 업적평가와 관련하여 업적평가의 내용, 방법, 활용용도에 관한 분석결과를 보여주고 있다.

먼저, 직군에 관계없이 업적평가의 결과가 보상수준을 결정하는 데 활용되고 있음을 확인할 수 있다. 그리고 대체적으로 업적평가가 정해진 양식에 따라서 이루어지고 있어서, 평가 방법에 대한 공식화는 높은 수준으로 나타났다. 그러나 평가의 초점이 과정보다는 결과에 치중되어 있고, 평가자의 의견에 대한 반영이 잘 이루어지지 않고 있음을 확인할 수 있다. 또한 평가의 결과가 보상 이외에 교육훈련이나 경력개발에 대한 기초로 활용되고 있지 못하며, 공식화정도는 높지만 평가

방법의 객관성이 떨어지는 것으로 나타났다.

〈표 5-16〉 업적평가활동

업적평가활동	사무/ 관리직	전문/ 기술직	영업직	생산직
업적평가 결과를 보상수준 결정에 활용함	59.2	61.9	73.7	48.5
결과보다 과정에 초점을 둔 업적평가를 실시함	23.3	12.4	9.5	8.8
피평가자의 주장이 강하게 반영된 고과기준 활용	15.5	16.5	12.6	11.8
고과활동의 핵심을 향후의 성과향상에 두고 있음	38.8	44.3	42.1	30.9
고과활동은 피평가자의 장래욕구 파악에 있음	12.6	17.5	18.9	13.2
업적평가를 정해진 양식에 따라 정기적으로 실시	67.0	66.0	66.3	57.4
업적평가가 비공식적으로 서류 없이 이루어짐	12.6	15.5	9.5	14.7
업적평가는 객관적·계량적 결과에 근거함	42.7	48.5	58.9	45.6

주) 각 셀에 있는 응답비율은 '예', '아니오' 중 '예'의 비율을 의미함(단위: %).

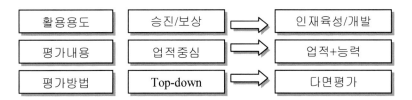

(그림 5-3) 인사평가의 변화방향

　이처럼 평가방법이 과정보다는 '결과중심', 종업원 개발이나 육성보다는 '승진과 보상'에 초점을 두고 있는 것으로 보인다. 또한 종업원의 의견이 충분히 반영된 다면평가가 아직 정착되지 못한 것으로 파악된다. 따라서 업적평가의 활용용도가 인재육성과 종업원의 교육훈련과 개발의 기초로 활용되기 위해서는 단순한 업적을 평가하는 차원이 아니라, (그림 5-3)에서와 같이 종업원 개발과 경력개발이 동시에 강조되는 '목표관리제'와 같은 제도를 병행함으로써 결과만을 반영하는 업적고과 중심보다는, 업적달성 과정을 반영할 수 있는 능력이 함께 고려되는 방향으로 나가야 함을 시사한다.[43] 지금까지 기업들은 평가제도나 운영상의 문제점을 평가제도에 한정해서 평가양식을 바꾼다든가, 고과기법을 바꾼다든가 하는 식으로 개선을 해왔다. 업적평가제도가 제대로 기능을 하기 위해서는 직급체계-승진/승격-고과-임금 등의 하드 시스템이 서로 유기적으로 잘 연결되어야 할 것이다.

5. 종업원 참여

1) 노동조합

전체 종업원 중 노동조합가입비율을 분석한 결과, 노조가 없는 경우 13개사(11.7%) 및 결측치 24개사(21.6%)를 제외한 응답기업 74개 기업 중, 노조가 있는 경우에 노조가입비율이 0%인 경우는 22개사(29.7%), 1~25%는 4개사(5.4%), 26~50%는 17개사(23%), 51~75%는 19개사(25.7%), 76~100%는 12개사(16.2%)로 조사되었다. 그런데 노조 유무는 기업체 속성 가운데서도 특히 기업규모와 밀접한 상관관계를 가지는 것으로 분석되었으며 이는 조합원 수가 노동조합의 영향력과 활동영역을 상당부분 규정하고 경영자나 사회에 미치는 영향력이 크기 때문으로 풀이된다.

그리고 노동조합을 공식적 단체협상의 주체로 인정한다고 응답한 기업은 55개사(79.7%)이며 인정하지 않는 경우는 10개사(14.5%) 수준

---

43) 다면평가에 대한 요구는 아래의 분석결과에서 살펴볼 수 있듯이 일선 인사관리자들이 미래에 더욱더 강조되어야 할 항목으로 인식하고 있다.

〈표〉 다면평가에 대한 현재와 미래의 중요도 차이

현 재		5년 후		차이(B-A)	t(P)
평균(A)	표준편차	평균(B)	표준편차		
3.31	.88	3.98	.90	.67	8.225(.000)

으로, 노동조합을 공식적인 단체협상의 주체로 인정하는 경향이 강하게 나타났다.

〈표 5-17〉 주요 이슈에 대한 의사소통 방법

의사소통의 방법	① 매우감소	② 감소	③ 동일	④ 증가	⑤ 매우증가	무응답
① 종업원 대표기구	2(1.8%)	5(4.5%)	30(27.0%)	36(32.4%)	4(3.6%)	34(30.6%)
② 노사협의회 활용	–	2(1.8%)	40(36.0%)	42(37.8%)	6(5.4%)	21(18.9%)
③ 구두로 직접 전달 하는 방법	3(2.7%)	14(12.6%)	41(36.9%)	27(24.3%)	4(3.6%)	22(19.8%)
④ 문서로 직접 전달 하는 방법	1(.9%)	13(11.7%)	38(34.2%)	31(27.9%)	7(6.3%)	21(18.9%)
⑤ 인트라넷(예: LAN)	1(.9%)	–	9(8.1%)	19(17.1%)	65(58.6%)	65(58.6%)

한편, 지난 5년간 회사의 인사정책과 실천에 있어 노동조합의 영향력 변화정도에 대해서 분석한 결과, 매우 감소했다는 경우는 4개사(6.2%), 감소했다는 경우는 6개사(9.2%), 동일하다는 경우는 25개사(38.5%), 증가했다는 경우는 25개사(38.5%)로 조사되었으며, 매우 증가했다는 경우는 5개사(7.7%)로 조사되었다. 따라서 약 46% 이상의 기업들이 지난 5년간 기업의 인사정책에 노동조합의 영향력이 증가된 것으로 파악되었다.

또한, 종업원들과의 주요 이슈에 대한 의사소통의 방법에 대해 알아본 결과는 〈표 5-17〉에서 알 수 있듯이, 대체적으로 의사소통이 증가한 것으로 나타났으며, 특히, 인트라넷을 통해 가장 많은 의사소통이 이루어지는 것으로 나타났다. 특히 이러한 경향은 기업의 규모가 크고 high-tech인 집단이 매우 증가하고 있는 것으로 나타났다(〈부표 8〉 참조).

2) 정보공유의 수준

정보공유 수준은 전략적 통합성과 관련해서 매우 중요한 의미를 가지고 있다. 즉, 기업 내 전략과 인사관리 전략이 통합되어 적합성을 유지하기 위해서 무엇보다 중요한 것이 정보공유라는 점이다. 왜냐하면, 통합성 혹은 적합성이라는 것은 궁극적으로 기업의 구성원들의 구체적인 행동을 통해서 표출되기 때문인데, 여기서 행동을 유도하고 인센티브를 부여하는 것은 얼마나 전략적 목표를 잘 이해하고 공감하느냐에 의존되어 있으며, 구성원의 공감을 이끌어 내기 위해서는 정보공유가 필수적이기 때문이다. 그러나 지금까지 우리나라 기업은 오랜 사용자 지배적 노사관계하에서의 권위주의적 의사결정에 젖어 종업원의 참여 및 정보공유 그리고 창의성을 북돋을 수 있는 새로운 노사관계와 인적자원관리 모형개발에 소홀히 하였던 것이 사실이다.

전략과 재무성과에 대한 정보전달 수준에 대해서 살펴본 결과는 <표 5-18>에 제시하였다. 이 항목은 복수응답으로 처리하였으며, 경영전략의 경우 경영자층까지 전달되는 경우는 74개사(67.9%)이며, 관리자층은 80개사(73.4%), 현장 감독자층은 48개사(44.0%), 사원까지는 45개사(41.3%), 노동조합까지는 32개사(29.4%)의 수준으로 조사되었으며, 재무성과의 경우는 경영자층은 70개사(64.2%), 관리자층까지는 75개사(68.8%), 현장 감독자층은 44개사(40.4%), 사원은 52개사(47.7%)이며 노동조합까지 정보가 주어지는 경우는 37개사(33.9%)로 나타나 기업의 정보가 중간관리자까지는 잘 이루어지고 있으나 일선 사원까지는 효과적으로 공유되지 못하고 있다는 것을 보여주고 있다.

〈표 5-18〉 정보전달의 수준

정 보 전 달 의 수 준	(A) 경영전략	(B) 재무성과
① 경영자층	74(67.9%)	70(64.2%)
② 관리자층	80(73.4%)	75(68.8%)
③ 현장 감독자층	48(44.0%)	44(40.4%)
④ 사 원	45(41.3%)	52(47.7%)
⑤ 노동조합	32(29.4%)	37(33.9%)

3) 커뮤니케이션 방법

종업원들이 자신들의 의견을 경영층에 전달하는 방법에 대해 복수 응답하도록 하여 살펴본 결과, 직속상사를 통해 전달하는 경우는 104개사(93.7%), 노동조합 또는 노사협의회를 통해 전달하는 경우는 71개사(64.0%), 정기적 종업원 미팅으로 전달하는 경우는 48개사(43.2%), 품질관리분임조를 통해 전달하는 경우는 27개사(24.3%), 사내 제안제도의 활용하여 전달하는 경우는 69개사(62.2%), 종업원 의식조사를 통하여 전달하는 경우는 25개사(22.5%), 비공식적 루트를 통하여 전달하는 경우는 53개사(47.7%)로 각각 조사되어, 종업원이 자신들의 의견을 경영층에 전달하기 위하여 가장 많이 이용하는 방법은 직속상사를 통하는 방법이 가장 많이 이용되고 있으며, 다음으로 노동조합이나 노사협의회, 그리고 사내 제안제도를 활용하여 전달하는 것으로 나타났다.

〈표 5-19〉 커뮤니케이션의 방법

커뮤니케이션의 방법	N	397개 응답에 대한 %	111개사에 대한 %
① 직속 상사를 통하여 전달	104	26.2%	93.7%
② 노동조합 또는 노사협의회 등	71	17.9%	64.0%
③ 정기적 종업원 미팅	48	12.1%	43.2%
④ 품질관리분임조(Quality Circle 등)	27	6.8%	24.3%
⑤ 사내 제안제도의 활용	69	17.4%	62.2%
⑥ 종업원 의식조사를 통하여 전달	25	6.3%	22.5%
⑦ 비공식적 루트를 통하여 전달	53	13.4%	47.7%

이상의 결과를 종합하면, 대부분의 기업들이 노조를 공식적인 단체협상의 주체로 인정하고 있고, 노조의 인사정책에 대한 영향력이 점차 증가하고 있는 것으로 파악되었다. 노조의 영향력이 증가하게 된 배경

에는 IMF로 인한 각 기업의 구조조정 과정에서 심리적으로 위축되어 있는 종업원들을 노조가 잘 조직화하고 있기 때문으로 풀이된다. 한편, 종업원들의 기업의 중요한 이슈에 대한 수직적 의사소통 채널은 기존의 구두 혹은 문서상의 의사소통 방법보다는 사내 인트라넷이나 e-메일을 통한 의사소통방법이 증가하는 것으로 나타났다. 그러나 정보통신 기술을 기반으로 하는 방법이 의사소통의 기회를 확대하고 있는 것은 분명해 보이나, 이러한 통로를 통해서 오가는 정보의 질에는 큰 변화가 없는 것으로 보인다. 실제 중요한 재무적, 전략적 정보들이 공식적으로 공유되는 정도는 현장관리자나 일반 직원들로 갈수록 낮게 나타나고 있다. 한편, 현장에서 종업원들이 자신의 의사를 상향적으로 전달하는 채널로는 직속상사에 의한 방법에 주로 의존하고 있으며, 사내 제안제도나 정기적인 미팅이 주로 고려되고 있는 것으로 나타났다.

종업원 참여제도는 다양한 형태(소유참가, 성과참가, 의사결정 참가)가 있는데, 공통적인 특징은 기업경영 정보의 공유와 기업의 성과향상에의 협력이다. 우리나라에서는 지금까지 사용자들이 종업원의 경영참여 요구를 거부하는 반면 노조는 합리적인 제도개발을 통한 참여관행의 정착보다는 강화된 조직력의 행사를 통하여 경영에 참여하려고 한 면이 많았다. 이의 개선을 위해서는 종업원지주제, 스톡옵션, 우리사주제 등과 같은 다양한 형태의 제도가 필요할 것이며, 종업원 참여를 위한 작업장 혁신 예를 들어 임파워먼트의 확산, 팀제 도입, 그리고 우리나라 기업의 현실에 적합한 현장참여 모형의 개발이 필요할 것이다. 또한 종업원의 기업경영에 대한 이해를 위한 정보공유의 수준을 높이기 위해서 커뮤니케이션 수단의 활용이 전제되어야 한다고 여겨진다.

6. HRM 활동에 영향을 미치는 요소분석

1) 외부환경의 영향

기업이 처해 있는 HRM 환경변화를 보면, 외부적인 요인으로는 경제의 저성장, 기술혁신의 가속화, 고학력화, 남녀고용평등법, 가치관의 변화, 고용형태의 다양화를 들 수 있고, 내부적 요인으로는 인력구성의 변화, 승진적체의 가속화, 고직급화, 자아실현 욕구의 증대, 능력과 업적에 따른 차별적 보상요구 등을 들 수 있을 것이다. 이러한 환경변화로 인해 초일류기업으로 성장, 발전하기 위해서는 새로운 HRM 패러다임의 전환이 요구되는 것이다(한국경총, 1996).

HRM 정책과 실천에 영향을 미치는 외부 환경요인의 상대적 중요도를 살펴본 결과 <표 5-20>과 같이 나타났다.[44]

전체 111개사 중 무응답 18개사를 제외한 93개 사례를 분석한 결과, "국내외 경쟁격화 및 기업경영구조의 세계화"는 평균 5.46으로 업종에 관계없이 중요한 요인으로 부각되었다. 글로벌화에 따른 경쟁의 격화는 사실상 업종과 산업에 구분없이 전반적으로 기업을 둘러싸고 있는 환경의 특성이라는 점에서 당연한 결과로 풀이된다. 그런데 그 외의 항목에 대해서는 업종별로 다른 결과를 보여주고 있다. 특히, 유통업과 금융보험업, 정보통신업의 경우 신경영 기법의 등장과 함께 고객만족에 대한 중요성도 무엇보다 중요한 요인으로 부각되고 있다. 이들 업종의 특성은 산업의 구조가 빠르게 재편되고 있다는 점과 신기술과 신 경영기법이 이러한 구조변화와 경쟁방식을 변화시키고 있다는 공통점이 존재한다.[45] 이러한 변화에서 기업의 생존을 위해서 요구되

44) 이 내용은 1순위에서 7순위까지 부여하였으며 1순위를 7점, 2순위를 6점, 3순위를 5점, 4순위를 4점, 5순위를 3점, 6순위를 2점, 7순위를 1점으로 부여하였다.

는 것은 과거와 다른 고객관리라는 점이다.

〈표 5-20〉 경쟁적 압력요인의 상대적 중요도

	전 체	공기업	제조건설업	유통업	금융보험업	정보통신업	벤처기업	기 타	F(P)
국내외 경쟁격화 및 기업 경영구조의 세계화	5.46	5.00	5.34	5.80	5.73	6.56	5.00	5.00	.890 (.505)
신경영 조류의 대두	4.18	5.00	3.88	5.20	4.55	4.44	3.33	4.27	1.230 (.297)
정보 및 커뮤니케이션 기술의 발달, 자동화의 증가	4.67	3.50	4.53	3.30	5.27	5.44	6.00	5.00	3.210** (.006)
성별, 나이, 인종, 종업원 가치 등의 다양화에 따른 노동력 구성의 변화	3.19	2.50	3.47	3.00	3.00	2.11	2.67	3.21	1.215 (.305)
인력 다운사이징 및 리엔지니어링, 아웃소싱의 확산	4.03	4.50	4.17	4.20	3.45	4.11	5.00	3.43	.799 (.573)
전사적 품질관리 및 고객만족의 중요성 증가	4.65	6.50	4.48	5.40	4.73	3.67	4.00	5.29	1.628 (.147)
노동시장에서의 직종별 수급 불균형 증가	2.11	1.00	2.55	1.10	1.38	1.75	7.00	1.85	2.707* (.020)

* p<0.05, ** p<0.01

회사의 업종에 따라서는 "정보 및 커뮤니케이션 기술의 발달, 자동화의 증가"(P<.01)와 "노동시장에서의 직종별 수급 불균형 증가"(P<.05)가 그 중요도에 차이가 조사되었으며 "정보 및 커뮤니케이션 기술의 발달, 자동화의 증가"의 경우, 유통업이 중요도가 가장 낮았으며, 정보통신업과 벤처기업이 가장 높게 나타났다. 또한 "노동시장에서의 직종별 수급 불균형 증가"는 벤처기업이 상당히 높은 경향

45) 예를 들어, 유통업의 경우 할인점의 확산과 전자상거래 시장을 들을 수 있다. 특히, 정보통신 기술을 기반으로 하는 B2B 시장의 성장과 SCM의 발전은 유통구조의 변화와 경쟁방식의 변화의 단적인 예라고 할 수 있다. 또한 금융산업의 경우 IMF로 인한 인수합병의 확산과 외국계 은행과의 제휴 등이 그 예라고 할 수 있다.

이었고, 다른 업종은 아주 중요도가 낮은 경향이었으며, 기업규모와 기술수준에 따른 통계적 차이는 보이지 않았다.

2) 제도적 요소의 영향

제도적 요소가 HRM에 미치는 영향정도로 1순위에서 5순위까지 순위를 부여하여 1순위에 5점, 2순위에 4점, 3순위에 3점, 4순위에 2점, 5순위에 1점을 부여하여 처리한 결과, 제도적 요소가 HRM에 미치는 영향정도는 "노동법"은 평균 4.23, "노동조합"은 평균 3.29, "인적자원관리 및 노동 관련 전문기관"은 평균 3.50, "교육 및 직업훈련 단체"는 평균 2.73, "국제기구"는 평균 1.31로, 제도적 요소에서는 "노동법"이 가장 HRM에 영향을 주는 것으로 나타났으며, "인적자원관리 및 노동 관련 전문기관", 그리고 "노동조합"의 순이었다.

〈표 5-21〉 제도적 요소가 HRM에 미치는 영향

	전체	공기업	제조건설업	유통업	금융보험업	정보통신업	벤처기업	F(P)
노동법	4.23	1.50	4.29	4.10	4.36	4.11	4.50	2.744[*] (.016)
노동조합	3.29	3.50	3.47	3.10	3.00	3.25	2.00	.963 (.454)
인적자원관리 및 노동 관련 전문기관	3.50	3.50	3.38	4.00	3.55	4.00	3.75	1.290 (.269)
교육 및 직업훈련 단체	2.73	3.50	2.67	2.80	2.64	2.56	4.00	1.575 (.162)
국제기구	1.31	3.00	1.36	1.20	1.64	1.25	2.25	1.835 (.100)

[*] $P < 0.05$

3) 문화적 특성의 영향

우리나라의 문화적 특성이 인적자원관리에 미치는 상대적인 영향도
에 대해 알아보았다. 5가지의 항목들은 1순위에서 5순위까지 부여를
하였으며, 1순위에 5점, 2순위에 4점, 3순위에 3점, 4순위에 2점, 5순
위에 1점을 부여하여 분석하였다.

그 결과 문화적 특성이 인적자원관리에 미치는 영향에 대해서는
"관리자들의 청소년기 경험, 교육시스템, 종교 등 사회화 과정"은 평
균 2.38이며, "관리자를 대표하는 공통가치, 행동방식 및 관습적 규범"
은 평균 3.89, "소득불균형 해소, 기회균등, 미성년자 고용금지 등을
주장하는 압력단체의 영향"은 평균 1.62, "관리자들의 조직 인식방법
에 대한 가정"은 평균 3.81, "조직문화와 '개인적 가치' 간의 일치도"
는 평균 3.37로 조사되어, HRM 정책과 관행의 특징 및 형태에 영향
을 미치는 정도가 "관리자를 대표하는 공통가치, 행동방식 및 관습적
규범"이 가장 높았으며 "관리자들의 조직 인식방법에 대한 가정", "조
직문화와 '개인적 가치' 간의 일치도"의 순이었다. 이는 회사의 업종
에 따라서는 통계적 차이가 없는 것으로 조사되었으나, "압력단체의
영향"이란 항목에서는, 기업규모가 작은 low-tech와 high-tech 간에 통
계적 차이가 있었다(<표 5-23> 참조).

이 결과에서 공통적으로 나타나고 있는 사실은 기업의 인적자원관
리 전략을 실행하는 데 있어 관리자들의 철학과 가치관이 무엇보다
중요한 요인으로 작용하고 있다는 사실이다. 이러한 중요성은 유통업
과 금융보험업, 그리고 정보통신업과 같이 경쟁과 변화가 급격하게 이
루어지고 있는 산업일수록 더욱 높게 나타나고 있다. 한편, 벤처기업
의 경우 개인의 가치관이 중요한 요인으로 부각되고 있는데, 이는 대
부분의 벤처기업의 구성원들이 일을 통한 개인의 욕구실현에 더 많은

가치를 두고 있기 때문으로 풀이된다.[46](박우성, 노용진, 2001)

〈표 5-22〉 문화적 특성이 HRM에 미치는 상대적 영향도①

	전 체	공기업	제조 건설업	유통업	금융 보험업	정보 통신업	벤처 기업	기 타	F(P)
관리자들의 청소년기 경험, 교육시스템, 종교 등 사회화 과정	2.38	2.00	2.29	2.67	2.50	2.75	2.25	2.31	.329 (.920)
관리자를 대표하는 공통가치, 행동방식 및 관습적 규범	3.89	4.00	3.86	4.00	4.00	3.89	3.75	3.85	.068 (.999)
소득불균형 해소, 기회균등, 미성년자 고용금지 등을 주 장하는 압력단체의 영향	1.62	1.00	1.71	1.78	1.40	1.25	1.33	1.67	.496 (.810)
관리자들의 조직 인식방법에 대한 가정	3.81	5.00	3.88	3.44	3.90	3.89	4.00	3.33	1.068 (.387)
조직문화와 "개인적 가치" 간의 일치도	3.37	3.00	3.26	3.11	3.20	3.33	4.33	4.08	1.084 (.377)

〈표 5-23〉 문화적 특성이 HRM에 미치는 상대적 영향도②

	전 체	small & low	small & high	large & low	large & high
관리자들의 청소년기 경험, 교육시스 템, 종교 등 사회화 과정	2.3750	2.3333	2.8095	2.2000	2.2581
관리자를 대표하는 공통가치, 행동방식 및 관습적 규범	3.8857	3.8889	3.8571	4.0800	3.7500
소득불균형 해소, 기회균등, 미성년자 고용금지 등을 주장하는 압력단체의 영향	1.6176	2.1111*	1.2632*	1.4800	1.5161
관리자들의 조직 인식방법에 대한 가정	3.8077	3.5185	3.6000	3.8400	4.1563
조직문화와 "개인적 가치" 간의 일치도	3.3689	3.1481	3.6842	3.4000	3.3438

* p<0.05

---

46) 실제 설문조사에 의하면 벤처기업의 종업원들은 월급이 적더라도 자율성
이 보장되는 곳에서 일을 하고 싶어하며, 돈보다는 보람을 찾는 직업을
선호하는 경향을 보여주고 있다(박우성, 노용진, 2001, p169-170).

4) 사업특성의 영향

사업 분야(business sector)가 인적자원관리에 미치는 영향을 알아보기 위하여 각 사업 분야의 특성이 HRM정책과 관행에 미치는 영향의 정도 <표 5-24, 25, 26>와 각 요소별 HRM정책과 실천에 미치는 중요도를 알아보았다<표 2-27, 28>.

먼저 각 사업 분야의 특성이 HRM정책과 관행에 미치는 영향의 정도[47]는 <표 5-24>와 같이 나타났다.

〈표 5-24〉 사업 분야의 특성이 HRM정책과 관행에 미치는 영향의 정도

사 업 분 야 적 측 면	평 균	표준편차	순 위
조직 전반에 걸쳐 추구하고 있는 공통적 경영전략 및 사업관리상의 목표	7.00	1.83	1
사업 분야에 고유한 규제 및 기준	5.26	2.09	3
사업특성을 결정하는 고객 및 공급자의 특정 욕구 및 주문사항	5.59	1.84	2
타기업과 유사한 재화 및 서비스를 제공하기 위한 사업부문상의 전문지	4.00	1.80	5
해당 분야 선두경쟁사에 대한 공식/비공식적 벤치마킹	4.45	1.79	4
사업 분야 간의 협력적 조정활동	3.94	1.69	6
사업운영 및 작업방식의 공동개발	2.68	1.46	8
귀사의 사업 분야에서만 사용되는 필수기술 및 특정 노동시장	3.14	2.42	7

각 사업 분야적 측면에 따른 상대적인 중요도를 살펴보면, "조직 전반에 걸쳐 추구하고 있는 공통적 경영전략 및 사업관리상의 목표"에

47) 영향력의 정도는 1순위에서 8순위까지 순위를 부여하게 하여 특정하였으며, 이를 다시 1순위에는 8점, 2순위는 7점, 3순위는 6점, 4순위는 5점, 5순위는 4점, 6순위는 3점, 6순위는 2점, 8순위는 1점을 부여하였다. 따라서 최소 1점에서 최대 8점까지 점수가 분포된다.

대한 상대적인 중요도는 평균 7.00, "사업 분야에 고유한 규제 및 기준"에 대한 상대적인 중요도는 평균 5.26, "사업특성을 결정하는 고객 및 공급자의 특정 욕구 및 주문사항"에 대한 상대적인 중요도는 평균 5.59, "타 기업과 유사한 재화 및 서비스를 제공하기 위한 사업부문상의 전문지"에 대한 상대적인 중요도는 평균 4.00, "해당 분야 선두경쟁사에 대한 공식 비공식적 벤치마킹"에 대한 상대적인 중요도는 평균 4.45, "사업 분야 간의 협력적 조정활동"에 대한 상대적인 중요도는 평균 3.94, "사업운영 및 작업방식의 공동개발"에 대한 상대적인 중요도는 평균 2.68, "사업 분야에서만 사용되는 필수기술 및 특정 노동시장"에 대한 상대적인 중요도는 평균 3.14로 조사되어 사업 분야적 측면에서는 "조직 전반에 걸쳐 추구하고 있는 공통적 경영전략 및 사업관리상의 목표"를 가장 중요하게 생각하며, 다음으로 "사업특성을 결정하는 고객 및 공급자의 특정 욕구 및 주문사항", "사업 분야에 고유한 규제 및 기준"이 HRM에 영향을 미치는 요인으로 파악되었다.

이를 회사의 업종에 따라 구분하여 보면, 대체적으로 "조직 전반에 걸쳐 추구하고 있는 공통적 경영전략 및 사업관리상의 목표"에 대해서 대부분의 업종에서 가장 우선적으로 중요하게 생각하는 분야였으나, 벤처기업의 경우는 "해당 분야 선두경쟁사에 대한 공식/비공식적 벤치마킹"이 가장 우선적으로 중요하게 인지하였다. 이러한 원인은 벤처기업들의 경우 조직 연령이 높지 않아 다양한 HRM 활동이 마련되지 않은 상황에서 선발업계의 제도화된 기준을 그대로 도입하는 경향이 크기 때문인 것으로 풀이된다. 8개의 사업 분야 측면에 대해서는 "사업 분야에 고유한 규제 및 기준"에 대해서는 업종에 따라서 그 중요 정도의 차이가 나타났다($P<0.01$) 정보통신업, 벤처기업의 경우 비교적 낮았으며, 공기업, 제조·건설업의 경우는 높은 경향이었다(<표 5-25> 참조).

또한 기업규모와 기술수준에 따른 분류에 있어서는, 규모가 큰 기업

중에서 low-tech와 high-tech 간에 "사업 분야에 고유한 규제 및 기준" 항목에 있어 통계적 차이를 보였다(<표 5-26> 참조).

〈표 5-25〉 업종별 사업 분야 측면에 따른 중요 정도의 차이①

	전 체	공기업	제조건설업	유통업	금융보험업	정보통신업	벤처기업	기 타	F(P)
사업 분야 측면1	7.00(1)	8.00(1)	6.96(1)	7.30(1)	7.64(1)	7.78(1)	4.75(2)	6.38(1)	2.012 (.071)
사업 분야 측면2	5.26(3)	6.50(2)	5.95(2)	4.56(3)	4.55(4)	4.22(5)	4.00(8)	4.23(6)	2.972** (.010)
사업 분야 측면3	5.59(2)	5.50(3)	5.46(3)	6.40(2)	5.82(2)	5.44(2)	4.75(2)	5.77(2)	.556 (.764)
사업 분야 측면4	4.00(5)	3.50(6)	3.61(6)	4.44(4)	4.55(4)	4.89(3)	3.75(5)	4.46(5)	1.266 (.280)
사업 분야 측면5	4.45(4)	2.00(7)	4.25(4)	3.60(6)	5.18(3)	4.56(4)	6.25(1)	5.15(3)	2.681 (.019)
사업 분야 측면6	3.94(6)	4.50(4)	3.74(5)	4.44(4)	3.73(6)	3.44(7)	4.25(7)	4.85(4)	1.124 (.354)
사업 분야 측면7	2.68(8)	4.50(4)	2.54(8)	3.00(7)	2.55(7)	2.11(8)	3.75(5)	3.00(7)	1.428 (.212)
사업 분야 측면8	3.14(7)	1.50(8)	3.49(7)	2.67(8)	2.00(8)	3.56(6)	4.50(4)	2.36(8)	1.278 (.275)

** $P < 0.01$

〈표 5-26〉 사업 분야 측면에 따른 중요 정도의 차이②

	전 체	small & low	small & high	large & low	large & high
사업 분야 측면 1	7.0000	7.1786	6.9500	6.4400	7.3030
사업 분야 측면 2	5.2571	5.2143	5.2500	6.2800*	4.5000*
사업 분야 측면 3	5.5943	6.0000	5.4000	5.1600	5.6970
사업 분야 측면 4	4.0000	3.7857	3.9000	4.2000	4.0938
사업 분야 측면 5	4.4528	4.6786	5.0000	4.0800	4.2121
사업 분야 측면 6	3.9429	4.2143	3.8500	3.6000	4.0313
사업 분야 측면 7	2.6827	2.4643	2.7000	2.8800	2.7097
사업 분야 측면 8	3.1386	2.5769	2.9500	3.1667	3.7097

* $p < 0.05$

〈표 5-27〉 업종별 중요도의 차이①

	전 체	공기업	제조 건설업	유통업	금융 보험업	정보 통신업	벤처 기업	기 타	F(P)
경쟁적 압력	3.64(1)	3.00(2)	3.70(1)	3.22(3)	3.81(1)	3.78(1)	3.50(2)	3.43(1)	1.625 (.148)
제도적 요소	3.34(3)	1.00(4)	3.59(2)	3.33(2)	3.36(3)	3.33(3)	1.75(4)	3.14(3)	1.520 (.179)
국가문화적 요소	1.65(4)	3.00(2)	1.50(4)	1.89(4)	1.27(4)	1.22(4)	3.75(1)	1.92(4)	5.031*** (.000)
사업 분야적 요소	3.35(2)	4.00(1)	3.21(3)	3.56(1)	3.55(2)	3.67(2)	3.00(2)	3.38(2)	.839 (.543)

*** P<.0001

다음은 이제까지의 4가지 요소에 있어, HRM정책과 실천에 미치는 중요도[48])에 대해 알아보았다. 그 결과 "경쟁적 압력"에 대해서는 평균 3.64의 중요도가 나타났으며 다음으로 "사업 분야적 요소"가 평균 3.35, "제도적 요소"가 평균 3.34, 국가문화적 요소는 평균 1.65로 각각 조사되어, 각 기업의 HRM정책과 실행의 결정에 있어 "경쟁적 압력" 요소가 가장 우선적으로 고려되는 것으로 나타났다.

〈표 5-28〉 중요도의 차이②

요소(순위)	전 체	small & low	small & high	large & low	large & high
경쟁적 압력(1)	3.6381	3.5714(1)	3.6667(1)	3.4583(2)	3.8125(1)
제도적 요소(3)	3.3429	3.5714(1)	3.1429(3)	3.2917(3)	3.3125(2)
국가문화적 요소(4)	1.6538	1.5000(4)	1.8500(4)	1.7500(4)	1.5938(4)
사업분야적 요소(2)	3.3462	3.3571(3)	3.2500(2)	3.5000(1)	3.2813(3)

48) 각 요소에 대해서는 1순위에서 4순위를 부여하여, 1순위에는 4점, 2순위는 3점, 3순위는 2점, 4순위는 1점을 각각 부여하였다.

이를 업종에 따른 중요도의 차이를 살펴보면, '국가문화적 요소'에 있어서 업종에 따라 통계적 차이가 조사되었는데, 공기업이 가장 높았으며 다음으로 벤처기업이 다소 높게 나타났다(<표 5-27> 참조). 한편, 기업규모와 기술수준에 따른 통계적 차이가 없었다. 그러나 순위 면에서는 약간의 차이가 보였으며 특히 제도적 요소와 사업 분야적 요소는 거의 동일한 순위라고 볼 수 있다.

이상에서 HRM 활동에 영향을 미치는 거시적인 요인들을 종합하여 정리하면 <표 5-29>와 같다. 여기서 중요한 점은 이러한 거시적 요인이 과거에는 기업이 가지고 있는 사업의 특성이나 제도적 요인이, 기업의 HRM 활동에 중요한 고려요인이었으나(박기찬, 2000), 현재는 중요도의 순위가 경쟁적 압력으로 변화하고 있다는 사실이다. 즉 어떤 기업이 HRM 활동을 추진하는 데 있어서 빠르게 변화하는 국내외 기술의 변화, 고객욕구의 변화, 그리고 정보통신 기술의 변화가 HRM 전략과 활동에 중요한 고려요인이 되고 있다는 사실이다.

예를 들어 이러한 변화는 최근 정보통신의 발달과 함께 급격하게 확산되고 있는 e-HRM과 관련이 깊다. 이른바 e-HRM의 요지는 과거 기업 인사관리부서의 고유 업무인 관리활동을 정보통신 기술기반 특히, 인트라넷이나 인터넷을 기반으로 자동화하여 절대적인 인사업무의 양을 축소시키고, 대신 인사부서는 종업원의 지원과 개발 영역에 집중시키는 것이다.[49] 이러한 정보기반 기술의 인사관리에 대한 접목은 관

---

49) e-HRM이란 회사의 인트라넷 혹은 인터넷 등을 통해 효과적으로 인사서비스를 제공하고 구성원들과 양방향으로 의사소통 하는 시스템을 의미한다. 예를 들면, 구성원의 요구가 발생하면 1차적으로 웹 기반 인트라넷을 활용하여 해답을 검색하거나 인사담당자에게 인사컨설팅을 받게 하는 시스템이다. 이러한 e-HRM의 확산은 단순한 인사관리 업무의 정보화 수준을 뛰어넘는 것으로 보인다. 특히, 개인적인 차이가 고려된 인사 서비스의 전문화를 꾀할 수 있고, 인사부서는 더욱더 기존의 관리업무보다는 종업원에 대한 개발과 지원에 집중할 수 있는 장점이 있는 것으로 파악되고 있다. 실제 미국

리적 차원이 아닌, 전략적 차원에서 HRM 활동을 재조정하고 있다.

〈표 5-29〉 HRM 활동에 영향을 미치는 거시적 요인

압력요인	외부환경의 영향	제도적 영향	문화적 영향	사업특성의 영향
주요 내용	· 국내외 경쟁격 화 및 기업경영 구조의 세계화 · 전사적 품질관 리 및 고객만족 중요성의 증가 · 정보통신 기술 의 증가	· 노동법 · 인적자원관리 및 노동 관련 전문기관 · 교육 및 직업 훈련 단체	· 관리자들의 공통가치, 행 동방식, 규범 · 조직문화와 개인가치의 일치정도	· 경영전략 및 사 업목표 · 사업 분야의 고 유한 규제 및 기준 · 고객 및 공급자 의 특정 욕구

제3절 HRM의 실태분석(Ⅲ): 통합과 위임의 수준 분석

이 절에서는 우리나라 기업의 전략적 통합수준과 현장관리자에로의 위임수준정도를 파악하고, 그러한 수준정도를 예측하는 여러 상황적 요인과 기업 내 조직정책을 살펴보는 것이다. 통합수준 및 위임수준 변수 및 측정내용은 전술한 바와 같다.

내 다국적 기술서비스 회사인 슈룸버거(Shlumberger)와 미국 내 4위권의 은 행인 뱅크원(bank one)이 이 시스템을 도입하여 23%의 관리비용을 절감하 였으며, 경력개발이나 인사 컨설팅에서 주목할 만한 효과를 거두고 있는 것 으로 나타났다(현대경제연구원, 2001).

1. 전략적 통합수준 및 위임수준 관련 변수고찰

여기서는 제4장에서 조작적 정의한 통합 및 위임에 관련된 각 항목에 대하여 살펴보도록 한다.

1) 전략적 통합변수

(1) 경영전략수립에 HRM 관련 사항의 반영시점

경영전략수립에 HRM이 반영되는 시점은 전략수립의 착수시점부터 반영되는 경우가 53개사(47.7%), 전략분석의 협의시점부터 반영되는 경우 34개사(30.6%), 경영전략의 실행시점부터 반영되는 경우 14개사 (12.6%), 전략수행의 결과평가시점 이후부터 반영되는 경우 2개사 (1.8%), 경영전략에 반영되지 않고 있는 경우 6개사(5.4%)로 조사되어, 주로 경영전략 수립부터 반영되고 있는 것으로 나타났다.

〈표 5-30〉 경영전략수립에 HRM 반영시점

		규모 * 기술				전체
		small & low	small & high	large & low	large & high	
전략수립시 HRM반영	전략수립의 착수시점부터	11	9	12	21	53
	전략분석의 협의시점	11	9	6	8	34
	경영전략의 실행시점	6	2	5	1	14
	전략수행의 결과평가시점		1		1	2
	반영되고 있지 않다	2		3	1	6
전 체		30	21	26	32	109

(2) 인사부서의 전략의 공식화 정도

인사부서의 전략유형으로서, 우선 경영이념에 대해서는 문서로 작성되어 있는 경우가 98개사(88.3%), 구두로 정리되어 있는 경우 7개사(6.3%), 없는 경우 3개사(2.7%)로 나타났다. 경영전략에 대해서는 문서로 작성되어있는 경우가 97개사(87.4%), 구두로 정리되어 있는 경우 9개사(8.1%), 없는 경우 2개사(1.8%)로 나타났다. 인사정책에 대해서는 문서로 작성이 되어 있는 경우가 80개사(72.1%), 구두로 작성되어 있는 경우 20개사(18.0%), 없는 경우 7개사(6.3%)로 조사되었다. 따라서 대부분의 기업에서 인사부서의 전략에 대한 문서가 작성되어 있으며, 체계적인 노력을 기울이고 있음을 알 수 있다. 한편, 이러한 전략유형을 기업규모와 기술수준에 따른 빈도분석의 결과는 <부표 9>에 요약되어있다.

〈표 5-31〉 인사부서의 전략유형

	문서로 작성	구두로 정리	없 음	잘 모르겠음
경영이념	98(88.3%)	7(6.3%)	3(2.7%)	2(1.8%)
경영전략	97(87.4%)	9(8.1%)	2(1.8%)	2(1.8%)
인사정책	80(72.1%)	20(18.0%)	7(6.3%)	2(1.8%)

(3) 경영전략의 수립 간여

경영전략이 수립되어 있는 경우에 인사부서가 경영전략 수립에 관여하는 시점에 대해 살펴 본 결과, 전략수립의 착수시점부터 반영되는 경우가 53개사(47.7%), 전략분석의 협의시점부터 반영되는 경우 41개사(36.9%), 경영전략의 실행시점부터 반영되는 경우 8개사(7.2%), 전략수행의 결과평가시점 이후부터 반영되는 경우 1개사(.9%), 전략수립에 전혀 관여하지 않는 경우 5개사(4.5%)로 조사되어, 대부분 전략수

립 착수시점이나 전략분석 협의시점부터 경영전략수립에 관여하는 것
으로 나타났다(<부표 10> 참조).

 HRM 관련 사항의 반영시점과 경영전략수립에의 관여시점을 비교
한 결과, <표 5-32>에서와 같이 대부분 전략수립의 착수시점이나 전
략분석 협의시점에서 HRM 관련 사항이 반영되거나 경영전략수립이
관여되는 것으로 조사되었다.

〈표 5-32〉 HRM 반영시점과 경영전략수립개입시점 비교

	HRM 관련 사항 반영시점		경영전략수립관여시점	
	빈 도	비율(%)	빈 도	비율(%)
전략수립의 착수시점부터	53	47.7	53	47.7
전략분석의 협의시점부터	34	30.6	41	36.9
경영전략의 실행시점부터	14	12.6	8	7.2
전략수행의 결과평가시점 이후	2	1.8	1	.9
경영전략에 반영되지 않고 있다	6	5.4	5	4.5
무응답	2	1.8	3	2.7
전 체	111	100.0	111	100.0

 (4) 인사정책의 인사기능과 업무프로그램의 반영정도

 인사정책의 인사기능과 업무프로그램의 반영정도를 살펴본 결과, 전
혀 반영되지 않는 경우가 2개사(1.8%), 반영되지 않는 경우 7개사
(6.3%), 보통 32개사(28.8%), 반영되고 있는 경우 56개사(50.5%), 적
극 반영되고 있는 경우 14개사(12.6%)로 조사되어 인사정책의 인사기
능 및 업무프로그램에의 반영도는 높은 것으로 나타났다(<부표 11>
참조).

 반영정도를 1에서 5점으로 환산하여 평균을 구해보면, <표 5-33>과

같이 전체 평균이 3.65로 높게 반영된다는 사실을 보여준다. 기업규모
와 기술수준에 따른 차이도 나타나는데(F＝2.683, DF＝3, p＝0.050),
대규모－하이테크 조직에서 그 반영도가 높다는 점을 보여주고 있다.

〈표 5-33〉 기업규모와 기술수준에 따른 반영수준

	N	평 균	표준편차
small & low	30	3.5000	.6823
small & high	21	3.3810*	.9207
large & low	26	3.6538	1.0175
large & high	33	3.9697*	.7282
합 계	110	3.6545	.8506

* p<0.05

이상의 결과로부터 현재 우리나라 기업들의 전략적 통합의 정도를
아래와 같이 정리할 수 있다. 먼저, 기업의 전략 수립에서 있어서 인
사담당자가 전략수립 시점 혹은 전략을 논의하는 시점에서부터 참여함
으로써 기업전략과 인사전략의 일관성을 높이고 체계적인 관리활동을
하고 있는 것으로 나타났다.

그렇다면, 전략적 통합성이 기업에 어떠한 영향을 미칠까? 위의 실
증적인 분석결과에서 전략적 통합성의 증가는 결과적으로 기업성과에
영향 및 책임경영의 실현, 우수인재의 확보에 긍정적인 영향을 미치고
있는 것으로 파악되었는데, 이러한 결과는 HRM 활동이 전사적으로
통합되어 운용되는 기업일수록 그렇지 않은 기업보다 더 좋은 성과가
나타났다고 하는 Huselid(1995)의 주장과도 일치하는 결과이다. 결국
전략적 적합성이 높다는 것은 기업에서 추진하는 다양한 HRM 전략
들(모집, 선발, 교육훈련, 평가, 보상시스템 등)이 일관성을 유지함으로
써 종업원들에게 정당성을 제공하고, 이직률을 낮추고, 조직몰입을 높

임으로써 조직성과에 기여하는 것으로 풀이된다(Arthur, 1994).

2) 위임변수

(1) HRM 관련 정책 위임

HRM 관련 정책의 결정 주체에 대해 살펴본 결과, 전체적인 HRM 정책을 국내 본사나 인사부서에서 결정하는 경우가 가장 많은 것으로 조사되었다. 다음으로 계열사나 지점, 서비스 본부에서 결정을 하거나 공장이나 (지역)사무소의 순으로 결정하는 것으로 나타났다(<부표 12> 참조).

그러나 구체적인 HRM 정책을 살펴보면 조금씩 다른 변화가 나타 났다. 즉, 급여나 채용선발과 같은 요인들은 주로 국내 본사에서 결정 되고 있으나, 훈련 및 개발, 노사관계 관리, 건강 및 안전관리 등과 같 은 정책들은 공장이나 사무소, 계열사에서 결정되는 것으로 보여, 주 로 종업원과 밀착된 HRM 활동들이 현장관리자들에게 위임되어 가고 있음을 파악할 수 있다.

〈표 5-34〉 주요 정책의 책임 및 결정 주체

인사 관련 이슈	HR 부서가 주로 결정	현장관리자 자문에 의한 HR 부서에서 결정	현장관리자가 주로 결정	HR자문에 의한 현장관리자가 결정	무응답
① 급여 및 복리후생	77(69.4%)	26(23.4%)	3(2.7%)	2(1.8%)	3(2.7%)
② 채용 및 선발	61(55.0%)	34(30.6%)	9(8.1%)	5(4.5%)	2(1.8%)
③ 훈련 및 개발	54(48.6%)	40(36.0%)	9(8.1%)	6(5.4%)	2(1.8%)
④ 인사고과	52(46.8%)	32(28.8%)	20(18.0%)	5(4.5%)	2(1.8%)
⑤ 노사관계관리	53(47.7%)	46(41.4%)	4(3.6%)	4(3.6%)	4(3.6%)
⑥ 건강 및 안전관리	50(45.0%)	34(30.6%)	16(14.4%)	8(7.2%)	3(2.7%)
⑦ 인력증원 및 감축	45(40.5%)	52(46.8%)	7(6.3%)	5(4.5%)	2(1.8%)
⑧ 작업 및 직무설계	20(18.0%)	52(46.8%)	27(24.3%)	10(9.0%)	2(1.8%)

HRM 관련 활동의 위임정도를 구체적으로 파악하기 위해서 기업수
준에서 기업 내부 수준으로 추가적인 분석을 실시한 결과가 <표
5-34>와 같이 나타났다. 분석한 결과, HR 부서에서 주로 결정하는 경
우가 많았으나, 인력증원 및 감축과 작업 및 직무설계에 대해서는 현
장관리자의 자문에 의한 HR 부서에서 결정하는 경우도 많았다. 또한
작업 및 직무설계에 대해서는 현장관리자가 주로 결정하는 경향도 높
게 나타났다. 특히, 종업원들에 대한 평가나 건강 및 안정관리 요인들
이 현장관리자에게 위임의 정도가 높게 나타나고 있으며, 공통적으로,
과거 기업의 인사부서가 전체적인 HR 관련 정책을 결정하던 관행에
서 벗어나 현장관리자들에게 정책결정의 권한을 위임 또는 현장관자들
을 정책결정에 참여시키고 있는 것으로 나타났다. 이러한 결과는 아래
의 현장관리자들이 책임 변화에 대한 분석에서도 일치하고 있다.

(2) 정책이슈와 관련된 지난 5년간의 현장관리자의 책임의 변화

<표 5-35>에서 알 수 있듯이, 정책이슈와 관련하여 지난 5년간의
HRM 부서장(혹은 팀장)의 책임의 변화에 대해 살펴본 결과, 부서장
(혹은 팀장)의 책임이 증가한 경향을 볼 수 있다. 사항별로는 인사고
과에 대해서 가장 증가하였으며, 다음으로 훈련 및 개발, 노사관계관
리의 순이었다. 급여 및 복리후생에 대해서는 그 책임이 가장 낮은 것
으로 나타났다.

〈표 5-35〉 현장관리자의 책임 변화

부서장의 책임 속성변화	매우감소	감소됨	동일함	증가됨	매우증가	무응답
① 급여 및 복리후생	4(3.6%)	9(8.1%)	56(50.5%)	36(32.4%)	2(1.8%)	4(3.6%)
② 채용 및 선발	1(.9%)	6(5.4%)	47(42.3%)	53(47.7%)	1(.9%)	3(2.7%)
③ 훈련 및 개발	1(.9%)	3(2.7%)	49(44.1%)	51(45.9%)	4(3.6%)	3(2.7%)
④ 인사고과	1(.9%)	2(1.8%)	37(33.3%)	58(52.3%)	10(9.0%)	3(2.7%)
⑤ 노사관계관리	2(1.8%)	5(4.5%)	41(36.9%)	57(51.4%)	2(1.8%)	4(3.6%)
⑥ 건강 및 안전관리	2(1.8%)	3(2.7%)	53(47.7%)	47(42.3%)	3(2.7%)	3(2.7%)
⑦ 인력증원 및 감축	2(1.8%)	8(7.2%)	43(38.7%)	50(45.0%)	4(3.6%)	4(3.6%)
⑧ 작업 및 직무설계	1(.9%)	3(2.7%)	49(44.1%)	51(45.9%)	3(2.7%)	4(3.6%)

결과적으로 위임도에 대한 분석결과를 종합하면 다음과 같이 정리된다. 현재 우리나라 기업에게 나타나고 있는 HR 관련 정책의 권한은 다른 선행연구에서와 마찬가지로 현장관리자에게 위임이 이루어지고 있으며, 대부분의 HR 관련 정책에 대한 결정권이 위임되고 있는 것으로 나타났다. 특히, 인사평가, 채용과 선발, 훈련 및 개발과 같이 주로 종업원과 밀착된 관계를 요구하는 부분에서 현장관리자에게 위임이 집중적으로 이루어지고 있다는 점을 확인할 수 있다.

2. 통합수준과 위임수준 평가

통합수준과 위임수준을 나타내는 변수들의 항목들은 척도법에서 조금씩 차이가 있다. 즉, '예'와 '아니오'라는 이분법적인 명목척도와 등간척도가 혼재되어 있다. 통합과 위임수준을 높은 집단과 낮은 집단으로 분류하기 위해서, 각 측정항목의 내용에 따라, 총 점수의 50%를 기준으로 하여, 높은 집단은 1, 낮은 집단은 0으로 하는 새로운 이분법적인 변수 2개를 만들었다. 통합수준을 측정하는 변수 4개에 대한

Cronbach alpha는 0.6145, 위임수준을 측정하는 변수 3개에 해당하는 각 항목에 대한 Cronbach alpha는 0.7345를 보여 수용할 만한 신뢰성을 보였다. 통합수준과 위임수준에 대한 각 기업의 빈도수는 <표 5-36>과 같다. 총 111개 기업 중 위임 관련 변수의 결측치로 인해 판별할 수 없는 5개 기업은 제외하여 106개 기업으로 조사되었다.

<표 5-36> 통합수준과 위임수준의 빈도분석

		위임수준		전 체
		저	고	
통합수준	저	36	35	71
	고	23	12	35
전 체		59	47	106

또한, 통합수준과 위임수준에 따른 HRM 유형에 대한 차이를 살펴보면 <표 5-37>과 같이 대부분 효과적인 자원배분과 능력향상에 대한 인사정책의 목표를 하고 있음을 알 수 있는데, 특히 통합수준이 높은 기업이나 위임수준이 높은 기업들이 자원배분형이 능력향상형보다 많게 나왔다. 이는 기업 내에서의 적절하고 효과적인 인적자원의 배치로 인한 역량강화에 더 힘쓰고 있음을 알 수 있다.

<표 5-37> 통합수준과 위임수준에 따른 HRM 유형

		HRM 유형					전 체
		비용절감	능력향상	인재확보	자원배분	신뢰구축	
위임 수준과 통합수준	저위임 & 저통합	5	15	8	7	1	36
	저위임 & 고통합	2	11	4	15	3	35
	고위임 & 저통합		8	2	12	1	23
	고위임 & 고통합		3	4	5		12
전 체		7	37	18	39	5	106

한편, 각 기업의 통합수준과 위임수준을 업종별로 2×2 매트릭스의 형태로 그래프를 그려보면, 아래 (그림 5-4)와 같이 나타났다.

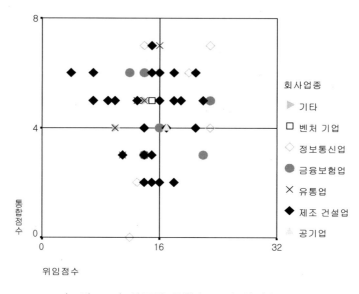

(그림 5-4) 업종별 통합수준 및 위임수준

(그림 5-4)에 의하면, 벤처기업의 경우는 통합정도가 보통보다 조금 높았으며 위임의 수준은 보통이었고, 유통업의 경우는, 통합수준은 높으나 위임의 수준은 보통 이하였다. 정보통신업은 대체로 통합수준이 높을 뿐, 위임의 정도는 정확히 파악하기 어려운 상태고, 금융보험업의 경우는 통합과 위임의 수준이 보통수준 이상이었다. 그리고 제조·건설업의 경우는 대체로 중간정도의 분포를 보이고 있다고 말할 수 있겠다. 이러한 업종에 따른 그래프의 산점도가 크고 해석에 따른 선명성이 부족해서 기업규모별, 기술수준별로 통합수준과 위임수준을 제시하는 게 훨씬 이해에 도움이 될 것으로 판단되어 부분별로 살펴보도록 하였다.

먼저 통합수준을 기술수준에 따라 살펴보면(그림 5-5)에서 보듯이

high-tech 조직이 low-tech보다 통합수준이 높음을 알 수 있다. 또한 기업규모에 따른 분석에서는 대규모 기업조직의 통합수준이 훨씬 높다고 조사되었다(그림 5-6 참조). 따라서 전략적 통합수준은 대규모-하이테크 기업조직일수록 통합수준은 높다고 할 수 있다.

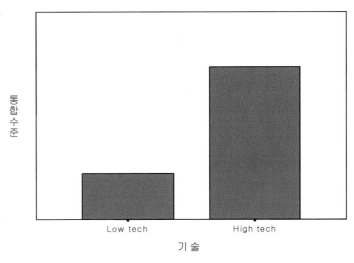

(그림 5-5) 기술별 통합수준

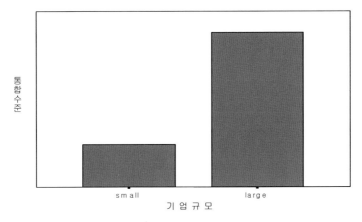

(그림 5-6) 규모별 통합수준

위임수준의 경우에 있어서도(그림 5-7, 그림 5-8 참조) 통합수준과 비슷한 흐름으로 조사되었다. 즉, 기업규모가 크고 하이테크인 조직의 위임수준이 훨씬 높음을 알 수 있다. 특히 기술수준에 따른 위임수준의 차이가 많이 나온 것으로 조사되었다. 이는 하이테크기업의 조직특성을 잘 설명해주는 부분이라고 볼 수 있을 것이다.

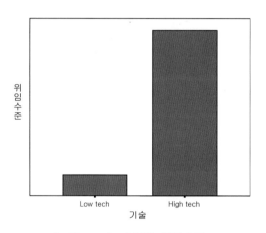

(그림 5-7) 기술별 위임수준

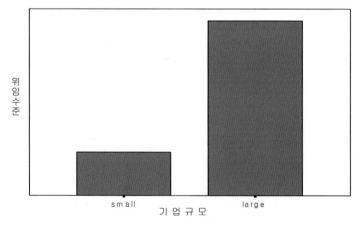

(그림 5-8) 규모별 위임수준

3. 통합 및 위임수준에 따른 HRM 활동프로그램 중요도

<부표 13>에 제시되어있는 경쟁우위를 위한 HRM 활동 및 프로그램들의 측정항목은 현재와 미래(5년 후)로 나누어져 있다. HRM 활동 프로그램의 중요도 인식을 통합수준과 위임수준에 따라서는 어떠한 차이가 있는지 알아보았고, 또한 위임수준과 통합수준을 독립변수로 하는 이원배치분산분석을 실시하여, 상호작용의 효과가 있는지를 살펴보았는데, 대부분의 항목들이 상호작용의 효과가 없었다.[50] 따라서 각각의 변수를 기준으로 T-test 분석을 하여 그 결과를 제시하였다(<표 5-38, 표 5-39> 참조).

먼저, 현재의 경우를 보면, 통합수준에 따른 통계적 차이는 없었으나(<표 5-38> 참조), '신입사원에 대한 기초교육 및 기술훈련 실시', '사업계획과 방향 및 문제점에 대한 종업원과의 의견교환', '고객 서비스 및 품질을 독려, 인정, 보상하는 체제' 등과 같은 항목은 위임수준에 따라 통계적 차이를 보였다(<표 5-38> 참조). 특히 '신입사원에 대한 기초교육 및 기술훈련실시' 항목은 위임수준이 낮은 기업이 오히려 중요도를 높게 평가하는 것으로 나타나, 위임수준이 낮은 기업들이 신입사원에 대한 기초교육을 관료화된 조직의 특성에 맞게 입문교육을

---

50) 상호작용의 효과가 있는 항목을 살펴보면, '계층의 축소 및 관리의 폭(범위) 확대'(A), '위험과 비용을 종업원들 모두가 공유하는 체제'(B)이다. 평균값은 아래 표와 같다.

A			B		
통합수준 위임수준	저	고	통합수준 위임수준	저	고
저	3.75	3.95	저	3.42	3.55
고	4.89	4.99	고	4.33	3.33

196

하는 것으로 판단되어진다.

5년 후의 각 항목에 대한 중요도 조사에서 살펴보면(<표 5-39> 참조), 대부분 통합수준과 위임수준이 높은 조직들의 중요도 인식이 높았다. 통합수준에 따른 중요도는 '새로운 시장으로부터의 채용과 고용'이라는 항목에서 차이를 나타내어 통합수준이 높은 기업들이 향후 인력확보를 위한 프로그램의 중요성을 강조하였다. 한편 위임수준에 따른 중요도는 '계층의 축소 및 관리의 폭 확대', '고정 인건비 절감을 위한 비상근 인력의 활용', 그리고 '종신고용 및 고용안정의 보장' 등의 항목에서 차이를 보이고 있다(<표 5-39> 참조). 특히 종신고용과 고용안정에 대한 항목에서는 위임수준이 낮은 조직이 강조를 하고 있고, 위임수준이 높은 조직은 계층축소로 인한 수평조직 및 비정규인력의 활용이 향후의 HRM 활동에 중요하다고 인식하고 있는 것으로 조사되었다.

한편, HRM 활동 프로그램 38개 항목을 5개의 영역 즉, 채용관리, 교육훈련 및 인력개발, 보상 및 평가, 경력관리, 복리후생 등으로 구분하여 평균값을 구하였다. 구분항목을 보면, 채용관리 1, 2, 교육훈련 및 인력개발 3, 4, 5, 6, 7, 16, 27, 보상 및 평가 20, 21, 22, 23, 24, 25, 26, 경력관리 30, 33, 34, 35, 36, 38, 복리후생 28, 30, 31항목이다. 이들 sub-practices 들의 중요도(현재)는 보상 및 평가 3.53, 교육훈련 및 인력개발 3.45, 채용관리 3.41, 경력관리 3.19, 복리후생 3.14의 순으로 중요도를 나타내었다. 여기에서 조사되어진 38개 항목 대부분의 중요도가 높았고, 기업의 상황요인에 따른 통계적 차이가 없지만, 현재의 우리나라 기업들이 보여주고 있는 중요도의 순위는 시사하는 바가 있다고 보여진다. 즉, HRM의 활동 및 프로그램에 있어 보상 및 평가, 교육훈련 및 인력개발에 대한 중요성의 강조는, 경쟁압력의 영향속에서 지속적 경쟁우위를 누리기 위한 인적자원의 역할변화의 중요성을 의미한다고 판단되어진다.

이러한 경쟁우위를 확보를 위한 HRM 활동 프로그램의 중요도에 대한 인식은, 인사관리의 핵심이념이 과거의 관료적인 딱딱하고 고지식한 인사관리에서 유연화되고 협력적인 방향으로의 전환에 대한 중요성을 나타내 주는 것으로써, 이는 인사관리의 유연성(flexibility)을 의미한다고 볼 수 있다. 이 유연성의 경제적 가치와 사회적 가치를 동일하게 추구하는 위한 것으로써 파트타임 직무의 증대, 직무공유제, 탄력적 근무시간제도 등과 같은 신축성 있는 인력활용을 통해 기업의 인력구조에 있어서 비정규종업원의 비중이 점차 늘어나 유연해져 가는 추세를 반영하고 있다. 또한 조직구조와 설계에 있어서는 임파워먼트의 확산과 계층의 축소 및 관리범위의 확대, 참여경영확산, 그리고 종업원 간의 커뮤니케이션 등으로 급변하는 경영환경에 신속히 대처하는 구조로 재설계해야 함을 보여주고 있다. 종업원의 자질에 있어서도 보유한 기술과 자질이 진부화되는 것을 막고 기술혁신을 이룩하기 위해 다양한 교육훈련 및 인력개발의 중요성을 나타내어 인사전략으로서의 유연성을 높이는 방향으로 전개되어야 함을 보여주고 있다.

〈표 5-38〉위임/통합수준에 따른 HRM 활동프로그램의 중요도 분석(현재)

경쟁우위 확보를 위한 HRM 활동 및 프로그램	위임수준			통합수준			상호작용 효과(F)
	저	고	t	저	고	t	
새로운 노동시장으로부터의 채용과 고용	3.39	3.56	-0.872	3.43	3.70	-1.850	2.581
우수대학으로부터의 신입채용 프로그램 강조	3.25	3.67	-1.734	3.32	3.28	0.203	0.000
신입사원에 대한 기초교육 및 기술훈련 실시	3.61	4.00	-2.258*	3.68	3.85	-1.224	0.209
우수잠재력 보유자의 조기발견 및 개발	3.52	3.83	-1.369	3.62	3.72	-0.603	0.918
전체종업원 대상 평생교육/재교육 실시	3.18	3.39	-1.001	3.30	3.30	-0.027	1.346

경쟁우위 확보를 위한 HRM 활동 및 프로그램	위임수준			통합수준			상호작용 효과(F)
	저	고	t	저	고	t	
종업원 개개인별 복수-병행 경력경로의 구축	2.95	3.17	-0.924	2.98	3.15	-1.126	0.692
우수인력 유지를 위한 적극적 공공교육 이수	3.18	3.22	-0.193	3.15	3.26	-0.707	2.342
계층의 축소 및 관리의 폭(범위) 확대	3.34	3.22	0.657	3.20	3.41	-1.472	0.301
직무, 기술 및 작업배치를 위한 인력 유연성 강화	3.50	3.50	0.000	3.42	3.64	-1.502	1.104
고정 인건비 절감을 위한 비상근 인력의 활용 (아르바이트, 파트타임, 인재파견 업체 용역 등)	3.27	3.17	0.525	3.20	3.28	-0.510	3.844
다양성 관리를 위한 조직별 표준 프로그램의 운영	3.09	3.00	0.497	3.02	3.20	-1.276	0.095
형평의 원칙 확립을 위한 기업문화의 정립	3.36	3.33	0.143	3.38	3.50	-0.786	0.132
참여경영 확산을 위한 종업원 의사결정참여 촉진	3.26	3.06	0.982	3.12	3.33	-1.331	0.103
전사적 커뮤니케이션 기술촉진 (e-mail, 화상회의)	3.50	3.28	0.921	3.37	3.46	-0.500	0.095
사업계획과 방향 및 문제점에 대한 종업원과의 의견교환	3.43	3.11	2.099*	3.33	3.50	-1.045	0.414
개별 경력관리상 자기진단 및 자기계발 강조	3.55	3.56	-0.064	3.53	3.63	-0.665	1.009
자발적 기업홍보를 위한 대외활동의 촉진 및 보상	3.28	2.94	1.535	3.17	3.20	-0.197	0.690
종신고용 및 고용안정의 보장	3.16	3.28	-0.561	3.08	3.04	0.235	0.309
주인의식, 책임감 고취를 통한 임파워먼트의 확산	3.43	3.61	-0.954	3.55	3.72	-1.123	1.251
사업성패별 보상과 위험을 고려한 급여체계 구축	3.35	3.44	-0.511	4.18	3.29	0.923	1.057
개별성과급 중심의 성과주의 인사철학 중시	3.45	3.56	-0.458	3.52	3.43	0.532	0.184

경쟁우위 확보를 위한 HRM 활동 및 프로그램	위임수준			통합수준			상호작용 효과(F)
	저	고	t	저	고	t	
사업과 생산성 증대를 독려, 인정, 보상하는 체제	3.72	3.53	0.982	3.63	3.66	-0.175	0.569
지식과 기술개발을 독려, 인정, 보상하는 체제	3.52	3.35	0.850	3.51	3.58	-0.436	0.042
혁신과 창의력 개발을 독려, 인정, 보상하는 체제	3.61	3.44	0.872	3.50	3.67	-1.139	0.028
고객 서비스 및 품질을 독려, 인정, 보상하는 체제	3.66	3.28	2.091*	3.61	3.74	-0.839	0.252
동료-부하-고객의 평가를 종합한 성과평가 실시	3.20	3.11	0.438	3.27	3.26	0.034	1.113
관리자 교육 및 기술개발훈련의 강조	3.43	3.44	-0.070	3.42	3.61	-1.254	1.452
탄력적인 복리후생 프로그램의 설계 및 운영	3.25	3.17	0.464	3.18	3.28	-0.654	0.447
위험과 비용을 종업원들 모두가 공유하는 체제	3.05	2.89	0.855	3.05	2.96	0.635	0.268
개인 및 가족의 욕구에 부응하는 지원 및 서비스	3.09	3.06	0.206	3.12	3.16	-0.252	0.397
개인 및 가족대상 적극적 건강유지 프로그램 실시	3.05	3.00	0.230	3.02	3.13	-0.697	0.285
직무공유 및 파트타임 같은 탄력작업제 실시	3.02	3.06	-0.194	3.07	2.96	0.813	0.112
혁신적 또는 탄력적 재배치 프로그램의 개발	3.16	3.00	0.866	3.12	3.00	0.776	1.973
다양하고 유연한 퇴직 기회부여 프로그램의 실시	2.89	2.61	1.422	2.87	2.85	0.115	0.048
부서 간 또는 팀 간의 탄력적 인력운용	3.14	3.06	0.408	3.18	3.15	0.193	0.450
자율성, 창의적 기술, 승진 등에 대한 기회의 확대	3.50	3.39	0.550	3.48	3.57	-0.501	0.352
정보시스템에 대한 보다 자유로운 접근성 부여	3.48	3.28	0.967	3.43	3.43	-0.009	0.005
제한적 특정인력의 전문화, 세분화 및 정예화 실시	3.43	3.50	-0.309	3.47	3.33	0.907	0.380

* $p < 0.05$

〈표 5-39〉 위임/통합수준에 따른 HRM 활동 프로그램 중요도 분석(5년 후)

경쟁우위 확보를 위한 HRM 활동 및 프로그램	위임수준			통합수준			상호작용 효과(F)
	저	고	t	저	고	t	
새로운 노동시장으로부터의 채용과 고용	4.20	4.22	-0.086	4.08	4.41	-2.220*	1.412
우수대학으로부터의 신입채용 프로그램 강조	3.57	3.56	0.043	3.45	3.65	-0.971	0.511
신입사원에 대한 기초교육 및 기술훈련 실시	4.09	4.06	0.136	4.17	4.11	0.337	0.206
우수잠재력 보유자의 조기발견 및 개발	5.57	4.44	0.583	5.25	4.41	0.807	0.320
전체종업원 대상 평생교육/재교육 실시	3.68	3.89	-0.771	3.72	3.80	-0.436	1.823
종업원 개개인별 복수-병행 경력경로의 구축	3.66	3.94	-1.013	3.65	3.78	-0.714	0.599
우수인력 유지를 위한 적극적 공공교육 이수	3.82	3.56	1.061	3.75	3.78	-0.193	0.478
계층의 축소 및 관리의 폭(범위) 확대	3.84	4.47	-2.610*	3.88	3.98	-0.474	5.378*
직무, 기술 및 작업배치를 위한 인력 유연성 강화	4.30	4.28	0.079	4.12	4.27	0.880	3.144
고정 인건비 절감을 위한 비상근 인력의 활용 (아르바이트, 파트타임, 인재파견 업체 용역 등)	3.86	4.39	-2.157*	3.90	4.11	-1.097	0.194
다양성 관리를 위한 조직별 표준 프로그램의 운영	3.59	3.83	-1.073	3.63	4.72	-1.118	0.546
형평의 원칙 확립을 위한 기업문화의 정립	3.64	3.83	-0.678	3.83	3.89	-0.289	0.090
참여경영 확산을 위한 종업원 의사결정참여 촉진	4.02	3.89	0.591	3.98	4.07	-0.486	0.971
전사적 커뮤니케이션 기술촉진 (e-mail, 화상회의)	4.33	4.56	-0.929	4.25	4.31	-0.345	0.122
사업계획과 방향 및 문제점에 대한 종업원과의 의견교환	4.18	4.00	0.942	4.20	3.98	1.354	0.281

경쟁우위 확보를 위한 HRM 활동 및 프로그램	위임수준			통합수준			상호작용 효과(F)
	저	고	t	저	고	t	
개별 경력관리상 자기진단 및 자기계발 강조	4.14	4.56	-1.844	4.22	4.11	0.578	0.004
자발적 기업홍보를 위한 대외활동의 촉진 및 보상	3.67	3.50	0.614	3.75	3.49	1.321	1.755
종신고용 및 고용안정의 보장	2.93	2.22	2.253*	2.70	2.89	-0.899	0.638
주인의식, 책임감 고취를 통한 임파워먼트의 확산	4.25	4.22	0.107	4.18	4.04	0.772	0.107
사업성패별 보상과 위험을 고려한 급여체제 구축	4.07	4.28	-0.874	4.03	4.00	0.192	0.694
개별성과급 중심의 성과주의 인사철학 중시	4.27	4.56	-1.220	4.27	4.22	0.333	1.202
개별성과급 중심의 성과주의 인사철학 중시	4.27	4.56	-1.220	4.27	4.22	0.333	1.202
사업과 생산성 증대를 독려, 인정, 보상하는 체제	4.36	4.41	-0.235	4.15	4.31	-1.042	0.013
지식과 기술개발을 독려, 인정, 보상하는 체제	4.27	4.41	-0.616	4.27	4.18	0.595	0.819
혁신과 창의력 개발을 독려, 인정, 보상하는 체제	4.36	4.56	-0.903	4.33	4.30	0.181	0.310
고객 서비스 및 품질을 독려, 인정, 보상하는 체제	4.41	4.39	0.095	4.35	4.39	-0.281	0.706
동료-부하-고객의 평가를 종합한 성과평가 실시	3.86	4.11	-1.071	3.98	3.89	0.524	0.811
관리자 교육 및 기술개발훈련의 강조	3.93	3.94	-0.048	4.00	4.04	-0.241	0.117
탄력적인 복리후생 프로그램의 설계 및 운영	3.89	3.89	-0.010	3.92	3.87	0.268	0.002
위험과 비용을 종업원들 모두가 공유하는 체제	3.48	3.83	-1.323	3.58	3.50	0.398	4.674*
개인 및 가족의 욕구에 부응하는 지원 및 서비스	3.68	3.67	0.053	3.68	3.64	0.165	0.127
개인 및 가족대상 적극적 건강유지 프로그램 실시	3.70	3.72	-0.067	3.65	3.70	-0.251	0.000

경쟁우위 확보를 위한 HRM 활동 및 프로그램	위임수준			통합수준			상호작용 효과(F)
	저	고	t	저	고	t	
직무공유 및 파트타임 같은 탄력 작업제 실시	3.89	4.11	-1.171	3.93	3.80	0.772	1.841
혁신적 또는 탄력적 재배치 프로그램의 개발	3.91	3.89	0.089	3.86	3.83	0.219	0.321
다양하고 유연한 퇴직 기회부여 프로그램의 실시	3.84	4.11	-1.132	3.87	3.89	-0.127	0.118
부서 간 또는 팀 간의 탄력적 인력운용	3.91	4.17	-1.073	4.03	3.85	1.030	0.502
자율성, 창의적 기술, 승진 등에 대한 기회의 확대	4.16	4.50	-1.304	4.23	4.20	0.339	1.672
정보시스템에 대한 보다 자유로운 접근성 부여	4.18	4.22	-0.182	4.17	4.17	-0.040	0.002
제한적 특정인력의 전문화, 세분화 및 정예화 실시	4.11	4.50	-1.672	4.28	4.09	1.259	0.570

* $p < 0.05$

4. 조직특성별 통합수준과 위임수준의 차이

조직특성으로서 조직문화 유형, 기업지배구조, 최고경영자의 특성 (<부표 16> 참조), 그리고 노조가입률[51] 등이 통합수준과 위임수준에 따라 어떠한 차이가 있는지 살펴보았다. 각 변수들의 척도법과 특성에 따라 일원배치분산(one way ANOVA)과 T-test를 실시하였는데, 대부분의 경우 통계적으로 차이를 보이지 않았으나, 조직문화유형 및 기업지배구조에 따라서는 통계적 유의성을 보였다.

---

51) 노조가입률에 따라서는 통합수준(F = 0.828, p = 0.513), 위임수준(F = 0.702, p = 0.596)에서 통계적 유의성이 없었다.

1) 조직문화유형

조직문화유형 4가지를 요인으로 하여 통합점수와 위임점수를 가지고 일원배치분산분석을 하였다(<표 5-40> 참조). <부표 14>에서 알수 있듯이, 환경변화에 적극적이고 유연한 조직이 환경변화에 소극적이면서 유연한 조직보다 위임수준이 높았다(p<0.05). 그 외에는 통계적으로 차이는 없었다. 한편, 기업규모와 기술수준에 따른 조직문화유형에서는, 대부분 위임수준과 통합수준이 높은 기업들의 조직문화유형은 환경에 대한 태도가 적극적이고, 조직구조가 유연하다는 것으로 나타났다. 특히 기술수준에 따른 기업문화유형은 통계적 차이가 나타났다(χ^2=7.835, df=3, p=0.050). 하이테크 조직이 환경변화에 도전적이고 유연한 특성을 가졌음을 나타내었다(<표 5-41> 참조).

〈표 5-40〉 기업조직문화유형에서의 통합수준과 위임수준과의 차이

종속변수	조직문화유형	평균값	표준편차	F
통합점수	적극/유연	1.0600	0.9348	1.961
	소극/유연	1.3333	0.9075	
	적극/경직	0.8750	0.9470	
	소극/경직	0.5714	0.9376	
위임점수	적극/유연	16.5484	4.4635	4.080*
	소극/유연	12.0000	4.4107	
	적극/경직	14.5000	2.7104	
	소극/경직	14.3333	0.5164	

* p<0.05

〈표 5-41〉 기업조직문화유형에서의 통합수준과 위임수준과의 차이

| | | 기업 조직문화 유형 | | | | 전 체 |
		적극/유연	소극/유연	적극/경직	소극/경직	
기술 수준	Low -tech	21	13	16	6	56
	High -tech	31	6	8	9	54
전 체		52	19	24	15	110

2) 기업지배구조

통합점수에 따른 기업지배구조의 4가지 유형별 F-test를 한 결과, 기업지배구조유형에 따른 통계적 차이는 보이지 않았으나(<표 5-42> 참조), 전통적인 경영체제와 권한위양형 대리경영체제 사이에는 평균값의 차이가 커서 사후검증을 한 결과(<부표 15> 참조), 차이를 보였다. 이는, 권한위양형 대리경영체제의 경우가 상대적으로 통합성이 높다는 것을 보여주는 결과로서 이해될 수 있다. 그러나 위임점수에 따라서는 유의성을 찾을 수 없었다.

〈표 5-42〉 통합수준에 있어 기업지배구조 유형 간 평균비교

종속변수	지배구조유형	평균값	표준편차	F
통합점수	전통적인 경영체제	0.6190	0.8646	1.903
	소유주주도형 대리경영체제	0.8750	1.0247	
	권한위양형 대리경영체제	1.1875	0.8910	
	전문경영인 체제	1.0000	1.0260	

5. 통합수준과 위임수준에 대한 예측요인

기업에 있어 통합수준의 정도와 위임수준의 정도에 영향을 주는 요인들을 살펴보기 위해서 전술한 바대로 상황요인과 조직정책을 독립변수

로 두고 통합도와 위임도를 종속변수로 하는 판별분석을 하였다. 이는 비정량적 종속변수의 분석에 있어서 유용하게 예측요인(determinants)을 찾아보기 위함이다(Hair *et al.*, 1998). 또한 종속변수인 통합도와 위임도는 두 그룹(고, 저)으로 나누어져 있어 판별함수계수는 다중회귀분석에서의 계수와는 항상 비율적이 된다(Spss, 1993). 따라서 본 분석에서 도출되는 판별함수 계수를 내용적으로는 다중회귀분석에서의 회귀계수로 여겨도 무방할 것이다.

<표 5-43>은 제4장에서 전술한 내용을 요약한 것으로 판별분석에 이용되는 독립변수를 제시하고 있다. <표 5-43>에 제시된 상황변수 및 조직정책변수들이 통합도 및 위임도에 미치는 영향과 관련성 등을 파악하기 위하여 독립변수로 조직정책변수들과 상황변수들로 정하고, 이들 중 비정량적(non-metric) 변수들은 더미화하여, 종속변수로는 위임도(고, 저)와 통합도(고, 저)를 각각 선정한 다음 판별분석(Discriminant Analysis)을 실시하였다. 모형투입 변수선정 방법으로는 단계 선택법(stepwise method)을 사용하여 분석한 결과는 다음과 같다.

<표 5-44>는 판별함수의 고유값(Eigenvalue)[52]과 정준상관관계(canonical correlation)[53]을 제시하고 있다. 이를 살펴보면 고유값이 0.284, 정준상관계수가 0.470으로 나타나 총 변동 중에서 약 22.1%($= 0.470^2$)가 집단 간 차이에 의해 설명된다고 할 수 있다. Wilks의 람다

---

[52] 고유값(Eigenvalue)이란 판별함수에 의한 판별점수를 종속변수로, 판별함수의 종속변수를 독립변수로 한 일원배치 분산분석에서 집단 간 변동을 집단 내 변동으로 나눈 값을 의미한다(최태성, 김성호, 2001).

[53] 판별점수와 종속변수 집단과의 관계의 정도를 나타내는 지표로서 판별점수를 종속변수로, 판별함수의 종속변수를 독립변수로 한 일원배치분산분석에서의 집단 간 변동과 총변동의 비율의 제곱근인 η(eta)값과 같다. η가 1에 가까우면 판별력이 좋다고 할 수 있으며 0에 가까우면 판별력이 부족하다고 할 수 있으며, 이를 제곱한 값은 총변동 중에서 집단 간 차이에 의해 설명되는 비율을 의미한다(최태성, 김성호, 2001).

값을 이용하여 모집단의 집단 간 판별점수의 평균차이의 유무를 검정한 결과는 $\lambda=0.799$로 제시되었으며 λ를 χ^2분포를 이루는 변수로 변환하여 검정한 결과 '유의확률' 값이 0.016이므로 모집단에서 통합도가 높은 집단과 낮은 집단의 판별점수의 평균값이 같다고 할 수 없다. 따라서 판별식에 포함된 독립변수들이 통합도가 높은 집단과 낮은 집단을 분류하는 변수로서 사용할 수 있다는 것을 의미한다.

〈표 5-43〉 상황변수와 조직정책 일람표

독립변수군		
상황변수	조직정책	
· 업종 · 기업나이(age) · 기업수명주기 · 생산시스템의 유형 · 기업규모 · 노조가입률 · 기업지배구조유형 · HR 전략유형	장기적 관점의 채용목표	· 장기실업자대책 · 장애인고용대책 · 여성인력 고용대책 · 신규졸업자채용관리 · 경력자 중도채용대책
	교육훈련 모니터링방법	· 교육훈련의 성과테스트 실시 · 교육훈련 종료 몇 개월 후 공식적 평가실시 · 교육훈련 종료 즉시 평가실시 · 현장관리자를 통한 비공식적 피드백 · 피교육자를 통한 비공식적 피드백
	커뮤니케이션 수단	· 직속상사를 통한 커뮤니케이션 · 노동조합, 노사협의회 · 정기적 종업원 미팅 · 품질관리분임조 · 사내제안제도의 활용 · 종업원 의식조사를 통해서 · 비공식적 루트를 통해서

〈표 5-44〉 통합도 측정에 대한 정준판별함수의 요약

Eigenvalue	Canonical correlation	Wilk's lambda	Chi-square	d.f.	Sig.
0.284	0.470	0.779	8.254	2	0.016

<표 5-45>는 통합도를 종속변수로 하고 상황변수들과 조직변수들을 독립변수로 하여 단계적 투입방법을 사용하여 판별분석을 실시한 결과로써 표준화된 정준판별함수의 계수와 판별적재값을 제시하고 있다.

〈표 5-45〉 통합도에 대한 판별분석 결과

변　수	표준정준계수	판별적재값	Wilk's lambda	Sig.
교육훈련 종료 후 즉시 공식적 평가 실시	0.808	0.752	0.909	0.0254
신규졸업자 대상 채용관리	0.661	0.593	0.862	0.0161

이를 살펴보면 '교육훈련종료 후 즉시 공식적 평가실시'와 '신규졸업자 대상 채용관리'라는 2개의 변수만이 판별함수에 투입되는 것을 알 수 있다. 표준화된 정준판별함수의 계수를 살펴보면 '교육훈련종료 후 즉시 공식적 평가실시'가 0.808, '신규졸업자 대상 채용관리'가 0.661로 나타나 '교육훈련종료 후 즉시 공식적 평가실시'가 상대적으로 '교육훈련종료 후 즉시 공식적 평가실시'에 비해 중요도가 크다고 할 수 있다. 또한 판별적재값은 표준화 정준판별함수 계수와 변수들 간의 상관관계를 나타내는 변수의 적재값으로 그 값이 클수록 판별함수에 영향을 미친다고 볼 수 있다.

<표 5-46>은 표준화하지 않은 판별함수의 독립변수들의 계수이며 여기에서 도출된 판별함수는 다음과 같다.

$$Z = -3.600 + 2.439X_1 + 1.889X_2$$

X_1 = 신규 졸업자 대상 채용관리,

X_2 = 교육훈련 종료 후 즉시 공식적 평가 실시

〈표 5-46〉 정준판별함수 계수〈표준화하지 않은 계수〉

	함 수
신규졸업자 대상 채용관리	2.439
교육훈련 종료 후 즉시 공식적 평가 실시	1.889
상 수	-3.600

<표 5-47>은 위임도에 대한 판별함수의 고유값(Eigenvalue)과 정준 상관관계(Canonical correlation)를 제시하고 있다. 이를 살펴보면 고유 값이 9.737, 정준상관계수가 0.952로 나타나 총변동 중에서 약 90.6% ($= 0.952^2$)가 집단 간 차이에 의해 설명된다고 할 수 있다. Wilks의 람다값을 이용하여 모집단의 집단 간 판별점수의 평균차이 유무를 검정한 결과는 λ=0.093으로 제시되었으며 λ를 χ^2분포를 이루는 변수로 변환하여 검정한 결과 '유의확률' 값이 0.000이므로 모집단에서 위임도가 높은 집단과 낮은 집단의 판별점수의 평균값이 같다고 할 수 없다. 따라서 판별식에 포함된 독립변수들이 위임도가 높은 집단과 낮은 집단을 분류하는 변수로서 사용할 수 있다는 것을 의미한다.

〈표 5-47〉 위임도 측정에 대한 정준판별함수의 요약

Eigenvalue	Canonical correlation	Wilk's lambda	Chi-square	d.f.	Sig.
9.737	0.952	0.093	36.792	7	0.000

<표 5-48>은 위임도를 종속변수로 하고 상황변수들과 조직정책변수

들을 독립변수로 하여 단계적 투입방법을 사용하여 판별분석을 실시한 결과로써 표준화된 정준판별함수의 계수와 판별적재값을 제시하고 있다. 이를 살펴보면 통합도와는 달리 '피교육자를 통한 비공식적 피드백', '장애인 고용대책', '정기적 종업원 미팅', '직속상사를 통한 커뮤니케이션', '비공식 교육훈련종료 후 즉시 공식적 평가실시'와 '비공식적 루트를 통한 커뮤니케이션', '기업규모', '업종(하이테크조직)'이라는 7개의 변수가 판별함수에 투입되는 것을 알 수 있다. 표준화된 정준판별함수의 계수를 살펴보면 '피교육자를 통한 비공식적 피드백', '장애인 고용대책', '직속상사를 통한 커뮤니케이션', '비공식적 루트를 통한 커뮤니케이션', '정기적 종업원 미팅', '기업규모', '업종(하이테크조직)' 순으로 중요도가 크다고 할 수 있다. 또한 판별적재값을 살펴보면 '피교육자를 통한 비공식적 피드백', '업종(하이테크 조직)', '정기적 종업원 미팅', '직속상사를 통한 커뮤니케이션', '장애인 고용대책', '기업규모', '비공식적 루트를 통한 커뮤니케이션' 순으로 판별함수에 영향을 미치고 있다.

〈표 5-48〉 위임도에 대한 판별분석 결과

변 수	표준정준계수	판별적재값	Wilk's lambda	Sig.
피교육자를 통한 비공식적 피드백	2.835	0.293	0.873	0.0008
장애인 고용대책	-1.934	-0.045	0.294	0.0001
정기적 종업원 미팅	1.059	0.067	0.178	0.0001
직속상사를 통한 커뮤니케이션	-1.245	0.051	0.180	0.0000
비공식적 루트를 통한 커뮤니케이션	1.2000	0.001	0.189	0.0000
기업규모(정규직 종업원수)	-0.832	-0.032	0.137	0.0000
업종(하이테크 조직)	-0.664	-0.076	0.131	0.0000

〈표 5-49〉 정준판별함수 계수(표준화하지 않은 계수)

	함 수
피교육자를 통한 비공식적 피드백	7.310
장애인 고용대책	-3.826
정기적 종업원 미팅	2.079
직속상사를 통한 커뮤니케이션	-5.633
비공식적 루트를 통한 커뮤니케이션	2.306
기업규모(정규직 종업원수)	-0.001
업종(하이테크 조직)	-2.210
상 수	1.633

<표 5-49>는 표준화하지 않은 판별함수의 독립변수들의 계수이며 여기에서 도출된 판별함수는 다음과 같다.

$$Z = 1.633 + 7.310X_1 + -3.826X_2 + 2.079X_3 + -5.633X_4 +$$
$$2.306X_5 - 0.001X_6 - 2.210X_7$$

X_1 = 피교육자를 통한 비공식적 피드백, X_2 = 장애인 고용대책,

X_3 = 장애인 고용대책, X_4 = 정기적 종업원 미팅,

X_5 = 직속상사를 통한 커뮤니케이션, X_6 = 기업규모,

X_7 = 업종(하이테크 조직)

〈표 5-50〉 분류결과

통합도[a]		예측소속집단		전 체	위임도[b]		예측소속집단		전 체
		저	고				저	고	
원래값	저	48.9	51.1	100.0	원래값	저	56.8	43.2	100.0
(%)	고	24.4	75.6	100.0	(%)	고	25.0	75.0	100.0

a 원래의 집단케이스 중 61.6%가 올바로 분류되었음.
b 원래의 집단케이스 중 62.3%가 올바로 분류되었음.

<표 5-50>은 앞에서 제시된 통합도와 위임도에 관한 판별함수들의 분류결과를 제시하였다. 이를 살펴보면 통합도가 낮은 집단을 낮은 집단으로 옳게 분류한 결과가 48.9%, 통합도가 높은 집단을 높은 집단으로 분류한 결과가 75.6%로 제시되었으며 전체 적중률(Hit ratio)이 61.6%로 나타났으며, 이를 최대확률기준(maximum chance criteria)으로 비율차이에 관한 검정을 적용하면

$$t_a = \frac{0.616 - 0.500}{\sqrt{\dfrac{0.500 \times 0.500}{36}}} = 2.151^* \qquad (\alpha < 0.05)$$

관측값 $t_a = 2.151$로 $\alpha = 0.05$ 수준에서 유의하다고 할 수 있다. 즉 이 적중률(hit ratio)은 우연에 의한 것보다 정확도가 높다고 할 수 있다.

위임도가 낮은 집단을 낮은 집단으로 옳게 분류한 결과가 56.8%, 위임도가 높은 집단을 높은 집단으로 분류한 결과가 75.0%로 제시되었으며 전체 적중률(Hit ratio)이 62.3%로 나타났으며, 이를 최대확률기준(maximum chance criteria)으로 비율차이에 관한 검정을 적용하면

$$t_b = \frac{0.623 - 0.667}{\sqrt{\dfrac{0.667 \times 0.333}{21}}} = -1.900^* \qquad (\alpha < 0.05)$$

관측값 t_b는 $\alpha = 0.05$ 수준에서 유의하다고 할 수 있다. 즉 두 판별모형 모두 적중률(Hit ratio)은 우연에 의한 것보다 정확도가 높다고 할 수 있다.

이상의 결과를 종합해 보면, 전략적 통합수준을 예측할 수 있는 요인으로는 '교육훈련 종료 후 즉시 공식적 평가실시'와 '신규 졸업자 대상 채용관리' 항목으로써 교육훈련과 채용관리정책이 기업의 통합도를 예측하는 요인으로써 작용하고 있음을 알 수 있었다. 또한 현장관리자로의 위임수준의 예측요인으로써는 '피교육자를 통한 비공식적 피드백', '장애인 고용대책', '비공식적 루트를 통한 커뮤니케이션', '직속상사를 통한 커뮤니케이션', '정기적 종업원미팅', '기업규모' 그리고 '업종(하이테크 조직)' 항목으로써 교육훈련의 모니터링방법과 종업원들의 커뮤니케이션 방법 그리고 상황요인으로써의 기업규모와 업종이 위임도를 예측하는 요인으로써 작용하고 있음을 알 수 있었다. 즉, 기업의 통합도는 상황적 요소보다는 조직정책이, 위임도는 높은 기술수준(하이테크)기업과 커뮤니케이션 방법 및 교육훈련에 대한 모니터링 방법 등이 예측요인(determinant)으로써 조사되었으며, 통합도와 위임도를 동시에 예측해 주는 변수는 없었다. 이는 HRM 정책과 관행에 있어 상황변수의 영향력이 강조되는 연구(예를 들어, Shaw *et al.*, 1993)와는 차이가 나는 결과로 볼 수 있는데, 이러한 이유는 단순한 인사관리에서 전략적 인적자원관리로의 변화에 따라, 채용, 교육훈련 및 개발, 그리고 종업원의 커뮤니케이션 방법과 관련된 조직정책들이 또한 전략적 통합 및 위임의 기능을 결정하는 것으로 해석할 수 있을 것이다.

한편 Budhwar(2000)의 영국기업에 대한 연구결과를 살펴보면 한국기업과는 약간의 차이를 발견할 수 있다. 즉, 통합도를 예측해 주는 요인으로서는 '교육훈련 종료 후 즉시 공식적 평가실시', '기업의 수명주기', '종업원 의식조사를 통한 커뮤니케이션', '사내 제안제도 활용', 그리고 '장기 실업자 대책'과 같은 상황적 요인과 조직 정책들이었고, 위임도를 예측해 주는 요인으로서는 '노조가입률', '교육훈련의 성과테

스트 실시' 그리고 '비용절감형 HR 전략'과 같은 변수였다. 물론 한국
기업과 마찬가지로 통합도와 위임도를 동시에 예측해 주는 요인은 없
었으며, 통합도의 경우, 한국기업과 마찬가지로 '교육훈련 종료 후 즉
시 공식적 평가실시'가 통합도를 예측해 주는 주요인으로 나타났
다. 한국기업의 경우는 '노조가입률'이 기업규모와의 상관관계가 높은
점으로 미루어 위임도의 예측요인에서는 '노조가입률'이란 변수는 양
국에서 비슷한 요인이라고 해석할 수가 있겠다. 영국기업의 경우는 상
황요인들이 예측요소로서 통합도 및 위임도에 많은 작용을 하고 있으
나 한국기업의 경우는 그렇지 않는 점이 차이가 난다고 볼 수 있다.
특히 위임도의 예측요인으로서 한국기업의 경우는 '커뮤니케이션의 수
단'과 같은 문맥적(contextual) 요소가 중요한 요인으로 작용하는 것으
로 판단되어진다.

제6장 결 론

제1절 연구결과의 요약

본 연구에서는, 우리나라 기업의 HRM 정책 및 관행에 대한 연역적이고 규범적 방법보다는 귀납적 방법으로 사실에 대한 파악과 비교평가를 행할 수 있는 기술적이고 현상분석적 방법으로, 상황론적 관점에 입각하여 현재 우리나라 기업이 처해 있는 HRM의 현상분석과 아울러 기업전략 내지는 사업전략과 HR 전략과 정책의 통합수준 및 위임수준의 정도를 파악하고, 그것을 예측할 수 있는 조직정책 그리고 기업의 상황적 요인들을 분석하고자 한 것이다. 현상분석에 앞서, 기업을 규모(large-small)와 기술수준(low-tech, high-tech)으로 분류하여 그들의 차이를 살펴보았다.

1. 우리나라 HRM의 실태

1) 먼저 조사대상 기업의 표본 특색에 대해서 살펴보면, 기업규모와 기술수준에 따른 4개 집단의 빈도수는 <표 6-1>에 나와 있듯이, 각 집단별로 20~30%의 구성을 하고 있으며, 주로 성장기와 성숙기에 있는 기업들이 전체의 80% 이상을 차지하고 있다.

〈표 6-1〉 조사대상 기업의 분류에 따른 빈도수

	빈도수	퍼센트
small & low	31	27.9
small & high	21	18.9
large & low	26	23.4
large & high	33	29.7
합　계	111	100.0

2) 우리나라 인적자원관리에 있어 가장 시급한 당면과제로는, 인력구조조정과 연봉제, 기업문화 구축, 그리고 인사고과제도 확립의 순이었으며, 이는 집단분류에 따른 차이가 거의 없었다.

3) 지금까지 우리나라의 인사기능에 있어서 발전된 가장 큰 예로서는, 대개의 기업들이 인사관리 전산화를 들었고, 그 다음으로 연봉제 도입 순이었다.

4) HR 전략유형 중에서 특히, 기업 내에서의 효과적인 자원배분과 교육훈련과 지도를 통해 종업원의 직무 및 경력상의 재능을 극대화하는 전략을 선호하는 것으로 나타났으며, 이는 집단분류에서도 차이를 보이지 않았다.

〈표 6-2〉 기업규모와 기술수준에 따른 HRM 하위 기능별 특징

항 목	내용 특징	
인사부서의 기능	대내외 변화관리에 대해 많이 공헌한다.	0
	지난 5년간 발전정도가 큼	1
채용 및 선발	채용 시 어려운 점: 적재적소의 인재 확보, 채용인원의 예측 및 결정	0
	채용과정상 중점사항: 신규 졸업자 대상 채용관리, 경력자 중도 채용정책	1(-)
	상급관리자의 외부채용 비율	1(-), 2(-)

항 목	내용 특징	
급여 및 복리후생	임금결정의 차원: 기업 및 사업부차원 결정 혹은 사업장별	0
	급여의 인센티브정도: 약간 존재하는 경향	2
	인센티브 방식: 집단성과, 개별성과, 우리사주제, 선택적 복리후생 순	1
	임금결정 수준: 근무경력, 성과, 역량 및 기술정도, 학력 순	0
교육훈련 및 인력개발	인건비 대비 교육훈련 투자율	1, 2
	연평균 교육훈련 일수(전문/기술직); 10.3일	2
	교육훈련비 변화상태: 약간 증가됨	0
	교육훈련 욕구의 분석정도: 대체로 체계적임	1
	종업원 욕구파악의 접근방법: 일반 종업원의 욕구파악	0
	교육훈련 모니터링: 다소 이루어지는 경향	1, 2
	모니터링 방법: 교육훈련의 성과테스트 실시	1, 2
	교육훈련 내용: 경영일반 및 경영전략	0
업적평가	업적평가: 보상수준 결정에 활용, 정해진 양식에 따라 정기적으로 실시, 고과활동의 핵심을 향후의 성과향상에 둠	0
노사관계	종업원들의 커뮤니케이션 방법: 직속상사, 노동조합 혹은 노사협의회를 통한 전달, 사내 제안제도 활용, 정기적 종업원 미팅 순	0
경쟁압력의 영향	국내외 경쟁격화 및 기업경영구조의 세계화, 정보 및 커뮤니케이션 기술의 발달, 자동화의 증가, 고객만족의 중요성 증가 순	0
제도적 요소	노동법, 인적자원관리 및 노동 관련 전문기관, 노동조합 순	1
문화적 특성	관리자의 가치, 행동방식, 규범, 관리자의 조직인식방법에 대한 가정 순	2
사업 분야적 특성	기업전략 및 사업관리상 목표, 고객 및 공급자의 특정 욕구 및 주문사항, 사업 분야에 교유한 규제 및 기준 순	2

0: 집단 간 차이가 없음, 1: 기업규모에 따른 차이, 2: 기술수준에 따른 차이

5) HRM에 영향을 미치는 요소로서의 경쟁적 압력의 영향, 제도적 요소, 사업 분야적 요소, 국가문화적 요소에 대한 순위에서는, 대체로

IT기술의 발달과 세계화 등과 같은 '경쟁적 압력'의 영향이 제일 높은 영향요인으로 나타났으며, 기업규모와 기술수준에 따른 분석에서는 조금씩의 통계적 차이가 있었다. 그 다음의 영향요인으로서는 '노동법'과 같은 제도적 요소였으며 특히 기업규모가 큰 기업들이 여기에 해당하였다.

6) 우리나라 기업들이 경쟁적 우위를 위한 SHRM 실행을 위해서는, HRM 하위시스템의 여러 활동프로그램들의 중요성 인식을, 현재는 물론 미래에도 지속해야 한다고 조사되었다.

7) 기업규모가 클수록 기업지배구조는 권한위양형 대리 경영체제가 많았고, 환경변화에 적극적이며, 조직의 유연성을 강조하였다. 또한 high-tech일수록 최고경영자의 특성이 실력주의를 강조하였으며, 현장관리자들이 인지하는 최고경영자와의 공감도도 높았다.

8) 대개의 기업들이 지식경영을 위한 선행요건으로 최고경영층의 추진의지를 들어 지식관리 시스템 구축이라는 하드웨어적 요소보다도 더 강조하였다.

9) 인건비 대비 교육훈련에 대한 투자비율은 기업규모가 크고, high-tech 기업일수록 높았다.

10) 기업의 인사정책과 실천에 있어서의 노동조합의 영향력은, 집단 간 분류에 따른 차이가 없이 대체로 증가해 왔으며, 종업원들과의 주요 이슈에 대한 의사소통의 방법 중의 하나로 인트라넷을 통해 가장 많은 의사소통을 하고 있으며, 이는 기업규모가 크고 high-tech 일수록 증가추세에 있는 것으로 조사되었다.

11) 다음은 HRM의 하위 기능별 내용은 <표 6-2>에 요약해서 제시하였다.

2. 통합수준 및 위임수준

1) 전반적으로 기업규모가 크고 high-tech인 기업집단의 통합수준과 위임수준이 높았다. 통합수준에 있어서는 기업규모가 큰 기업이, 위임수준에 있어서는 high-tech가 더 상대적으로 높았다. 특히 위임수준의 경우는 high-tech와 low-tech 간의 차이가 상당히 컸다. 이를 4개의 집단으로 분류해서 차이를 보면, 통합수준은 large-high, large-low, small-low, small-high 순으로 낮았고, 위임수준은, large-high가 제일 높았고, large-low가 제일 낮았으며 나머지 두 집단은 유사한 차이가 없었다.

2) 전략적 통합수준에 관련된 변수들의 내용들을 살펴보면, 경영전략수립에 HRM 관련 사항들의 반영시점이 빨랐으며, 경영이념 전략과 인사정책들의 문서화율도 기업의 규모에 따라 많은 차이를 보였다. 또한 인사부서가 기업경영전략의 수립에 관여하는 시점도 기업규모가 크고 high-tech일수록 빠름을 알 수 있었다. 한편, 이러한 전략적 통합의 이점으로는 기업성과 향상, 책임경영의 실현이라는 순으로 조사되었으며, 이는 집단분류상 차이가 없었다.

3) 위임수준에 관련된 내용들을 살펴보면, 기업규모가 크고 high-tech일수록 인사정책의 인사기능과 업무 프로그램의 반영정도가 높았으며, HRM 관련 정책결정의 위임수준도 높았다. 또한 HRM 하위 부문별 현장관리자의 책임의 변화정도도 기업규모와 기술수준에 따라 정도의 차이가 있었다. 따라서 기업규모가 크고 high-tech인 기업의 현장관리자들은 기능별 교육 훈련프로그램에 대한 이수율이 상대적으로 높았다.

4) 업종별로 나누어서 통합수준과 위임수준을 2×2 매트릭스로 자리매김해 보면, 벤처기업의 경우는 통합수준이 보통보다 조금 높았으며 위임수준은 보통정도였고, 유통업의 경우는, 통합수준은 높으나 위임

의 수준은 보통 이하였다. 정보통신업은 대체로 통합수준이 높을 뿐, 위임의 정도는 정확히 파악하기 어려운 상태고, 금융보험업의 경우는 통합과 위임의 수준이 보통수준 이상이었다. 그리고 제조·건설업의 경우는 대체로 보통수준 정도의 분포를 나타내었다. 이러한 업종에 따른 분류보다는 오히려 기업의 규모와 기술수준에 따른 차이가 훨씬 더 정확한 판단의 기준이 되었다. 즉 기업규모가 크고 high-tech일수록 통합수준과 위임수준이 높았다.

한편, 이러한 통합수준을 예측해 주는 예측요인(determinants)은 '교육훈련 종료 후 즉시 공식적 평가실시', '신규 졸업자 대상 채용관리'와 같은 교육훈련 및 채용정책이었고, 위임수준을 예측 해 주는 예측요인들의 중요도를 보면 '피교육자를 통한 비공식적 피드백', '장애인 고용대책', '비공식적 루트를 통한 커뮤니케이션', '직속상사를 통한 커뮤니케이션', '정기적 종업원미팅', '기업규모' 그리고 '업종(하이테크 조직)' 항목으로써 교육훈련의 모니터링방법과 종업원들의 커뮤니케이션 방법 그리고 상황요인으로써의 업종과 기업규모가 위임도를 예측하는 요인으로써 작용하고 있음을 알 수 있었다.

제2절 연구의 한계 및 제언

본 연구는 우리나라 기업들의 전체 업종들을 기업규모와 기술수준 (low-high tech)을 기준으로 하여, HRM 현상을 분석하였다는 점에서 종래의 특정적이고 미시적인 부분의 현상파악과는 다른 접근을 시도하였다. 특히, 전략적 인적자원관리의 기본 과제로서의 전략적 통합성의 수준에 대한 평가와 아울러, 현장관리자(line managers)로의 위임에 대한 수준의 평가라는 두 가지 역설적인 요소의 관점에서, 우리나라 기업의 현상을 파악한 것은 시사점을 제공하기에 충분하다고 여겨진다. 또한 그러한 두 요소의 예측요인을 살펴봄으로써, 장차 우리나라 기업들의 HRM 실행에 있어 실천적인 시사점도 도출할 수 있을 것이다. 그러나 본 연구는 많은 한계와 과제를 남기고 있다.

첫째, 전 업종을 망라한 연구자의 편의적이고 의도적인 표본추출과 그에 따른 우리나라 기업의 전체를 해석하는 데 따른 한계점이 있을 수 있다.

둘째, 설문문항의 양적인 오염으로 인해 신뢰성의 훼손 가능성을 부인할 수가 없다.

셋째, 전략적 통합변수와 위임변수의 구성과 선정에 있어서의 한계와 예측요인으로서의 변수선정과 분류성에 있어서의 한계가 있는 것도 사실이다. 이를 해결하기 위해서는, 한국적인 특성의 기반위에서, 측정항목의 내용적 타당성과 구성적 타당성을 갖춘 추후의 연구가 필요하다고 본다. 특히 예측요인군으로서의 독립변수에 해당하는 항목들의 세련된 조합의 전제가 선행이 되어야 할 것이다.

넷째, 본 연구에서 살펴본 전략적 통합성이라는 수직적 연계성도 중요하지만, 전략적 인적자원관리에서 또한 강조되고 있는 수평적인 통합, 즉 내적 적합성(internal fit)에 대한 현상과 분석도 추후의 과제로 연구되어야 할 것이다.

다섯째, HRM과 기업성과와의 역인과성 문제(reverse-causation problem) 해결을 포함한 기업성과와의 연관성과 방향성을 살펴보지 못한 점 역시 본 연구의 큰 한계라고 여겨진다. 이를 위해서는, 서베이를 통한 주관적/객관적 측정의 문제극복과 종단적 연구가 필요하고 또한 매개변수의 다양한 개발이 요구되어진다. 즉, 성과항목과 성과측정의 적절성 및 신뢰성이 전제가 되는 추후의 연구과제가 뒤따라야 한다고 본다.

|참고 문헌|

〈국내문헌〉

강영순(1995), "통합적 인적자원관리와 조직유효성과의 관계," 제주대학교 박사학위논문.

공선표(1999), 월간 인사관리 통권121호, 한국인사관리협회.

김금수(1999), "임파워먼트가 조직성과에 미치는 영향에 관한 연구," 경원대학교 석사논문.

김기태(1999), "조직 내 계층별 하위문화의 특성과 인사제도에 관한 연구," 서울대학교 박사학위논문.

김성국(1999), 월간 인사관리 통권 121호, 한국인사관리협회.

김영조(1994), "소유와 경영의 분리가 조직특성 및 조직성과에 미치는 영향에 관한 연구," 연세대학교 경영학 박사학위논문.

김인수(1999), 「거시조직이론」, 무역경영사.

김식현(1999), 「인사관리」, 무역경영사.

김형기(1997), 「한국노사관계의 정치경제학」, 한울아카데미.

김학수(1998), 「인적자원관리의 전략적 성격과 이론」, 경남대학교 출판부.

김희수(1999), "경영글로벌화와 현지법인의 권한위양," 산업경영연구, 9(1), 상지대학교.

박경규(2001), 「신인사관리」, 홍문사.

박기찬(1993), 「조직정치론」, 경문사.

박기찬(2000), "전략적 인적자원관리의 개념과 실천," 경상논집, 인하대학교 산업경제 연구소, 제14집 2호, pp.75-114.

박기찬, 최병우, 김영민(2001), "현장관리자의 리더십인지 실태에 대한 탐색적 연구," 경영논집, 인하대학교 경영연구소, 제8집 1호, pp.109-136.

박주화(1996), "리엔지니어링 상황하의 중간관리자 임파워먼트에 관한 연구," 한국외대 경영정보대학원 석사논문.

박우성, 노용진(2001), 「경제위기 이후 인적자원관리 및 노사관계변화」, 한국노동연구원.

박원우(1997), "임파워먼트: 개념정립 및 실천방법 모색," 경영학연구, 제26권 1호.

박준성(1990), "한국의 노사관계 시스템 – 활동이슈에 대한 역사적 내용분석을 중심으로," 노사관계연구, 서울대학교 노사관계연구소, 제1권 1호, pp.221-261.

박준성(2000), "성과주의 보상체계", 「21세기형 인적자원관리」, 명경사.

박학순(2000), "변혁의 시대 기업활성화 방안", 「전기설비」, 4월호.

박호환, 이영면(1998), "한국 인사관리의 전망과 과제: 학계와 실무계를 위한 제언," 인사관리연구, 22(2).

배종석(1999), "경쟁우위와 인적자원관리: 전략적 인적자원관리 연구의 비판적 고찰과 연구 방향 모색," 인사조직연구, 제7권 2호, pp.1-45.

배종석(2000), "인적자원관리와 기업성과: 연구의 비판적 고찰과 과제," 한국인사관리학회 추계학술발표논문.

손태원(1999), "한국 인사조직 연구분야의 지식창출과정에 관한 소고:<인사·조직연구>의 논문 게재 심사과정을 중심으로," 인사조직연구 제 7권 1호, pp.167-197.

신유근(1992), "인적자원관리 이론개발 및 실제 적용을 위한 연구 방법," 인사조직 연구 제1권 1호, 한국인사조직학회, pp.4-34.

신유근(1996), "한국기업 최고경영자의 행동특성과 리더십 스타일," 인사조직연구, 제4권 2호, 인사조직학회.

신유근(1999)외 공저, 「신조직환경론」, 다산출판사.

안대환(1997), "전략적 인적자원관리와 기업성과 간의 관계에 관한 연구," 경희대학교 박사학위논문.

안희탁(1994), "능력주의 인사제도의 도입," 인사관리연구, Vol. 18.

안희탁(1996), 「한국기업의 신인사제도실태와 도입방안」, 한국경영자총협회 부설 노동경제연구원.

안희탁(1997), 「인사적체 실태와 해소방안」, 한국경영자총협회, 연구총서26.

안희탁(1998), 「한국의 연봉제 실태와 과제」, 한국경영자총협회.

안희탁(1999), 「연봉제 시대의 인사고과자 훈련메뉴얼」, 이십일세기북스.

양혁승(2001), "전략적 인적자원관리에 관한 개관과 제안," 인사조직학회 발표논문집.

오세열(1991), "기업지배유형에 따른 이익평준화행위 검증," 경영논총, 고려대학교 경영대학, 34, pp.281-306.

유규창(1998), "인적자원관리의 전략적 접근법에 관한 연구," 경영학 연구, 제27권 3호, pp.585-610.

유규창, 박우성(2000), 인적자원관리 전문가 설문조사, 한국노동연구원.

윤계섭(1990), "한국기업의 소유와 경영의 분리 및 그 효과에 관한 연구," 경영논집, 서울대학교. 24(1), pp.45-99.

이영면(1999), "최근 한국기업의 인사혁신 동향과 인사관리 전개방향," 월간인사관리, 121 pp.22-25.

이원덕(2001), "한국노사관계의 회고와 전망," 서울대학교 노사관계연구소 주최 국제학술대회.

이학종(2000), 「전략적 인적자원관리」, 세경사.

정병휴, 양영식(1992), 한국재벌부문의 경제분석, 한국개발연구원, pp. 119-120.

정연앙(2000), "채용관리", 「21세기형 인적자원관리」, 명경사.

정재훈(2005), 「인적자원관리」, 학현사.

조영호(1997), "동기부여와 임파워먼트," 월간 인사관리 5월호.

천명섭, 최병우, 이의현(2003), 「전략적 역량경영」, 인하대학교 출판부(역).

천명섭, 최병우, 김연태(2007), 「경영학 원론」, 인하대학교 출판부.

최병우, 이의현(2006), 「전략적 인적자원관리의 모습」, 무역경영사(역).

최병우, 이건웅(2005), 「인적자원관리」, 무역경영사.

최종태(2000), 「현대 인사관리론」, 전정판, 박영사.

최태성, 김성호(2001), 「사회과학 자료분석」, 다산출판사.

탁희준(1993), 한·일 대기업 인사관리 비교연구, 대한·서울 상공회의소, 서울.

한국경영자총협회(1996), 「신 인사 trend 35」, 한국경영자총협회.

현대경제연구원(2001), "e-HRM: 인적자원관리의 e-서비스화," PBR 2000-13, 현대경제연구원.

황대석(1986), 「인사관리」, 제2전정판, 박영사.

〈외국문헌〉

岩出 博(1989), 「アメリカ 勞務管理論史」, 三嶺書房.

岩出 博(2002), 「戰略的人的資源管理論の實相」, 泉文堂.

アーサーアンダーセン ヒューマン・ キャピタル・ サービス(2000), 「戰略的コンピテンシーマネジメント - 人材發掘・活用・處遇のツール」, 生産性出版.

Alexander, J. W. & Randolph, W. A.(1985), "The fit between Technology and Structure as a Predictor of Performance in Nursing Subunits," *Academy of Management Journal*, 28, pp.844-859.

Andrews, K. R.(1971), *The Concept of Corporate Strategy*, Homewood, IL: Dow-Jones-Irwin.

Ansoff, H. Igor.(1965), *Corporate Strategy: An Analytic Approach to Business Policy for Growth and Expansion*, New York: McGraw-Hill.

Anthony, W. P., Perrewe, P. L., & Kacmar, K. M.(1999), *Human Resource Management: A Strategic Approach*, 3th ed., Fort Worth, TX: Dryden Press.

Arthur, J. B.(1992), "The link between business strategy and industrial relations systems in American steel minimills," *Industrial and Labor Relations Review*, Vol. 45, pp.488-506.

Arthur, J. B.(1994), "Effects of human resource systems on manufacturing performance and turnover," *Academy of Management Journal,* 37, pp.670-687.

Bae, J. & Lawler, J.(2000), "Organizational and HRM strategies in Korea: Impact on firm performance in an emerging economy," *Academy of Management Journal,* 43(3), pp.502-517.

Baird, I. & Meshoulam, I.(1988), "Managing Two Fits of SHRM," *Academy of Management Review*, Vol. 13, No.1, pp.116-128.

Baird, L., Meshoulam, I., & DeGive, G.(1983), "Meshing Human Resource planning with strategic Business Planning: A Model Approach," *personnel,* Vol. 60, No.5, pp.14-27.

Balkin, D. B. & Gomez-Mejia, L. R.(1990), "Matching compensation and organizational strategies," *Strategic Management Journal,* 11, pp.153-169.

Banker, R. D., Field, J. M., Schroeder, R. G., & Sinha, K. K.(1996), "Impact of Work Teams on Manufacturing Performance: A Longitudinal Field Study," *Academy of Management Journal,* Vol. 39, pp.867-890.

Barney, J. B.(1996), "The resource-based theory of the firm," *Organization Science,* 7(5), pp.469-476.

Bass, B. M.(1991), *Bass & Stogdil's Handbook of leadership: Theory, Research, Managerial Applications,* 3rd ed., New York: The Free Press.

Baron, James N., & Kreps, David M.(1999), *Strategic Human Resources: Frameworks for General Managers*, NY: John Wiley & Sons.

Batt, R.(1996), "Outcomes of Self-Directed Work Groups in Telecommunications Services," in *Proceedings of the Forty-Eighth Annual Meeting of the Industrial Relations Research Association,* ed. Paula B. Voos(Madison, Wisconsin: Industrial Relations

Research Association, 1996).

Beach, D. S.(1975), *Personnel,* New York: Macmillan.

Beaumont, P. B.(1993), *Human Resource Management: Key Concept and Skills,* Sage Publications.

Becker, B. & Gerhart, B.(1996), "The Impact of Human Resource Management on Organizational Performance: Progress and Prospects," *Academy of Management Journal,* 39, pp.779-801.

Becker, B., Huselid, M., & Ulrich, D.(2001), *The HR scorecard: Linking people, strategy, and performance,* Boston, MA: Harvard Business School Press.

Beer, M., Spector, B., Lawrence, P. P., Mills, D. Q., & Walton, R. E.(1984), *Managing Human Assets,* New York, The Free Press.

Beer, M., Spector, B., Lawrence, P. P., Mills, D. Q., & Walton, R. E.(1985), *Human Resource management: A General Manager's Perspective,* New York, The Free Press.

Bird, A. & Beechler, S.(1994), "Links between business strategy and human resource management strategy in U.S.-based Japanese subsidiaries: An empirical investigation," *Journal of International Business Studies,* 26, pp.23-46.

Blau, P. M.(1968), "The Hierarchy of Authority in Organizations," *American Journal of Sociology Review,* 73, pp.201-218.

Blau, P. M.(1970), "A Formal theory of Differentiation in Organizations," *American Sociological Review,* 35, pp.210-218.

Blau, P. M. & Schoenherr, P. A.(1971), *The Structure of Organizations,* New York: Basic Books.

Borucki, C. C.(1989), Human resource management, Human Resource Effectiveness, and Organizational Performance: A Longitudinal Case Study, The Univ. of Michigan.

Boxall, P. F.(1994), "Placing HR strategy at the heart of business success," *Personnel Management,* July, pp.32-35.

Brewster, C. & Larsen, H.H.(1992), "Human resource management in Europe: evidence from ten countries," *International Journal of Human Resource Management,* Vol. 3 No.3, pp.409-433.

Budhwar, P.(2000), "Evaluating levels of strategic integration and devolvement of human resource management in the UK," *Personnel Review*, Vol. 29, No.2, pp.141-161.

Budhwar, P. & Sparrow, P. R.(1997), "Evaluating levels of strategic integration and devolvement of human resource management in India," *International Journal of Human Resource Management*, Vol. 8 No.4, pp.476-495.

Buzzell, R. D., Gale, B. T., & Sulton, R. G.(1975), "Market share: A key to profitability," *Harvard Business Review,* January-February, pp.97-106.

Campbell, D. T.(1986), "Science's Social System of Validity-Enhancing Collective Belief Change and the Problems of the Social Science," In Fiske, D. W., & Shweder, R. A.(Eds.), *Metatheory in Social Science*, Chicago Press, pp.108-135.

Carter, N. M.(1984), "Computerization of a Predominate Technology: Its Influence on the Structure of Newspaper Organization," *Academy of Management Journal,* 27, pp.247-270.

Cascio, Wayne F.(1998), *Managing Human Resources: Productivity, Quality of Work Life, Profits*, 5th ed., NY: McGraw -Hill.

Chadwick, C. & Cappelli, P.(1999), "Alternative to generic strategy typologies in strategic human resource management," *Research in Personnel and Human Resources Management,* Supplement 4, pp.1-29.

Chaganti, R. & Sambharya, R.(1987), "Strategic orientation and characteristics of upper management," *Strategic Management Journal,* pp.393-401.

Chandler, A. D.(1962), *Strategy and Structure: Chapters in the history*

230

of the American enterprise, Cambridge, MA: MIT Press.

Chandler, A. D.(1977), *The Visible Hand*, Cambridge, Mass.: Harvard University Press.

Child, J. & Mansfield, R.(1972), "Technology, Size, and Organization Structure," *Sociology*, 6, pp.369-393.

Coff, R. W.(1997), "Human Assets and Management Dilemmas: Coping With hazards on the road to resource-based theory," *Academy of Management Review*, Vol. 2, pp.374-402.

Conant, J. S., Mokwa, M. P., & Varadrajan, P. R.(1990), "Strategic types, distinctive marketing competencies and organizational performance: A multiple measures-based study," *Strategic Management Journal*, pp.365-383.

Cook, C. W.(1975), "Corporate Strategy Change Contingencies," *Academy of Management proceedings.*

Covin, J. G., & Slevin, D. P.(1991), "A conceptual model of entrepreneurship as firm behavior", *Entrepreneurship Theory and Practice*, 7-25.

Craft, J. A.(1988), *Human resource planning and strategy*, In L. Dyer(Ed.), Human resource management: Evolving roles and responsibilities, Washington, DC: BNA.

Crozier, M. & Friedberg, E.(1980), *Actors and Systems: The Politics of Collective Action*, The University of Chicago Press, Chicago and London.

Cubbin, J. & Leech, D.(1983), "The Effect of Shareholding Dispersion on the Degree of Control in British Companies: Theory and Measurement," *The Economic Journal*, 93, pp.351-369.

Daft, R. L.(1983), *Organization Theory and Design*, St. Paul: West Publishing.

Daniel, J. B., Mitchell, & Zaidi, M. A.(1990), *The economics of Human Resource Management*, Basil Blackwell Ltd., Cambridge.

DeCenzo, D. A. & Robbins, S. P.(1988), *Personnel/Human Resource Management,* 3rd ed., Englewood Cliffs, NJ: Prentice-Hall.

De Cenzo, D. A. & Robbins, S. P.(1996), *Human Resource Management,* (5th ed.), John Wiley & Sons, Ins., pp.4-11.

Delaney, J. T. & Huselid, M. A.(1996), "The impact of human resource management practices on perceptions of organizational performance," *Academy of Management Journal,* 39, pp.949-969.

Delaney, J. T., Levine, D., & Ichniowski, C.(1989), "The New Resource Management in US Workplaces: Is it really New and Is it only Nonunion?", *Relations Industrielles,* Winter, Quebec.

Delery, J. E. & Doty, D. H.(1996), "Modes of Theorizing in Strategic Human Resource Management: Tests of Universalistic, Contingency, and Configurational Performance Predictions," *Academy of Management Journal,* 39(4), pp.802-835.

Dewar, R. & Hage, J.(1978), "Size, Technology, Complexity and Structural Differentiation: Toward a Conceptual Synthesis," *Administrative Science Quarterly,* 23, pp.111-136.

Dewar, R. & Simet, D. P.(1981), "A Level Specific Prediction of Span of Control Examining the Effects of Size, Technology, and Specialization," *Academy of Management Journal,* 24, pp.5-24.

DiMaggio, P. J. & Powell, W. W.(1991), "The Iron Cage Revisited: Institutional Isomorphism and Collective Rationality in Organizational Fields," in(Ed.) Powell & DiMaggio, *The New Institutionalism in Organizational Fields*, Chicago, The University of Chicago Press.

Donaldson, L.(1987), "Strategy and Structural Adjustment to Regain Fit and Performance: In Defense of Contingency Theory," *Journal of Management Studies,* 24, pp.1-24.

Drucker, Peter F.(1954), *The Practice of Management.* Harper and Row.

Dyer, L.(1983), "Bringing human resources into the strategy formulation process," *Human Resource Management*, Vol. 22(3), pp.257-271.

Dyer, L. & Reeves, T.(1995), "Human resource strategies and firm performance: What do we know and where do we need to go?" *The International Journal of Human Resource Management*, 6, pp.656-670.

Evans, P. A.(1986), "The Strategic Outcomes of Human Resource Management," *Human Resource Management*, 25(1), pp.149-167.

Ever, F. T., Bohlen, J. M., & Warren, R. D.(1976), "The Relationship of Selected Size and Structure Indicators in Economic Organizations," *Administrative Science Quarterly*, 21, pp.326-342.

Fayol, Henri(1949), *General and Industrial Management*, Trans. by Constance Stours, London: Pitman.(First published in 1919).

Ferris, G. R., Schallenberg, D. A., & Zammuto, R.F.(1985), "Human Resource Management strategies in declining industries, *Human Resource Management*, winter, pp.381-394.

Fishman, C.(1996), "Whole Foods Teams," *Fast Company*, April-May.

Flippo, E. B.(1984), *Personnel Management*, (6th ed.), McGraw-Hill, pp.4-7.

Fombrun, C. J., Tichy, N. M., Devanna, M. J.(1984), *Strategic Human Resource Management*, New York, Wiley.

Ford, J. D., & Slocum, J. W.(1977), "Size, Technology, Environment, and the Structure of Organizations," *Academy of Management Review*, 2, pp.561-571.

Freedman, A.(1991), *The Changing Human Resources Function*, New York: The Conference Board.

Galbraith, Jay. R.(1982), "Designing the Innovating Organization", *Organizational Dynamics*, Winter, pp.5-25.

Galbraith, J. R.(2000), *Designing the Global Corporation*, Jossey-Bass, A Willey Company, San Francisco.

Galbraith, J. R. & Nathanson, D. A.(1978), *Strategy Implementation:*

The Role of structure and process, St. Paul, MN: West Publishing Co.

Galbraith, C. S. & Schendel, D. E.(1983), "An empirical analysis of strategy types," *Strategic Management Journal,* 4, pp.153-173.

Gardner, J. W.(1990), *On Leadership,* New York: The Free Press.

Gaugler, E.(1974), Betriebliche Personal planung-eine Literature analyse, Göttingen.

Gerstein, M. & Reisman, H.(1983), "Strategic selection: matching executives to business conditions," *Sloan Management Review,* Winter(1), pp.33-49.

Golden, K. A., & Ramanujan, V.(1985) "Between a Dream and a Nightmare: On the Integration Human Resource Management and Strategic Business Planning Processes," *Human Resource Management,* Vol 24, No.4, pp.429-454.

Gomez-Mejia L.(2000), *Managing Human Resources,* 3rd ed., Prentice-Hall.

Gordon, G. G.(1985), "The Relationship of Corporate Culture to Industry Sector and Corporate Performance," *Gaining Control of the Corporate Culture,* Kilmann, R. H., (Eds.), San Francisco, Jossey-Bass.

Govindrajan, V.(1986), "Decentralization, strategy, and effectiveness of strategic business units in multibusiness organizations," *Academy of Management Review,* 11(4), pp.844-856.

Graham, L.(1995), *On the Line at Subaru-Isuzu,* Ithaca, New York: ILR Press.

Grimsley, K. D.(1996), "The Power of a Team," *Washington Business, The Washington Post,* 12 February, F12.

Guest, D. E.(1987), "Human Resource Management and industrial relations," *Journal of Management Studies,* Vol. 24 No.5, pp.503-521.

Guest, D. E.(1989), "Human Resource Management: Its Implications for Industrial Relations and Trade Unions," in Storey, John(ed.), *New Perspectives on Human Resource Management*, New York: Routledge, pp.41-55.

Guest, D. E.(1990), "Human Resource Management and the American Dream", *Journal of Management Studies*, 27(4), pp.377-397.

Guest, D. E.(1997), "Human Resource Management and Performance: A Review and Research Agenda," *International Journal of Human Resource Management*, 8(3), pp.263-276.

Gupta, A. K. & Govindrajan, V.(1984), "Business unit strategy, managerial characteristics, and business unit effectiveness at strategy implementation," *Academy of Management Journal*, Vol. 27, pp.25-41.

Hair, J. F., Anderson, R. E., Tatham, R. L., & Black, W. C.(1998), *Multivariate Data Analysis*, 5ed., Prentice Hall.

Hall, D. T.(1984), *Human Resource Development and Organizational Effectiveness*, Inc. Fombrun, N. M.

Hambrick, D. C.(1981,a), "Strategic awareness within top management teams," *Strategic Management Journal,* 2, pp.263-279.

Hambrick, D. C.(1981,b), "Environment, strategy, and power within top management teams," *Administrative Science Quarterly*, 26, pp.253-276.

Hambrick, D. C.(1982), "Environmental scanning and organizational strategy," *Strategic Management Journal*, 3, pp.159-174.

Hambrick, D. C.(1983), "Some tests of the effectiveness and functional attributes of Miles and Snow's strategic types," *Academy of Management Journal*, 26(1), pp.5-26.

Hammer, M(1993), Reengineering the corporation: Manifesto for business revolution, New York: Harper Business.

Hendry, C., & Pettigrew, A.(1990), "Human Resource Management: An

Agenda for the 1990s," *International Journal of Human Resource Management*, vol. 1, pp.21-25.

Heneman, H. G.(1983), *Personnel/Human Resource Management*, revised, Richard D. Irwin, Inc.

Herbert, T. T. & Deresky, H.(1987), "Generic strategies: An empirical investigation of typology validity and strategy content," *Strategic Management Journal*, Vol. 8, pp.135-147.

Hofer, Charles W. & Dan Schendel(1978), *Strategy Formulation: Analytical Concept*, West Publishing.

House, R. J.(1971), "A Path-Goal Theory of Leader Effectiveness," *Administration Science Quarterly*, No.16, pp.321-338.

Huselid, M. A.(1995), "The impact of human resource management practices on turnover, productivity, and corporate financial performance," *Academy of Management Journal*, 38(3), pp.635-672.

Huselid, M. A., Jackson, S. E., & Schuler, R. S.(1997), "Technical and strategic human resource management effectiveness as Determinants of firm performance," *Academy of Management Journal*, 40(1), pp.171-188.

Ichniowski, C., Shaw, K., & Prennushi, G.(1997), "The effects of human resource management practices on productivity: A study of steel finishing lines," *The American Economic Review*, 87, pp.291-314.

Jackson, S. E., Schuler, R. S., & Rivero, J. C.(1989), "Organization Characteristics as Predictors of Personnel Practices," *Personnel Psychology*, Vol. 42. pp.727-786.

Jean-Marie Hiltrop(1996), "The Impact of Human Resource Management on Organizational Performance: Theory and Research," *European Management Journal*, Vol. 14 No.6, December.

Karlöf. B.(1993), *Key Business Concepts*, New York: Routledge.

Kast, F. K. & Rosenzweig, J. E.(1981), *Organization and Management*, 3rd ed, McGraw-Hill International Book Co.

Katz, D. & Kahn, R. L.(1978), *The Social Psychology of Organizations*, John Wiley & Sons, Inc., New York, pp.247-250.

Keller, R. T.(1994), "Technology-Information Processing Fit and the Performance of R&D Project Groups: A Test of Contingency Theory," *Academy of Management Journal,* 37, pp.167-179.

Kirsch, W. und Meffert, H.(1970), Organisationstheorien und Betriebswirtschaftslehre, Wiesbaden, S.21; F. Hoffmann, Entwicklung der Organisationsforschung Wiesbaden, 1973, S.58-65.

Lado, A. A. & Wilson, M. C.(1994), "Human resource systems and sustained competitive advantage: A competency-based perspective," *Academy of Management Review,* 19, pp.699-727.

Lawrence, Paul R., & Lorsch, J. W.(1967), *Organization and Environment*, Boston, MA: Graduate School of Business Administration, Harvard University.

Legge, Karen, (1989), "Human Resource Management: A Critical Analysis," in Storey, John(ed.), *New Perspective on Human Resource Management,* New York: Routledge, pp.19-40.

Legge, K.(1995), *Human Resource Management: Rhetorics and Realities,* Macmillan Business, Chippenham.

Lengnick-Hall, C. A. & Lengnick-Hall, M. L.(1988), "Strategic human resources management: A review of the literature and a proposed typology," *Academy of Management Review*, Vol. 13, pp.454-470.

Low, M. B. & MacMillan, I. C.(1988), "Entrepreneurship: Past Research and Future Challenges," *Journal of Management,* 14, pp.139-161.

MacDuffie, J. P.(1995), "Human Resource Bundles and Manufacturing Performance: Organizational Logic and Flexible Production Systems in the World Auto Industry," *Industrial and Labor*

Relations Review, 48(2), pp.197-221.

Mark van Beusekom(1996), *Participation Pays! Cases of Successful Companies with Employee Participation*(The Hague: Netherlands Participation Institute), 7.

Markels, A.(1995), "Team Approach: A Power Producer Is Intent on Giving Power to Its People," *The Wall Street Journal*, 3 July, A1.

Marsh, R. M. & Mannari, H.(1981), "Technology and Size as Determinants of the Organizational Structure of Japanese Factories," *Administrative Science Quarterly*, 26, pp.33-57.

Martell, K. & Caroll, S. J.(1995), "How strategic is HRM?", *Human Resource management,* Vol. 34, No.2, pp.253-267.

Massie, J. L.(1987), *Essentials of Management*, 4th ed., Englewood Cliff: Prentice-Hall, Inc.

Mathis, Robert L. & Jackson, John H.(2000), *Human Resource Management,* 9th ed., South-Western College Publishing.

Miles, R. E., & Snow, C. C.(1978), *Organizational strategy, structure, and process,* New York: Mcgraw-Hill.

Miles, R. E., & Snow, C. C.(1984), "Designing strategic human resources systems," *Organizational Dynamics,* 13, pp.36-52.

Milgrom, P. & Roberts, J.(1995), "Complementarities and fit: Strategy, structure and organizational change in manufacturing," *Journal of Accounting and Economics,* 19, pp.179-208.

Milkovich, G. T. & Boudreau(1994), *Human Resource Management,* Irwin.

Miller, P.(1987), "Strategic Industrial Relations and Human Resource Management: Distinction, definition, and Recognition," *Journal of Management Studies,* Vol. 24, No.4, pp.347-361.

Milliman, John, Glinow, Mary Ann Von, and Nathan, Maria(1991), "Organizational Life Cycles and Strategic International Human

Resource Management in Multinational Companies: Implications for Congruence Theory," *Academy of Management Review,* 16(2), pp.318-339.

Mintzberg, H.(1979), *The structuring of organizations*, Englewood Cliffs, NJ, Prentice Hall.

Mintzberg, H.(1980), *The Nature of Managerial Work,* Prentice-Hall.

Mintzberg, H.(1994), "Rethinking strategic planning, Part Ⅰ: Pitfalls and fallacies," *Long Range Planning,* 27(3), pp.22-30.

Mowday, Richard T.(1997), "Celebrating 40 years of the *Academy of Management Journal"*, *Academy of Management Journal,* 40(6), pp.1400-1413.

Nkomo, S.M.(1980), "stage three in personnel administration: Strategic human resource management," *Personnel,* 57(4), pp.66-77.

Noe, Raymond A., Hollenbeck, John R., Gerhart, Barry & Wright, Patrick M.(1997), *Human Resource Management: Gaining a competitive advantage(2nd ed.),* Chicago, IL: IRWIN.

Noe, Raymond A., Hollenbeck, John R., Gerhart, Barry, and Wright, Patrick M.(2000), *Human Resource Management: Gaining a Competitive Advantage*, 3rd. ed., NY: McGraw-Hill.

Ohmae, Kenichi(1983), The mind of the strategist: the art of Japanese business, (book reviews) Paul J. Gordon, *Business Horizons,* July-Aug, Vol.26.

Oishi, S., Schimmank, U., Diener, E., & Suh, E. M.(1998), "The Measurement of Values and Individualism-Collectivism," *Personality and Social Psychology Bulletin,* 24(11), pp.1177-1189.

Odiorne, George S.(1984), *Strategic Management of Human Resources*, San Francisco: Jossey-Bass Publishers, pp.3-31.

Ouchi, William(1981), *Theory Z*, Reading, MA: Addison-Wesley Publishing.

Pennings, J. M.(1992), "Structural Contingency Theory: A Reappraisal," in B. M. Staw and L. L. Cummings(eds.), Research in Organizational Behavior, 14, 39-78, JAI Press.

Perrow, C.(1967), "A Framework for Comparative Organizational Analysis," *American Sociological Review*, 32, pp.194-208.

Peters, Tom & Waterman, Robert H.(1982), *In Search of Excellence*, NY: Harper and Row.

Peterson, R. B., & Tracy, L.(1979), *Systematic Management of Human Resources,* Reading, MA: Addison-Wesley Publishing.

Pfeffer, J.(1982), *Organizations and Organization Theory*, Marshfield, MA: Pitman.

Pfeffer, J.(1994), *Competitive advantage through people,* Boston, MA: Harvard Business School Press.

Pfeffer, J.(1998), *The Human Equation*, Harvard Business School.

Phillip, J. L.(1999), "How Global Aging Will Challenge the World's Economics Well-Being," *U.S. News & World Report*, March, pp.30-39.

Pigors, Paul & Myers, Charles A.(1981), *Personnel Administration: A Point View and Method*, 9th ed., NY: McGraw-Hill.

Poole, M.(1990), "Editorial Human Resource Management in an International Perspective," *International Journal of Human Resource Manage- ment*, 1-1, pp.1-16.

Porter, M. E.(1980), *The Competitive Strategy*, New York, Free Press.

Porter, M. E.(1985), *Competitive strategy: Techniques for analyzing industries and competitors*, New York: The Free Press, 1985, pp.11-26.

Prahalad, C. K., & Hamel, G.(1990), "The core competence of the corporation," *Harvard Business Review*, 68(3), pp.79-91.

Purcell, J.(1995), "Corporate strategy and its link with human resource management strategy," in Storey, J.(Ed.), Human Resource Management: A Critical Text, International Thomson Business

Press, London.

Rajagopalan, N. & Datta, D. K.(1996), "CEO characteristics: Does industry matter?" *Academy of Management Journal*, 39, pp.197-215.

Randolph, A.(1995), "Navigating the journey to empowerment," *Organizational Dynamics*, 23, 4.

Reynolds, P. D.(1986), "Organizational Culture as Related to Industry, Position and Performance: A Preliminary Report," *Journal of Management Studies*, 23, pp.333-344.

Richter, A. S.(1998), "Paying the People in Black at Big Blue," *Compensation and Benefits(May-June)*, pp.51-59.

Robbins, S. P.(1983), *Organization Theory: The Structure and Design of Organization,* Prentice-Hall, Englewood Cliffs, New Jersey

Robbins, S. P.(2001), *Organizational behavior(*9th ed.). Upper Saddle River, NJ: Prentice Hall.

Ropo, A.(1993), "Towards strategic human resource management: a pilot study in a Finnish power industry company," *Personnel Review*, Vol. 22, No.4, pp.35-53.

Russell, J. S., Terborg, J. R., & Powers, M. L.(1985), "Firm performance and organizational level training and support," *Personnel Psy- chology*, 38, pp.849-863.

Saratoga Institute(1997), *1997 Human Rersource Financial Report*, Saratoga, CA: Saratoga Institute.

Schanz, G.(1982), Organisationsgestaltung, Verlag Franz Vahlen GmbH, M nchen.

Schendel, D. E. & Hofer, C. N.(1979), *Strategic Management: A New View of Business Policy and Planning*, Boston: Little Brown and Company.

Schuler, R. S.(1989), "Strategic Human Resource Management and Industrial Relation," *Human Relations,* 42-2, pp.157-184.

Schuler, R. S.(1992), "Strategic human resource management: Linking competitive strategies with the strategic needs of the business," *Organizational Dynamics*, Vol. 21, pp.18-32.

Schuler, R. S., & Jackson, S. E.(1987), "Linking Competitive Strategies with Human Resource Management Practices," *The Academy of Management Executive*, Vol. 1, No.3, pp.207-219.

Schuler, R. S. & MacMillan, I. C.(1984), "Gaining competitive advantage through human resource management practices," *Human Resource Management,* Vol. 23, pp.241-255.

Schuler, R. S. & Walker, J.(1990), "Human resources strategy: Focusing on issues and actions," *Organizational Dynamics*, Summer, 5-19.

Scott, W. R.(1990), "Technology and Structure: An Organizational-Level Perspective," in P. L. Goodman, L. E. Sproull, and Associates(Eds.), *Technology and Organizations*, San Francisco: Jossy-Bass.

Scott, W. R.(1992), *Organizations: Rational, Natural, and Open Systems,* Englewood Cliffs, Prentice-Hall.

Scott, W. L., Mitchel, T .R., & Birnbarum, P. H.(1981), *Organization Theory: A Structural and Behavioral Analysis,* 4th ed., Homewood.

Segev, E.(1989), "A systematic comparative analysis and synthesis of two business level strategic typologies," *Strategic Management Journal*, Vol. 10, pp.487-505.

Shaiken, H., Lopez, S., Mankita, I.(1997), "Two Routes to Team Production: Saturn and Chrysler Compared," *Industrial Relations,* Vol. 36.

Shaw, J. B., Tang, S. Y. B., Fisher, C. D. and Kirkbride, P. S.(1993), "Organizational and environmental factors related to HRM practices in Hong Kong: a cross-cultural expanded replication," *International Journal of Human Resource Management,* Vol. 4, No.4, pp.785-815.

Shortell, S. M. & Zqjac, E.(1990), "Perceptual and archival measures of Miles and Snow's strategic types: A comprehensive assessment of reliability and validity," *Academy of Management Journal*, Vol. 33(4), pp.817-832.

Singh, J. V.(1986), "Technology, Size and Organizational Structure: A Reexamination of the Okayama Study Data," *Academy of Management Journal*, 29, pp.800-812.

Sission, K.(Ed.)(1996), *Personnel Management: A Comprehensive Guide to Theory and Practice in Britain*, Blackwell Publishers Inc., MA.

Slocum, J. W., Jr., Cron, W. L., Hansen, R. W., and Rawlings, S.(1985), "Business strategy and the management of plateaued employee," *Academy of Management Journal*, Vol. 28(1), pp.133-154.

Snell, S. A. & Youndt, M. A.(1995), "Human Resource Management and Firm Performance: Testing a Contingency Model of Executive Controls," *Journal of Management*, 21(4), pp.711-737.

Snell, S. A., Youndt, M. A., & Wright, P. M.(1996), "Establishing a framework for Establishing in SHRM," *Research in Personnel & Human Resource Management*, Vol. 14, pp.61-90.

Sokolik, S. L.(1970), *The personnel process: Line and staff dimensions in managing people at work*, PA: International Textbook.

Spss Inc.(1993), *Spss for Windows: Advanced Statistics, Release 6.0*, Spss Inc..

Steers, R. M.(1975), "Problems in the Measurement of Organizational effectiveness," *ASQ*, Vol. 20.

Stewart, Thomas A.(1996), "Taking on the Last Bureaucracy," *Fortune*, Vol. 133, No.1, June 15, pp.105-106.

Stonick, P. J.(1981), "Using rewards in implementing strategy," *Strategic Management Journal*, 2, pp.345-352.

Storey, J.(ed.)(1989), *New Perspectives on Human Resource Management*, London: Routledge.

Strauss, George & Sayles, Leonard R.(1980), *Personnel: The Human Resource Management*, 4th ed. Englewood Cliffs, NJ: Prentice-Hall.

Strober, M. H.(1990), "Human Capital Theory: Implications for HR Managers," *Industrial Relations*, 29, pp.214-239.

Stroh L. K., Brett, J. M., Baumann, J. P., & Reilly, A. H.(1996), "Agency theory and variable pay compensation strategies," *Academy of Management Journal,* 39, pp.751-767.

Swiercz, P. M. & Spencer, B. A.(1992), "HRM and sustainable competitive advantage: Lessons from Delta airlines," *Human Resource Planning,* 15, pp.35-46.

Szilagyi, A. D. & Schweiger, D. M.(1984), "Matching managers to strategies: A review and suggested framework," *Academy of Management Review,* Vol. 9(4), pp.626-637.

Taplin, Ian M.(1990), "The Contradictions of Business Unionism and the Decline of Organized Labor," *Economic and Industrial Democracy*, 11(2), pp.249-178.

Taylor, S., Beechler, S., & Napier, N.(1996), "Toward an integrative model of strategic international human resource management," *The Academy of Management Review,* 21, pp.959-985.

Terpstra, D. & Rozell, E.(1993), "The Relationship of Staffing Practices to Organizational Level Measures of Performance," *Personnel Psychology,* 46, pp.27-48.

Thomas, A. S., Litschert, R. J., & Ramaswamy, K.(1991), "The performance impact of strategy-management alignment: An empirical examination," *Strategic Management Journal,* Vol. 12, pp.509-522.

Thomas, K. W. & Velthouse, B. A.(1990), "Cognitive elements of empowerment: An interpretive model of intrinsic task motivation," *Academy of Management Review,* 15, pp.666-681.

Thompson, J. D.(1967), *Organizations in action,* New York: McGraw-Hill.

Thompson, R.(1993), "An Employee's View of Empowerment," *HR Focus*, July, 14.

Tichy, Devanna, & Fombrun, C. J.(1981), "Human Resources Management: A Strategic Perspective," *Organizational Dynamics,* Winter, pp.51-67.

Tichy, Devanna, & Fombrun, C. J.(1982), "Strategic human resource management," *Sloan Management Review*, 23(2), pp.47-61.

Tichy, Devanna, & Fombrun, C. J.(1984), *Strategic Human Resource Management*, NY: John Wiley & Sons.

Tichy, N. M. & Sherman, S.(1993), *Control Your Density or Someone Else Will,* NY: Doubleday.

Ulrich, D.(1997), *Human resource champions: The next agenda for adding value and delivering results. Boston,* MA: Harvard Business School Press.

Ulrich, D. & Lake, D.(1990), *Organizational capability: Competing from the inside out,* new York: John Willey & Sons.

Van de Ven, A. H. & Drazin, R.(1985), "The Concept of Fit in Contingency Theory," *Research in Organizational Behavior,* 7, pp.333-365.

Venkatraman, N., & Camillus, J. C.(1984), "Exploring the Concept of "fit" in Strategic Management," *Academy of Management Review*, 9(3), pp.513-525.

Wallace, Marc J. Jr., Fredrick, Crandall, N., & Fay, Charles H.(1982), *Administering Human Resources*, NY: Random House.

Wallach, E. J.(1983), "Individuals and Organizations: The Culture Match," *Training and Development Journal,* Feb., pp.29-36.

Walton, R. E.(1985), *Toward a strategy of eliciting employee commitment based on policies of mutuality*, In R. E. Walton and P. R. Lawrence(Eds.), HRM trends & challenges, Boston, MA: Harvard Business School Press, pp.35-65.

Wan, T. W. D., Ong, C. H., & Kok, C. F. V.(2000), *Strategic HRM and organizational performance in Singapore,* Working paper. The National University of Singapore.

Watson, Tony J.(1995), "In Search of HRM," *Personnel Review*, 24(4), pp.6-16.

Welbourne, T. M. & Andrews, A. O.(1996), "Predicting the performance of initial public offerings: Should human resource management be in the equation?" *Academy of Management Journal*, Vol. 39(4), pp.891-919.

Wernerfelt, B.(1984), "A resource-based view of the firm," *Strategic Management Journal,* Vol. 5, pp.171-180.

Wexley, Kenneth N. and Yukl, Gray A.(1984), *Organization Behavior and Personnel Psychology*, rev. ed., Homewood, IL: Richard D. Irwin.

Wheelen, T. L. & Hunger, J. D.(1983), *Strategic Management and Business policy*, Menlo Park, California, Addison-Wesley Publishing Co., pp.7-9.

Whitfield, K. & Poole, M.(1997), "Organizing Employment for High Performance: Theories, Evidence and Policy," *Organizational Studies,* 18(5), pp.745-764.

Wilson, Thomas B.(1995), *Innovative Reward Systems for the Changing Workplace,* New York: McGraw-Hill.

Wissema, J. G., Van Der Pol, H. W., & Messner, H. M.(1980), "Strategic management archetypes," *Strategic management Journal,* Vol. 1(1), pp.37-47.

Wood, S.(1995), "Can We Speak of High Commitment Management on the Shop Floor?", *Journal of Management Studies,* 32(2), pp.215-247.

Woodward, J.(1965), *Industrial Organizations: Theory and Practice,* London Oxford University Press.

Wright, P. M.(1998), "Introduction: Strategic Human Resource Management Research In the 21st Century," *Human Resource Management Review,* Vol. 8, No.3, pp.187-191.

Wright, P. M. & Snell, S. A.(1991), "Toward an integrative view of strategic human resource management," *Human Resource Management Review,* Vol. 1, pp.203-225.

Wright, P. M. & Snell, S. A.(1998), "Toward a unifying framework for exploring fit and flexibility in strategic human resource management," *Academy of Management Review,* 23, pp.756-772.

Wright, P. M. & McMahan, G. C.(1992), "Theoretical perspectives for strategic human resource management," *Journal of Management,* Vol. 18(2), pp.295-320.

Wright, P. M., McMahan, G. C., & McWilliams, A.(1994), "Human resources and sustained competitive advantage: A resource-based perspective," *International Journal of Human Resource Management,* 5, pp.301-326.

Youndt, M. A., Snell, S. A., Dean, Jr. J. W., & Lepak, D. P.(1996), "Human Resource Management, Manufacturing Strategy, and Firm Performance," *Academy of Management Journal,* Vol. 39, pp.836-866.

Yukl, G. & Van Fleet, D. D.(1992), *Theory and Research on Leadership in Organizations,* In Dunnette, M. D. & Hough, L. M.(eds.), The Handbook of Organizations and Industrial Psychology, 2nd ed., Palo Alto: Consulting Psychologist Press, 3, pp.47-198.

Zahra, S. A.(1987), "Corporate strategic types, environmental perceptions, managerial philosophies, and goals: An empirical study," *Akron Business and Economic Review,* 18(summer), pp.64-77.

|부 록|

A. 부 표

〈부표 1〉 기업규모와 기술수준에 따른 현황

	빈 도	퍼센트
small & low	31	27.9
small & high	21	18.9
large & low	26	23.4
large & high	33	29.7
합 계	111	100.0

〈부표 2〉 기업규모와 기술수준에 따른 기업의 수명주기별 현황

		규모 * 기술				전 체
		small & low	small & high	large & low	large & high	
수명주기	도입기		2	1	1	4
	성장기	12	11	8	7	38
	성숙기	12	3	7	17	39
	쇠퇴기	3		3	3	9
	전환기	3	5	7	5	20
전 체		30	21	26	33	110

〈부표 3〉 향후 인사부서의 주요 목표

	빈 도	중요도 순위
연봉제	56	1
집단업적평가	16	10
교육훈련개발	40	2
직무분석	25	6
조직재설계	20	9
업무순환	10	12
인력구조조정	28	4
노사관계관련	23	8
목표관리제	24	7
각종 규정의 재정 및 재정비	16	10
경력개발	11	11
인사고과제도	36	3
인센티브 및 포상제도	27	5
기 타	1	13

〈부표 4〉 HRM의 최근 당면과제

	빈 도	순 위
연봉제	37	2
집단업적평가	25	5
교육훈련개발	21	8
조직문화구축	33	3
경력개발	22	7
업무순환	11	10
인력구조조정	39	1
노사관계관리	30	4
목표관리제	20	9
각종 규정의 제정 및 재정비	7	12
조직재설계	23	6
인사고과제도	32	43
인센티브 및 포상제도	22	8
직무분석	10	11
팀제도입	1	13

〈부표 5〉HRM과 경영전략의 통합 이점

	빈 도	중요도 순위
기업성과향상	86	1
의사결정의 신속화	47	4
책임경영실현	61	2
신제품개발기간단축	7	8
인력의 성력화	31	5
정보공유용이	16	7
기업문화구축 용이	30	6
우수인재확보 용이	50	3
공정자동화 촉진	2	9

〈부표 6〉 연평균 1인당 교육훈련일수

종업원 계층 구분	연 평균 교육훈련 일수			
	최소값	최대값	평균	표준편차
① 관리/사무직	.00	30.00	7.7	6.6
② 전문/기술직	.00	90.00	10.3	12.0
③ 영업직	.00	30.00	7.7	7.4
④ 생산직	.00	30.00	6.4	5.7

〈부표 7〉 기업규모와 기술수준에 따른 교육훈련욕구의 체계적인
분석정도

	N	평 균	표준편차	평균에 대한 95%신뢰구간		최소값	최대값
				하한값	상한값		
small & low	31	2.8710	.7184	2.6074	3.1345	2.00	5.00
small & high	20	2.7500*	.6387	2.4511	3.0489	2.00	4.00
large & low	26	3.4615*	.9047	3.0961	3.8270	1.00	5.00
large & high	33	3.3030	.8095	3.0160	3.5901	1.00	4.00
합 계	110	3.1182	.8210	2.9630	3.2733	1.00	5.00

〈부표 8〉 기업규모와 기술수준에 따른 노사관계 전반

		N	평 균	표준편차	평균에 대한 95% 신뢰구간		최소값	최대값
					하한값	상한값		
노조가입 퍼센트	small & low	20	3.95	2.06	2.98	4.92	1	6
	small & high	17	3.41	2.18	2.29	4.53		
	large & low	23	3.00	1.41	2.39	3.61		
	large & high	27	3.30	1.41	2.74	3.85		
	합 계	87	3.39	1.75	3.02	3.76		
단체협상 주체인정	small & low	12	1.42	.79	.91	1.92	1 (인정함)	3 (노조없음)
	small & high	10	1.50	.71	.99	2.01		
	large & low	20	1.15	.37	.98	1.32		
	large & high	27	1.19	.48	.99	1.38		
	합 계	69	1.26	.56	1.13	1.40		
노조 영향력 변화	small & low	12	3.08	1.38	2.21	3.96	1	5
	small & high	9	3.00	1.00	2.23	3.77	1	4
	large & low	18	3.44	1.04	2.93	3.96	1	5
	large & high	26	3.46	.65	3.20	3.72	2	5
	합 계	65	3.32	.97	3.08	3.56	1	5
종업원 대표기구	small & low	19	3.21	1.08	2.69	3.73	1	5
	small & high	10	3.30	.67	2.82	3.78	2	4
	large & low	23	3.61	.72	3.30	3.92	2	5
	large & high	25	3.56	.65	3.29	3.83	2	5
	합 계	77	3.45	.80	3.27	3.64	1	5
노사협의 회활용	small & low	23	3.52	.67	3.23	3.81	3	5
	small & high	12	3.33	.78	2.84	3.83	2	5
	large & low	25	3.68	.75	3.37	3.99	2	5
	large & high	30	3.63	.49	3.45	3.82	3	4
	합 계	90	3.58	.65	3.44	3.71	2	5
구두 직접전달	small & low	21	3.00	.77	2.65	3.35	1	4
	small & high	19	3.58	.69	3.25	3.91	2	5
	large & low	22	3.18	1.01	2.74	3.63	1	5
	large & high	27	3.00	.88	2.65	3.35	1	5
	합 계	89	3.17	.87	2.99	3.35	1	5
문서 직접전달	small & low	23	3.30	.88	2.93	3.68	1	5
	small & high	16	3.31	.95	2.81	3.82	2	5
	large & low	23	3.57	.66	3.28	3.85	3	5
	large & high	28	3.18	.94	2.81	3.54	2	5
	합 계	90	3.33	.86	3.15	3.51	1	5
인트라넷 전달	small & low	12	3.58	1.08	2.89	4.27	1	5
	small & high	5	4.20	.84	3.16	5.24	3	5
	large & low	12	4.25	.75	3.77	4.73	3	5
	large & high	17	4.35	.70	3.99	4.71	3	5
	합 계	46	4.11	.88	3.85	4.37	1	5

〈부표 9〉 기업규모와 기술수준에 따른 경영이념

		규모 * 기술				전 체
		small & low	small & high	large & low	large & high	
경영이념	문서로 작성됨	26	15	24	33	98
	구두로 정리됨	3	4			7
	없 음		1	2		3
	모르겠음	1	1			2
경영전략	문서로 작성됨	25	15	25	32	97
	구두로 정리됨	4	4		1	9
	없 음		1	1		2
	모르겠음	1	1			2
인사정책	문서로 작성됨	19	14	19	28	80
	구두로 정리됨	9	6	3	2	20
	없 음	1	1	3	2	7
	모르겠음	1		1		2

〈부표 10〉 경영전략의 수립 개입시점

	빈 도	비율(%)
전략수립 착수시점부터	53	47.7
전략분석 협의시점부터	41	36.9
전 략 실 행 시 부 터	8	7.2
전략수행의 결과평가 이후	1	.9
전략수립에 전혀 관여하지 않음	5	4.5
합 계	108	100.0

<부표 11> 인사정책의 인사기능 반영수준

	빈 도	비 율
전혀 반영되지 않음	2	1.8
반영되지 않음	7	6.3
보 통	32	28.8
반영되고 있음	55	50.5
적극 반영되고 있음	14	12.6
합 계	110	100.0

<부표 12> HRM 관련 정책의 결정 주체

(A) 민간기업의 경우 (B) 공공기업의 경우	국제본사(HQ)	국내본사(HQ) 인사부서	계열사/지점 서비스본부	공장/사무소 지역사무소	무응답
인적 자원 관리 정책					
1. 급여 및 복리후생	5(4.5%)	57(51.4%)	10(9.0%)	8(7.2%)	31(27.9%)
2. 채용 및 선발	2(1.8%)	52(46.8%)	19(17.1%)	8(7.2%)	30(27.0%)
3. 훈련 및 개발	4(3.6%)	47(42.3%)	15(13.5%)	12(10.8%)	32(28.8%)
4. 인사고과 활동	2(1.8%)	46(41.4%)	19(17.1%)	12(10.8%)	32(28.8%)
5. 노사관계 관리	2(1.8%)	45(40.5%)	13(11.7%)	19(17.1%)	32(28.8%)
6. 건강 및 안전관리	2(1.8%)	40(36.0%)	18(16.2%)	17(15.3%)	34(30.6%)
7. 인력증대 및 축소	1(.9%)	50(45.0%)	15(13.5%)	13(11.7%)	32(28.8%)
8. 작업 및 직무설계	3(2.7%)	46(41.4%)	13(11.7%)	15(13.5%)	34(30.6%)

〈부표 13〉 경쟁우위 확보를 위한 HRM 활동 및 프로그램

No	경쟁우위 확보를 위한 HRM 활동 및 프로그램	현 재					5년 후				
1	새로운 노동시장으로부터의 채용과 고용	1	2	3	4	5	1	2	3	4	5
2	우수대학으로부터의 신입채용 프로그램 강조	1	2	3	4	5	1	2	3	4	5
3	신입사원에 대한 기초교육 및 기술훈련 실시	1	2	3	4	5	1	2	3	4	5
4	우수잠재력 보유자의 조기발견 및 개발	1	2	3	4	5	1	2	3	4	5
5	전체종업원 대상 평생교육/재교육 실시	1	2	3	4	5	1	2	3	4	5
6	종업원 개개인별 복수-병행 경력경로의 구축	1	2	3	4	5	1	2	3	4	5
7	우수인력 유지를 위한 적극적 공공교육 이수	1	2	3	4	5	1	2	3	4	5
8	계층의 축소 및 관리의 폭(범위) 확대	1	2	3	4	5	1	2	3	4	5
9	직무, 기술 및 작업배치를 위한 인력유연성 강화	1	2	3	4	5	1	2	3	4	5
10	고정 인건비 절감을 위한 비상근 인력의 활용 (아르바이트, 파트타임, 인재파견업체 용역 등)	1	2	3	4	5	1	2	3	4	5
11	다양성 관리를 위한 조직별 표준 프로그램의 운영	1	2	3	4	5	1	2	3	4	5
12	형평의 원칙 확립을 위한 기업문화의 정립	1	2	3	4	5	1	2	3	4	5
13	참여경영 확산을 위한 종업원 의사결정참여 촉진	1	2	3	4	5	1	2	3	4	5
14	전사적 커뮤니케이션 기술촉진(e-mail, 화상회의)	1	2	3	4	5	1	2	3	4	5
15	사업계획과 방향 및 문제점에 대한 종업원과의 의견교환	1	2	3	4	5	1	2	3	4	5
16	개별 경력관리상 자기진단 및 자기계발 강조	1	2	3	4	5	1	2	3	4	5

No	경쟁우위 확보를 위한 HRM 활동 및 프로그램	현 재					5년 후				
17	자발적 기업홍보를 위한 대외활동의 촉진 및 보상	1	2	3	4	5	1	2	3	4	5
18	종신고용 및 고용안정의 보장	1	2	3	4	5	1	2	3	4	5
19	주인의식, 책임감 고취를 통한 임파워먼트의 확산	1	2	3	4	5	1	2	3	4	5
20	사업성패별 보상과 위험을 고려한 급여체제 구축	1	2	3	4	5	1	2	3	4	5
21	개별성과급 중심의 성과주의 인사철학 중시	1	2	3	4	5	1	2	3	4	5
22	사업과 생산성 증대를 독려, 인정, 보상하는 체제	1	2	3	4	5	1	2	3	4	5
23	지식과 기술개발을 독려, 인정, 보상하는 체제	1	2	3	4	5	1	2	3	4	5
24	혁신과 창의력 개발을 독려, 인정, 보상하는 체제	1	2	3	4	5	1	2	3	4	5
25	고객 서비스 및 품질을 독려, 인정, 보상하는 체제	1	2	3	4	5	1	2	3	4	5
26	동료-부하-고객의 평가를 종합한 성과평가 실시	1	2	3	4	5	1	2	3	4	5
27	관리자 교육 및 기술개발훈련의 강조	1	2	3	4	5	1	2	3	4	5
28	탄력적인 복리후생 프로그램의 설계 및 운영	1	2	3	4	5	1	2	3	4	5
29	위험과 비용을 종업원들 모두가 공유하는 체제	1	2	3	4	5	1	2	3	4	5
30	개인 및 가족의 욕구에 부응하는 지원 및 서비스	1	2	3	4	5	1	2	3	4	5
31	개인 및 가족대상 적극적 건강유지 프로그램 실시	1	2	3	4	5	1	2	3	4	5
32	직무공유 및 파트타임 같은 탄력작업제 실시	1	2	3	4	5	1	2	3	4	5
33	혁신적 또는 탄력적 재배치 프로그램의 개발	1	2	3	4	5	1	2	3	4	5

No	경쟁우위 확보를 위한 HRM 활동 및 프로그램	현 재					5년 후				
34	다양하고 유연한 퇴직 기회부여 프로그램의 실시	1	2	3	4	5	1	2	3	4	5
35	부서 간 또는 팀 간의 탄력적 인력운용	1	2	3	4	5	1	2	3	4	5
36	자율성, 창의적 기술, 승진 등에 대한 기회의 확대	1	2	3	4	5	1	2	3	4	5
37	정보시스템에 대한 보다 자유로운 접근성 부여	1	2	3	4	5	1	2	3	4	5
38	제한적 특정인력의 전문화, 세분화 및 정예화 실시	1	2	3	4	5	1	2	3	4	5

〈부표 14〉 기업조직문화유형에서의 통합수준과 위임수준과의 차이

종속 변수	(A)기업 조직문화유형	(B)기업 조직문화유형	평균차 (A-B)	유의 확률	종속 변수	(A)기업 조직문화유형	(B)기업 조직문화유형	평균차 (A-B)	유의 확률
통합 점수	적극/유연	소극/유연	-.1429	.993	위임 점수	적극/유연	소극/유연	4.5484*	.013
		적극/경직	.1286	.993			적극/경직	2.0484	.459
		소극/경직	.8901	.377			소극/경직	2.2151	.661
	소극/유연	적극/유연	.1429	.993		소극/유연	적극/유연	-4.5484*	.013
		적극/경직	.2714	.970			적극/경직	-2.5000	.460
		소극/경직	1.0330	.417			소극/경직	-2.3333	.703
	적극/경직	적극/유연	-.1286	.993		적극/경직	적극/유연	-2.0484	.459
		소극/유연	-.2714	.970			소극/유연	2.5000	.460
		소극/경직	.7615	.612			소극/경직	.1667	1.000
	소극/경직	적극/유연	-.8901	.377		소극/경직	적극/유연	-2.2151	.661
		소극/유연	-1.0330	.417			소극/유연	2.3333	.703
		적극/경직	-.7615	.612			적극/경직	-.1667	1.000

* p<0.05

〈부표 15〉 통합수준에 있어 기업지배구조 유형 간 평균비교

종속변수	A	B	평균차(A-B)	유의확률
통합점수	전통적인 경영체제	소유주 주도형 대리경영체제	-.7778	.614
		권한 위양형 대리경영체제	-1.2909	.048*
		전문경영인체제	-1.0556	.251
	소유주 주도형 대리경영체제	권한 위양형 대리경영체제	-.4431	.859
		전문경영인체제	-.2778	.972
	전문경영인체제	권한 위양형 대리경영체제	-.1653	.986

* p<0.05

〈부표 16〉 기업규모와 기술수준에 따른 최고 경영자의 행동특성

	평 균	표준편차	small & low	small & high	large & low	large & high
인간중시경영	3.73	0.82	3.67	3.95	3.58	3.76
솔선수범의 자세	3.76	0.89	3.70	4.00	3.58	3.79
집념과 소명의식	4.11	0.80	3.90	4.14	4.15	4.21
대인관계 능력	3.94	0.82	3.83	4.05	3.88	4.03
실력주의 강조	4.06	0.72	3.73	4.29	4.12	4.15

B. Questionnaire[54]

Section 1: Human Resources/Personnel Department Structure

This section is intended to gather information about the structure of your Personnel Department. There are ten questions to answer. Tick the relevant answers.

---

54) 본 설문지는 Budhwar, P.의 자료이며, 본문에 언급되어진 분석항목의 내용들은 그의 설문지를 한국실정에 맞게 번역하여 사용한 것임.

1. Does this organization have a Personnel or Human Resource Management Department/Manager?

   Yes   No
   (If no, please go to question 8)

2. Has the personnel/human resource management department existed from the time of the incorporation of the organization?

   Yes   No   Don't Know
   (If yes, please go to question 4)

3. If NO, which function was originally responsible for the personnel activities of the organization? Please name the department.

   _____

4. What is the job title of the Senior Personnel manager? Please tick as appropriate.

No.	Job title of Senior Personnel or Human Resource Manager	Please tick your choice
1	Personnel Director	
2	Human Resources Director	
3	Personnel manager/Officer/Head of Department	
4	Human resource manager/Officer/Head of Department	
5	Other, please specify in the space given:	

5. Are you the most Senior Personnel or Human Resources manager?

Yes   No

If No, please give your title:

_____

6. Please give your total work experience (in years) in the Personnel Department of this organization:

_____

7. Does the head of the Personnel or Human Resources function have a place on the main board of directors or equivalent? If YES, go to question 9.

Yes   No

8. If NO, who on the board or equivalent has responsibility for personnel issues? Please tick as appropriate.

No.	Person responsible for Personnel issues	Please tick your choice
1	Chief Executive/Managing Director	
2	Administrative Director	
3	Finance Director	
4	Production Director	
5	Company Secretary	
6	Labour and Welfare Officer	
7	Other, please specify in the space give:	

9. Approximately how many people are employed in your Personnel Department?

No.	Number of people employed in the Personnel Department	Please write exact number
1	Total number of Staff	
2	Total number of Professional Staff only	
3	Don't Know(please tick in the box if you have this choice)	

10. From where was the most Senior Personnel or Human Resources manager recruited? Please tick as appropriate.

No.	Source of recruitment	Please tick your choice
1	From within the Personnel Department	
2	From Non-Personnel Specialists with in your organization	
3	From Personnel Specialists from outside of the organization	
4	From Non-Personnel Specialists from outside of the organization	

Section 2: The role of the HR function in corporate strategy

This section is intended to classify the role of HR function in corporate strategy in practice. There are sixteen questions which examines the level of integration and devolvement of HR activities. **Your answers should reflect the current reality as opposed to**

the ideal situation. Please tick your answers.

1. To what extent has the Personnel or Human Resource function of your organization contributed in tackling the management of change (Please tick only one).
   1. To a great extent
   2. To some extent
   3. Not at all

2. In the context of the present business environment, are the HRM considerations built into the organization strategy at any stage of the process(with or without the involvement of the Personnel Specialists)?

   Yes   No
   (If no, please go to question 4)

3. If YES, is it done:(Please tick only one)
   1. At the outset(strategy formulation)
   2. At the consultation level(strategy analysis)
   3. At the implementation level

4. What are the main objectives of Personnel or Human Resource Management in your organization over the next 3 years? Please list up to 3.
   1._____

2._____

3._____

5. Does the organization have any of the following type of Strategies? Please tick as appropriate.

No.	Type of Strategy	Yes-Written	Yes-Unwritten	No	Don't know
1.00	Mission or values statement				
2.00	Corporate strategy				
3.00	Personnel/HR management strategy				

6. **If you have a corporate strategy,** at what stage is the **person responsible for Personnel/Human Resources** involved in its development? Please tick only most appropriate(If not, please go to next question).
   1. From the outset
   2. Consultative
   3. Implementation
   4. Not consulted

7. In your view what are the benefits of integrating. HRM into Corporate Strategy? Please list up to three benefits, in order of importance:
   1._____
   2._____

3._____

8. **If you have a Personnel/HR management strategy,** is it translated into a clear set of work programmes and deadlines for the personnel function?

Yes   No

9. Do you feel the Personnel/HR function of your organization has become more proactive over the last five years? (If not, please go to question 11)

Yes   No

10. If YES, please list up to 3 examples, reasons or instances that demonstrate this proactive nature of the Personnel/HR function of your organization.

1._____

2._____

3._____

11. If your organization is part of a larger group of companies/divisions, etc., please indicate **where policies on the following areas of HRM are mainly determined.**(If not, please go to question 12). Please tick as appropriate.

Private Sector------>	International HQ	National HQ	Subsidiary	Site/ Establishment
Public Sector----->		**Personnel**	**Service dept/division**	**Local offices**
HRM Policies				
Pay & Benefits				
Recruitment & Selection				
Training & Development				
Performance Appraisal				
Industrial Relations				
Health & Safety				
Workforce Expansion/Reduction				
Work systems/Job design				

12. What are the three most difficult challenges(regarding management of human resources) currently facing the Personnel/HR function of your organization? List in order of importance:

    1._____

    2._____

    3._____

13. How are these challenges perceived by the majority of Line Managers in your organization? (Please tick only one).

    1. The same as top managers

    2. Different to top managers

    3. Don't know

14. Do the challenges faced by the Personnel Department demand more 'devolvement' of responsibility for HRM activities to line managers?

    Yes   No

15. With whom does the primary responsibility lie for **major policy decisions** on the following issues? (Please tick your choice in the boxes).

No.	Personnel issues related to:	HR department	line management	line management in consultation with HR department	HR department in consultation with line management
1.00	Pay and benefits				
2.00	Recruitment & Selection				
3.00	Training & Development				
4.00	Performance Appraisal				
5.00	Industrial Relations				
6.00	Healthy & Safety				
7.00	Workforce expansion/reduction				
8.00	Work systems/Job design				

16. Has the responsibility of Line Managers changed over the last 5 years for any of the following issues? Please tick your choice in the boxes.

No.	Personnel issues versus Nature of responsibility of the line managers	Increased	Same	Decreased
1	Pay & benefits			
2	Recruitment & Selection			
3	Training & Development			
4	Performance appraisal			
5	Industrial relations			
6	Health and safety			
7	Work force expansion/reduction			
8	Work systems/Job design			

Section 3: Recruitment and Selection

This section examines the nature of your Recruitment and Selection activities. There are five questions in this section. Please tick your answers.

1. Which job categories do you find hardest to recruit? Please list up to three job categories(Please tick in the box if your choice is 4).

   1._____

   2._____

   3._____

   4. No recruitment problems

2. Have you introduced any of the following measures to aid **recruitment or retention**? (Please tick only one for each measure).

No.	Measures adopted to aid recruitment	Yes	No	Don't Know
1.00	Flexible working hours			
2.00	Relaxed age requirements			
3.00	Relaxed qualification requirements			
4.00	Relocation of the company or operations			
5.00	Retraining existing employees			
6.00	Training for new employees			
7.00	Part-time work			
8.00	Job sharing			
9.00	Increased pay/benefits			
10.00	Marketing the organization's image			
11.00	Other, please specify in the space given:			

3. Have you specifically targeted any of the following in your **Recruitment Process**? Please tick your choice.

No	Targets for long term Recruitment	Yes	No
1.00	The long-term unemployed		
2.00	People with disabilities		
3.00	People from reserved caste/class		
4.00	Women		
5.00	Fresh graduates		

4. How, in general, are vacant positions filled? (Please tick as many as applicable.)

No.	Means of filling Vacant Positions	Managerial	Profess./Technical	Clerical	Manual
1.00	From amongst current employees				
2.00	Advertise internally				
3.00	Advertise externally				
4.00	Word of mouth				
5.00	Use of recruitment agencies				
6.00	Use of search/selection consultants				
7.00	Apprentices				
8.00	Other, please specify in the space given below:				

5. Approximately what proportion of your senior managers are recruited externally? (Please tick your choice).
   1. Less than 30%
   2. 31-60%
   3. More than 60%

Section 4: Pay And Benefits

This section examines the nature of your Pay and Benefit systems. There are four questions in this section. Please tick your answers.

1. At what level(s) is basic pay determined? Please tick as many as applicable for each category of staff.

No.	Level(s) of Pay Determination	Managerial	Profess./Technical	Clerical	Manual
1.00	National/industrywide Collective Bargaining				
2.00	Regional Collective Bargaining				
3.00	Company/Division, etc.				
4.00	Establishment/Site				
5.00	Individual				
6.00	As per the provisions of Labour Laws				
7.00	Other, please specify in the space given below:				

2. Do you offer any incentive schemes for your employees?

Yes   No

(If no, please go to question number 4)

3. Do you offer any of the following Incentive Schemes? Please tick as many as applicable for each category of staff.

No.	Incentive Schemes	Managerial	Professional/Technical	Clerical	Manual
1.00	Employee share options				
2.00	Profit Sharing				
3.00	Group Bonus Schemes				
4.00	Individual Bonus/Commission				
5.00	Merit/Performance related Pay				

4. In your organization are Pay and Benefits currently attached to: (please tick only one)

    1. Total work experience(length of service)

    2. Performance of employees(targets, objectives outputs

    3. Skills or competencies of employees

    4. A mixture of the above

    (please specify)_____

Section 5. Training and Development

This section examines the nature of your Training, Development and Career Management Systems. There are ten questions in this section. Please tick your answers.

1. Approximately what percentage of annual salaries and wages is currently spent on training and development? Please tick in the box if you don't know.

--------------%

Don't know

2. How many days on the job or of the job **training per year** do employees in each staff category receive on average? Please write your choice in the boxes.

No.	Category of employees	Number of days per year spent on training	Don't know
1.00	Management		
2.00	Technical/Professional		
3.00	Clerical		
4.00	Manual		

3. Has the money spent on training per employee(allowing for inflation) over the last five years increased or decreased for the following categories of staff? Please tick your choice.

No.	Category of staff	Increased	Same	Decreased	Don't know
1.00	Management				
2.00	Professional/Technical				
3.00	Clerical				
4.00	Manual				

4. Do you systematically analyse Employee Training needs? If NO, please go to question 6.

Yes   No

5. If YES, are any of the following methods used? (Please tick your choice). If several methods are used, please indicate(by ticking) in the third column **the most important one** for establishing training needs.

No.	Methods of training	Yes	No	Most important method
1.00	Analysis of projected business/service plans			
2.00	Training audits			
3.00	Line management requests			
4.00	Employee requests			
5.00	Other, please specify in the space given below:			

6. Do you monitor the effectiveness of your training? Please tick your choice.

Yes   No   Don't know

If NO, please go to question 8.

7. If YES, is it monitored in any of the following ways? Please tick as many applicable.

Sr. No.	Means of monitoring Training	Yes	No	Don't Know
1.00	Performance Tests			
2.00	Formal evaluation immediately after training			
3.00	Formal evaluation some months after training			
4.00	Informal feedback from line managers			
5.00	Informal feedback from trainees			
6.00	Other, please specify in the space given:			

8. In which, if any, of the following areas have **at least a third of your managers** been trained? (Please tick as many as applicable).

No.	Areas of Training	Please tick your choice
1.00	Performance Appraisal	
2.00	Staff Communication	
3.00	Delegation	
4.00	Motivation	
5.00	Team Building	
6.00	Foreign/Regional languages	
7.00	Other, please specify in the space given:	

9. Do you regularly adopt any of the following means for the training and development of your staff? Please tick as appropriate.

No.	Means of Training and Development	Yes	No
1.00	Formal Career Plans		
2.00	Performance Appraisal		
3.00	Annual Career Development Interview		
4.00	Assessment Centers		
5.00	Succession Plans		
6.00	Planned Job Rotation		
7.00	"High flier" schemes for managers		
8.00	International/Regional experience schemes for managers		

10. Which areas do you think will constitute the main training requirements in your organization **in the next three** years? Please rank the three most important(1 = most important).

No.	Main areas for training requirement	Please rank your choice
1.00	Business administration and strategy	
2.00	Computers and new technology	
3.00	Health and safety and the work environment	
4.00	Manufacturing technology	
5.00	Marketing and sales	
6.00	People management and supervision	
7.00	Customer service skills	
8.00	Management of change skills	
9.00	Quality control and management	
10.00	Languages	
11.00	Other, please specify in the space given:	

Section 6: Performance Appraisal

This section is intended to determine the <u>focus and nature of Performance Appraisal</u> at different employee levels in your organization.

1. For each level of employees you are asked eight questions about their Performance Appraisal. Please tick as many answers that apply to each job level.

No.	Performance Appraisal function	Manage-rial	Prof./Tech.	Clerical	Manual
1.00	Performance appraisal results are used to determine compensation				
2.00	The focus of the performance appraisal is on how(in what manner) the job is performed rather than on how well (results)				
3.00	Employees have a significant say about the criteria on which they are appraised				
4.00	The primary objective of appraisals is to improve performance				
5.00	Performance appraisals are used to identify the future needs of the employees				

No.	Performance Appraisal function	Manage-rial	Prof./Tech.	Clerical	Manual
6.00	Performance appraisals are very formalized. Forms are filled out and processed at regular intervals				
7.00	Performance appraisals are very informal. There is little written documentation				
8.00	Performance appraisals are based on objective, quantitative results				

Section 7: Employee Relations

This section is intended to examine the nature of your Employees Relations. There are six questions in this section. Please tick your answers.

1. Approximately what proportion of workers **in this organization** are members of Trade Union(s)?

No.	Percentage of Employees	Please tick your choice
1.00	0%	
2.00	1-25%	
3.00	26-50%	
4.00	51-75%	
5.00	76-100%	
6.00	Don't know	

2. Do you recognize Trade Unions for the purpose of collective bargaining? Please tick your choice.

Yes   No   Don't know

3. If you recognize any Trade Unions, has their influence on this organization's HR policies and practices changed over the last five years? Please tick your choice.

Yes, increased   Yes, decreased   No, the same

4. Has there been a change in how you communicate major issues to your employees?

No.	Ways of Communicating	Increased	Same	Decreased
1.00	Through representative Staff Bodies(e.g. trade unions)			
2.00	Verbally, direct to employee			
3.00	Written, direct to employees			
4.00	Other, please specify in the space given:			

5. Which employee categories are formally briefed about the strategy and financial performance of your organization? Please tick as appropriate.

No.	Categories of Employees	Strategy	Financial Performance	Neither
1.00	Management			
2.00	Professional/Technical			
3.00	Clerical			
4.00	Manual			

6. By what method(s) do your employees communicate their views to management? Please tick as appropriate.

No.	Means of Communication	Yes	No
1.00	Through immediate superior		
2.00	Through trade unions or work councils		
3.00	Through regular workforce meetings		
4.00	Through quality circles		
5.00	Through suggestion box(es)		
6.00	Through an attitude survey		
7.00	No formal methods		
8.00	Other, please specify in the space given:		

Section 8: Human Resource Management Strategy

The previous sections have detailed the nature of HR policies and practices in the organization. This section is intended to consider the relative emphasis and strategic focus of these policies and practices.

Please note there is a new scoring method.

1. Please score the **relative importance** of each strategic perspective in your organization by distributing **a total of 100 points** among the four following statements. You may allocate as many or as few points to each statement as long as the total adds up to 100.

No.	Statements	Points
1.00	The emphasis of our Personnel Policy is on cost our goal is to reduce the personnel costs to the lowest possible level.	
2.00	The emphasis of our Personnel Policy is on talent improvement our goal is to maximize the talents of our employees by continuously training them and guiding them in their jobs and career.	
3.00	The emphasis of our Personnel Policy is on talent acquisition our goal is to attract the best human talent from external sources.	
4.00	The emphasis of our Personnel Policy is on effective resource allocation our goal is to maximize the use of existing human resources by always having the right person in the right place at the right time.	
	TOTAL	**100**

Section 9: Influence of Competitive Pressures

In this section please consider the <u>impact that various Competitive Pressures have had on your organization's HRM</u> practices and policies. The questions are intended to reveal your perceptions about a range of factors that may be influencing HRM in your organization. You are first presented with a range of six changes in the business environment which may have heightened competitive pressures in your organization. You have 100 points to allocate across these six items.

1. Allocate the points to the items to reflect their **relative impact and influence on your organization's HRM policies and practices.** You may allocate as few or as many points to each item as along as the total across those you give points to adds up to 100.

No.	Changes in Business Environment	Points
1.00	Increased national/international competition/Globalization of corporate business structure	
2.00	Growth of new business arrangements e.g., business alliances, joint ventures, and foreign direct investment through mergers and acquisitions	
3.00	More sophisticated information/communication technology or increased reliance on automation	
4.00	Changing composition of the workforce with respect to gender, age, and/or ethnicity and changing employee values	
5.00	Downsizing of the workforce and business reengineering	
6.00	Heightened focus on total management or customer satisfaction	
7.00	Other, please specify in the space given:	
	Total	**100.00**

2. Please list up to 3 important impacts that this dynamic business environment has had on the nature activity and role of the HR/Personnel function of your organization.

1._____

2._____

3._____

Section 10: Influence of Institutional Factors on HRM

This section is intended to examine the <u>influence of a number of Institutional factors on your organization's HRM.</u> Please consider the **impact that the various factors have had on your organization's HRM** policies and practices. You are presented with five factors and a possible of 100 points to be allocated to these.

1. Allocate the points to these factors to reflect their **relative impact** and influence on your organization's HRM policies and practices. You may allocate as few or as many points to each factor as long as the total across those you give points to adds up to 100.

No.	Institutional Factors	Points
1.00	Indian/British National Labour Laws	
2.00	Trade Unions	
3.00	Professional bodies like NIPM, NLI/IPD.	
4.00	Educational and Vocational training set up (e.g., ITIs, MDPs/NVQs, IIP)	
5.00	International Institutions such as ILO, GATT, SAARC, EU	
	TOTAL	**100.00**

2. In your view, out of the above five institutional factors, which one most influences the existing HRM practices and policies and why? Please clarify.

_____

_____

Section 11: Influence of the Indian National Culture on HRM

This section is intended to examine the <u>influence that different aspects of national culture may have on your organization's HRM</u> practices and policies. You are presented with a range of five

factors that represent different aspects of national culture. You have
100 points to allocate across these five items. You may allocate as
few or as many points to each item as long as the total across
those you give points to adds up to 100.

1. Allocate the points to reflect **the relative impact and influence
   each item has had on the nature and shape** of your
   organization's HRM policies and practices.

No.	Aspects of National Culture	Points
1.00	The way in which managers are **socialized** in India/Britain i.e., the impact of common early experiences, the education system, religious up-bringing	
2.00	The common **values, norms of behaviour and customs** that typify managers in India	
3.00	The influence of **pressure groups** specific to India Britain, such as special interest groups who fight against child labour, jobs for the reserved caste/class people/equal opportunities	
4.00	The assumptions that shape the way managers in India/Britain perceive and think about the organization(e.g. the importance given to hierarchy, status, groups versus individuals etc.)	
5.00	The match to the organization's culture and "the way we do things around here"	
	TOTAL	**100.00**

2. In your view, out the above five National Culture factors, which one most influences your organization's existing HRM practices and policies and why? Please clarify.

Section 12: Influence of Business Sector on HRM

This section is intended to examine the influence of Business Sector within which your organization operates on the nature of its HRM practices and policies. You are presented with a range of eight items. You may allocate as few or as many points to each item as long as the total across those you give points to adds up to 100.

1. Allocate the points to reflect the **relative impact and influence each item has had on your organization's HRM** policies and practices.

No.	Aspects of Business Sector	Points
1.00	Common strategies, business logic and goals being pursued by firms across the sector	
2.00	Regulations and standards(e.g., payments, training, health and safety) specific to your industrial sector	
3.00	Specific requirement/needs of customers or suppliers that characterize your sector(i.e. supply chain management)	
4.00	The need for sector-specific knowledge in order to provide similar goods/services in the sector	

No.	Aspects of Business Sector	Points
5.00	Informal or formal bench marking across competitors in the sector(e.g., best practices of market leaders)	
6.00	Cross-sector co-operative arrangements e.g., common technological innovations followed by all firms in the sector	
7.00	Common developments in business operations and work practices dictated by the nature of the business(e.g., seasonal production cycles, opening times etc.)	
8.00	A labour market or skill requirement that tends to be used by your business sector only	
	TOTAL	**100**

2. In your view, out of the above eight business sector factors which one most influences the existing HRM practices and policies of your organization and why? Please clarify.

_____

_____

The previous four sections(sections 9-12) have detailed a range of influences on HRM policies and practices under the headings of: **competitive pressures, institutional factors, national culture & business sector**

You have indicated the most important factors under each heading(please refer back to remind yourself of your answers). Which sets of factors are the most important in determining the nature of your organization's HRM policies and practices? You have a final set of 100 points to allocate to the four sets of influences.

You may allocate as few or as many points to each item as long as the total across those you give points to adds up to 100. **This is most important judgement to make.**

3. Allocate the points to reflect the **relative impact** that each complete set of influences has had on the nature and shape of your organization's HRM policies and practices.

No.	Broad set influences on HRM	Points
1.00	Competitive pressures identified in question 1 section 9	
2.00	Institutional factors identified in question 1 section 10	
3.00	National cultural factors identified in question 1 section 11	
4.00	Business sector factors identified in question 1 section 12	
	TOTAL	**100.00**

Section 13: Human Resource Concepts/Practices for gaining competitive advantage

This section is intended to identify the <u>current and future patterns of HRM.</u> In what direction is your organization and its HRM going to develop. Listed below are actions which could be taken to achieve competitive advantage through human resource management. For each please indicate how important it is to ensure achievement of this objective **today and in the future.** Please circle your choice on a 1-5 scale

(where 1 = critical importance, 3 = moderate importance and 5 = no importance).

No.	Year 1995	Actions for competitive advantage	Year 2000
1.00	1 2 3 4 5	Recruit and hire from non-traditional labour pools	1 2 3 4 5
2.00	1 2 3 4 5	Emphasize quality university hiring programmes	1 2 3 4 5
3.00	1 2 3 4 5	Provide basic education or skills training for new hires	1 2 3 4 5
4.00	1 2 3 4 5	Identify high potential employees early and develop them quickly	1 2 3 4 5
5.00	1 2 3 4 5	Require(not optional) continuos training/retraining of all employees	1 2 3 4 5
6.00	1 2 3 4 5	Establish multiple and parallel career paths	1 2 3 4 5
7.00	1 2 3 4 5	Active corporate involvement in public education issues to insure a quality workforce	1 2 3 4 5
8.00	1 2 3 4 5	Radically increase spans of control; eliminate extensive layers of middle management	1 2 3 4 5
9.00	1 2 3 4 5	Require employees flexibility to change jobs, skills, and/or location	1 2 3 4 5
10.00	1 2 3 4 5	Utilize non-permanent workforce(vendors, part-time, employees, retirees) to lower fixed labour costs	1 2 3 4 5
11.00	1 2 3 4 5	Manage diversity through specially tailored programs and systems for each constituency	1 2 3 4 5
12.00	1 2 3 4 5	Promote corporate culture that emphasizes principles of equality	1 2 3 4 5
13.00	1 2 3 4 5	Facilitate full employee involvement in decisions that directly affect them; promote participative management style	1 2 3 4 5

No.	Year 1995	Actions for competitive advantage	Year 2000
14.00	1 2 3 4 5	Promote advanced technology for communicating company- wide(electronic bulletin boards, video news programmes)	1 2 3 4 5
15.00	1 2 3 4 5	Communicate business directions, problems, and plans to employees	1 2 3 4 5
16.00	1 2 3 4 5	Require employees to self-monitor and self-improve through out their careers	1 2 3 4 5
17.00	1 2 3 4 5	Encourage and reward employee external volunteer activities which foster personal development or company reputation	1 2 3 4 5
18.00	1 2 3 4 5	Provide full employment(life-time job security) with the company	1 2 3 4 5
19.00	1 2 3 4 5	Promote employee empowerment through ownership and accountability	1 2 3 4 5
20.00	1 2 3 4 5	Implement pay systems that promote sharing in both the rewards and risks of business success and failure	1 2 3 4 5
21.00	1 2 3 4 5	Focus on merit philosophy throughout the organization; emphasize individual performance	1 2 3 4 5
22.00	1 2 3 4 5	Encourage, recognize and reward employees for business and productivity gains	1 2 3 4 5
23.00	1 2 3 4 5	Encourage, recognize and reward employees for enhancing their own skills and knowledge	1 2 3 4 5
24.00	1 2 3 4 5	Encourage, recognize and reward employees for innovation and creativity	1 2 3 4 5
25.00	1 2 3 4 5	Encourage, recognize and reward employees for customer service and quality	1 2 3 4 5
26.00	1 2 3 4 5	Adopt performance systems using peer, subordinate, and customer ratings	1 2 3 4 5

No.	Year 1995	Actions for competitive advantage	Year 2000
27.00	1 2 3 4 5	Emphasize management development and skills training	1 2 3 4 5
28.00	1 2 3 4 5	Provide flexible benefits packages and modules	1 2 3 4 5
29.00	1 2 3 4 5	Share benefit risks and costs with employees	1 2 3 4 5
30.00	1 2 3 4 5	Offer assistance and services to help employees meet family and personal needs	1 2 3 4 5
31.00	1 2 3 4 5	Ensure employees and their families aggressively pursue good health	1 2 3 4 5
32.00	1 2 3 4 5	Promote flexible work arrangements, e.g., job sharing, part-time work	1 2 3 4 5
33.00	1 2 3 4 5	Develop innovative or flexible outplacement programs	1 2 3 4 5
34.00	1 2 3 4 5	Provide a wide range of flexible retirement opportunities	1 2 3 4 5
35.00	1 2 3 4 5	Promote flexible cross-functional teams and action work groups	1 2 3 4 5
36.00	1 2 3 4 5	Enlarge the definition of opportunity to include autonomy, use of creative skills, etc. as well as promotions to positions of greater responsibility	1 2 3 4 5
37.00	1 2 3 4 5	Provide employees with more direct access to information systems	1 2 3 4 5
38.00	1 2 3 4 5	Maintain focus on having a specialized, segmented, and closely directed workforce(with very limited participation)	1 2 3 4 5

Section 14: organizational Details

Finally, please provide the relevant organizational details asked in questions 1 to 13.

1. Please indicate the main sector of industry or services in which you operate: _____

2. Please indicate the year in which your organization was incorporated: _____

3. Indicate your present organizational 'Life Cycle Stage'. Please tick as appropriate.

No.	Life Cycle Stages	Please tick your choice
1.00	Introductory	
2.00	Growth	
3.00	Maturity	
4.00	Decline	
5.00	Turnaround	

4. What type of production system exists in your organization? Please tick the most prevalent.

No.	Types of Production Systems	Please tick your choice
1.00	Jobbing	
2.00	Batch	
3.00	Mass	
4.00	Process	

5. Approximately how many people are employed by your organization?

   1. Full time: _____

   2. Part-time: _____

   3. Total: _____

6. Please indicate the approximate percentage of your workforce who are on the following contracts. Please tick as appropriate

No.	Nature of Work Force	Less than 1%	1-10 %	11-20 %	More than 20%	Don't know
1.00	Part-time					
2.00	Temporary/adhoc.					
3.00	Permanent/Fixed term					
4.00	Deputation/Secondments					
5.00	Other, please specify in the space given below:					

7. Please indicate the approximate share of each of the following categories in your organization? Please write as appropriate under the percentage box.

No.	Categories of Staff	Percentage
1.00	Management	
2.00	Professional/Technical	
3.00	Clerical	
4.00	Manual	

292

8. Has the total number of your employees changed in excess of 5% in the last 5 years? Please tick as appropriate.

1. Increased by 5%

2. No change

3. Decreased by 5%

4. Don't know

9. If your workforce has decreased by more than 5%, did you use any of the following methods? Please tick as appropriate.(If not, please go to next question).

1. Golden Handshakes/Voluntary redundancies

2. Compulsory redundancies

3. Early retirement

4. Other, please specify

_____

10. Please indicate the organization's financial turnover in the last financial year. Please tick in the box if you don't know the answer.

Rs./£_____   Don't know

11. What percentage of the last financial year's turnover was accounted for by labour costs? Please tick in the box if you don't know the answer.

_____%   Don't know

12. What is the nature of your organization? Please tick as appropriate.

Sr. No.	Nature of organization	Please tick your choice
1.00	Public limited company	
2.00	Private sector organization	
3.00	State owned industry	
4.00	Trust/friendly society/co-operative	
5.00	Other, please specify in the space given:	

13. Please feel free to give any other(type) of comment or information which you feel is relevant for the present research.

_____

Although this questionnaire is anonymous it helps analysis if the organization can be identified. If you have no objections to this, please fill in the details below. If you wish to remain anonymous, leave it blank.

Name:_____

organization:_____

•저자•

최병우　•약　력•

서울대학교 사범대학 졸업, 인하대학교(경영학 박사)
(주)대양해운 관리부 과장
인하대학교 경영연구소 전임연구원
한국생산성학회, 한국정책과학학회 이사
한국산업경제학회, 한국인적자원관리학회 편집위원
현) 건국대학교 사회과학대학 경영학과 부교수

•주요논저•

「공급사슬관리에서의 웹기반 B2B 통합 전략이 운영효율 성과에 미치는 영향에 관한 실
증적 연구」, 대한경영학회지, 제 19권 5호. 2006. 10. 31.
「지적자본 하위구성요소간의 관계에 관한 실증적 연구」, 인적자원관리연구, 제13권 2호.
2006. 06. 30.
「예비사서의 경력 미결정 요인에 관한 연구」, 한국비블리아학회지, 제17권 1호. 2006. 06. 30.
「최신 인적자원관리」, 무역경영사, 2006.
「e-비즈니스시대의 경영학」, 무역경영사, 2006.
「경영학 원론」, 인하대학교 출판부, 2007.
「조직행동론」, 문영사, 2008.
외 다수

우리나라 기업의
인적자원관리 정책과
관행에 관한 연구

•초판 인쇄　2008년 3월 3일
•초판 발행　2008년 3월 3일

•지 은 이　최병우
•펴 낸 이　채종준
•펴 낸 곳　한국학술정보㈜
　　　　　경기도 파주시 교하읍 문발리 513-5
　　　　　파주출판문화정보산업단지
　　　　　전화　031) 908-3181(대표) · 팩스　031) 908-3189
　　　　　홈페이지　http://www.kstudy.com
　　　　　e-mail(출판사업부)　publish@kstudy.com
•등　　록　제일산-115호(2000. 6. 19)
•가　　격　19,000원

ISBN　978-89-534-8270-8 93320 (Paper Book)
　　　　978-89-534-8271-5 98320 (e-Book)